Les origines chrétiennes de la démocratie moderne

Historiques

Dirigée par Bruno Péquignot et Vincent Laniol

La collection « Historiques » a pour vocation de présenter les recherches les plus récentes en sciences historiques. La collection est ouverte à la diversité des thèmes d'étude et des périodes historiques.

Elle comprend trois séries : la première s'intitulant « travaux » est ouverte aux études respectant une démarche scientifique (l'accent est particulièrement mis sur la recherche universitaire) tandis que la deuxième intitulée « sources » a pour objectif d'éditer des témoignages de contemporains relatifs à des événements d'ampleur historique ou de publier tout texte dont la diffusion enrichira le corpus documentaire de l'historien ; enfin, la troisième, « essais », accueille des textes ayant une forte dimension historique sans pour autant relever d'une démarche académique.

Série Travaux

Renée DRAY-BENSOUSAN (dir.), *Images, cinéma et Shoah,* 2017.
Alain CUENOT, *Pierre Naville, Biographie d'un révolutionnaire marxiste, Tome II. Du front anticapitaliste au socialisme autogestionnaire,* 1939-1993, 2017.
Alain CUENOT, *Pierre Naville, Biographie d'un révolutionnaire marxiste, Tome I. De la révolution surréaliste à la révolution prolétarienne*, 1904-1939, 2017.
Jean-Marc Cazilhac, *Le Douaire des reines de France à la fin du Moyen Âge*, 2017.
Didier CHAUVET, *Les autodafés nazis. Mémoire du 10 mai 1933*, 2017.
Anne MÉTÉNIER, *Ségrégation raciale aux États-Unis. Six portraits de stars*, 2017.
Didiver CHAUVET, *Hitler et la Nuit des Longs Couteaux (29 juin – 2 juillet 1934), La Sturmabteilung (SA) décapitée*, 2016.
Jean-Yves CHAUVET, *La transmission des maisons lorraines, Familles et maisons paysannes de la fin du XVIIe au milieu du XXe siècle*, 2016.
Tchavdar MARINOV, *« Nos ancêtres les Thraces, Usages idéologiques de l'Antiquité en Europe du Sud-Est*, 2016.
Françoise DASQUES, *La pensée française de l'architecture mexicaine, Paris–Mexico 1784-1910, Architectures et univers mental, Tome III,* 2015.
Françoise DASQUES, *Du style parisien à l'éclectisme porfirien, Paris–Mexico 1784-1910, Architectures et devenir des formes, Tome II,* 2015.
Françoise DASQUES, *Deux Rome, Paris–Mexico 1784-1910, Architectures et transferts, Tome I,* 2015

Georges Jehel

Les origines chrétiennes de la démocratie moderne

La part du Moyen-Âge

L'Harmattan

Du même auteur

La Méditerranée médiévale, (350-1450), éd. A. Colin, Paris, 1992.

Les Génois en Méditerranée occidentale, ébauche d'une stratégie pour un empire (fin XIe-début XIVe siècle), Centre d'Histoire des Sociétés, Université de Picardie, Amiens-Paris, 1993.

La ville médiévale, de l'Occident chrétien à l'Orient Musulman, V^e-XVe siècle, en coll. avec Ph. Racine, Colin ed., Paris, 1996.

Le christianisme, début du VIIe-milieu du XIe siècle, en coll. avec Ph. Racinet, Éditions du Temps, Paris, 1997.

Éducation et cultures dans l'Occident chrétien XIIe-XVe siècle, en coll. avec Ph. Racinet, Éditions du Temps, Paris, 1998.

Orient et Occident du IXe au XVe siècle, collectif coordonné par G. Jehel, Éditions du Temps, Paris, 2000.

L'Italie et le Maghreb au Moyen Âge (VIIe-XVe siècle), Conflits et échanges, Islamiques, PUF, Paris, 2001.

Les sociétés en Occident du milieu du VIe siècle à la fin du IXe siècle, en coll. avec J. Heuclin et Ph. Racinet, Éditions du Temps, Nantes, 2002.

Villes d'Italie du XIIe au milieu du XIVe siècle, Sociétés, Pouvoirs, Économies, Cultures, Éditions du Temps, Nantes, 2004.

Histoire du Monde, 500-1000-1500, (dir.), Éditions du Temps, Nantes, 2007.

De l'Antiquité au Moyen Âge, Continuités et ruptures, IIIe-XIIe siècle, éd. Ellipses, Paris 2009, en collaboration avec S. Jehel.

Les Angevins de Naples. Une dynastie européenne, 1246-1266-1442, éd. Ellipses, Paris, 2014.

5-7, rue de l'Ecole-Polytechnique, 75005 Paris

http://www.editions-harmattan.fr

ISBN : 978-2-343-12608-1
EAN : 9782343126081

Pour Alice, Nadège, Iris, Islay, Marie-Ève et Grégoire

Préambule

Transcendance, immanence et démocratie

Porter attention à ce qu'on appelle la religion à l'occasion d'une réflexion d'ordre politique ne saurait être considéré comme une digression hors de propos. Si l'on admet que, telle qu'elle apparaît dans la Bible, source du monothéisme, la transcendance, interprétée comme la relation normative et structurante à un Au-delà, est la cause première de la construction de l'édifice désigné par le terme de religion, le christianisme est au moins l'une des doctrines le mieux à même d'aplanir le trouble que focalise l'hiatus transcendantal. Ne s'est-il pas donné pour fin de combler l'abîme séparant les deux pôles qui balisent le champ de la conscience : l'immanence et la transcendance ? En effet le dogme de la Trinité proclamé en 325, donc trois siècles après le début de la propagation du message évangélique, en s'y rattachant d'une manière ou d'une autre, permet d'assimiler ce tour de force que constitue la révélation de l'Incarnation, qui est le leitmotiv de l'Évangile et tout particulièrement celui de saint Jean[1]. Toute la polémique multiséculaire, toujours sous-jacente, autour de la double nature du Christ témoigne de ce que la question est là. Il en découla une multiplicité de sectes autour des principales thèses qui s'y affrontèrent[2]. De la sorte, en dépit des condamnations de ces sectes

---

[1] L'insistance qui parcourt tout le texte de Jean pour souligner le lien entre le Père et le Fils éclaire sur l'interprétation possible de l'Incarnation. On ne peut manquer d'observer les références charnelles et les allusions à tout ce qui concerne le corps et la nourriture dans l'argumentation, avec notamment le pain et le vin renvoyant à la chair et au sang (VI-31-35). Quand Jean déclare notamment : « *Le Père est en moi et moi dans le Père* » (IX, 38), ne peut-on percevoir une corrélation, ou même une filiation avec le psaume 139 qui laisse percevoir une consubstantialité en déclarant :

> Yahvé, tu me sondes et tu me connais ;
> que je me lève ou m'assoie, tu le sais,
> tu perces de loin mes pensées ;
> que je marche ou me couche, tu le sens,
> mes voies te sont toutes familières.

[2] Voir infra.

pour hérésie, par la doctrine dominante (catholicisme romain ou orthodoxe), la voie reste ouverte pour assumer la dimension existentielle, c'est-à-dire incarnée, qu'inclut le christianisme et qui renvoie l'homme à son immanence, c'est-à-dire à sa responsabilité. C'est là que se vérifie le lien entre christianisme et démocratie.

Le propos rapporté par l'*Évangile de Thomas*[3] selon lequel « *Jésus disait : Le Royaume, il est à l'intérieur de vous et il est à l'extérieur de vous* » permet de mieux saisir la cohérence et la pertinence du lien entre transcendance et immanence qui renvoie au dogme de l'Incarnation. Cet aphorisme exprime la relation irréductible entre ce qui relève de la vie intérieure et la nécessité de l'environnement dans lequel est plongé l'individu, soit entre la spiritualité et la matérialité de la condition humaine. Il traduit l'indissolubilité entre l'Esprit et le corps. Il affirme qu'il n'y a pas d'esprit sans corps. Ainsi l'expérience charnelle de la vie de l'être humain se situe autant dans la sensualité que dans la mystique, ce dont l'expérience esthétique est une des voies les plus aptes à rendre compte. Saint Augustin exprime cette dualité constitutive de la conscience dans la formule lapidaire suivante : « Celui qui est charnel, l'est jusque dans les choses de l'Esprit, celui qui est spirituel l'est jusque dans les choses de la chair »[4]. Si on s'en remet à cette lecture, c'est la matérialité qui fonde l'individualité dans une spécificité à laquelle le christianisme est très attaché. Elle détermine la différence entre chacun de ses composants. Sur celle-ci s'établit le principe d'altérité qui suscite l'échange, dont chacun s'enrichit pour nourrir le débat et stimuler la réflexion - autant de traits qui participent de la démocratie. L'exhortation emblématique de l'Évangile « *Aimez-vous les uns les autres, comme je vous ai aimés* » (Jean, XV-12), n'implique pas, pour être entendue, une démarche fusionnelle, mais au contraire le respect de l'altérité et de la différence entre les personnes, ce dont la démocratie est également comptable.

En mettant l'accent sur le principe de responsabilité individuelle, le christianisme réfute la funeste formule attribuée à Dostoïevski qui a servi à tant d'alibis et sur laquelle on a tant glosé : « Si Dieu est mort, tout est permis ». Il soutient au contraire que, du fait que, par l'Incarnation, l'homme se trouve au centre du processus décisionnel, tout n'est pas permis.

---

[3] L'*Évangile de Thomas*, traduit et commenté par J.Y. Leloup, Albin Michel éd. Coll. Spiritualités vivantes, Paris, 1986, pp. 54-55.
[4] Rapporté dans l'*Évangile de Thomas*, cité supra, p. 56.

Si on adhère au principe selon lequel le débat d'idées contradictoire est la condition de la pratique de la démocratie sur la base d'une responsabilité partagée, on peut suivre l'évolution historique par laquelle le christianisme y a pris sa part. Tel est l'objet de cet ouvrage. Toutefois il importe de préciser que celui-ci ne se donne, en aucune manière, pour intention de suivre les cheminements et les vicissitudes par lesquels s'est réalisée cette assimilation du message évangélique sous les différentes modalités de son accomplissement[5], mais plutôt d'appréhender comment les principes de l'Évangile sont devenus, par le jeu d'une dialectique complexe entre foi et raison, consubstantiels du corpus intellectuel et moral environnant. Ils ont ainsi contribué à engendrer les facteurs par lesquels ont pris naissance et se sont propagées dans l'ordre politique la notion de laïcité et la reconnaissance de la légitimité des peuples à prendre part, de diverses manières, au gouvernement qui les régit. Insister particulièrement sur la longue durée médiévale (V^{e}-XVe siècle) en Occident permet de mieux saisir la richesse des débats qui s'y sont déployés, et de mieux s'expliquer ce que l'on considère souvent, dans le monde contemporain, comme une rétractation voire un rejet des pratiques religieuses attachées au christianisme dont le contenu s'est instillé sous forme largement consensuelle dans le corps social, hors de sa finalité strictement religieuse.

[5] Tout ceci relevant de l'histoire du christianisme qui a fait l'objet de très nombreux travaux. Retenons au moins les deux grandes collections qui s'y rapportent expressément : *Histoire de l'Église depuis les origines jusqu'à nos jours*, Fliche A. et Martin V. (dir.), Bloud et Gay éd., Paris, 1936-1962, 23 volumes ; *Histoire du christianisme des origines à nos jours*, Mayeur J.M., Pietri Ch. et L., Vauchez A., Venard M. (dir.), Desclée éd. 1993-2001, XIV vol.

I - CHRISTIANISME ET DÉMOCRATIE

REVISITER LE « MOYEN ÂGE »

Déclarer que la démocratie moderne a des origines chrétiennes va de soi pour certains. Pour d'autres, cette affirmation a quelque chose de provocateur[6]. Il en est aussi qui y voient un outrage puisqu'ils considèrent que la démocratie est par définition antinomique de toute référence religieuse.

Or si l'on s'en remet aux préceptes des Évangiles et à la mise en place de l'épiscopat entre le Ve et le XIIe siècle, on peut suivre par quelles voies le modèle de l'organisation politique des cités d'Italie du nord (Lombardie, Ligurie, Toscane) s'est introduit en Suisse au XIIIe siècle. Il y a favorisé l'enracinement de pratiques parlementaires dont s'est inspirée la Réforme d'obédience calviniste au XVIe siècle. Avec Jean-Jacques Rousseau, l'implication politique se formalisa de manière à donner une impulsion décisive à l'avènement de la démocratie moderne dont la composante chrétienne fut assumée de Tocqueville à Bergson et au-delà.

Approfondir certains aspects de l'histoire de l'Occident médiéval, et en particulier ceux qui concernent l'Italie du nord entre le Xe et le

---

[6] C'est ce qui ressort de la déclaration suivante lue dans un grand hebdomadaire : *L'Europe a vaincu le christianisme durant le siècle des Lumières* dans : *Courrier International*, N° 1327 du 7-13 avril 2016, p.27.
Pour d'autres, le christianisme n'a rien à voir avec la démocratie qui, résultant d'une *pulsion* issue d'un *imaginaire,* n'est que l'aboutissement d'une *gestation chaotique.* Voir : Barus-Michel J. « La démocratie dans tous ses états », *Le Journal des psychologues* 4/2007 (n° 247), p. 18-22 URL : www.cairn.info/revue-le-journal-des-psychologues-2007-4-page-18.htm

XIIe siècle, peut inciter à revenir sur cette question en étudiant les processus de formation de régimes politiques conformes à la définition courante de la notion de démocratie, que l'on déduit de l'étymologie tirée des mots grecs : *démos* et *kratos*, signifiant respectivement Peuple et Pouvoir. J'ai été amené, dans ce cadre géographique et chronologique bien précis, à m'attacher à ce rapprochement en analysant l'élaboration de ces régimes dans ce contexte géopolitique et chronologique.

Cet exposé est donc un travail d'historien qui n'a de prétention ni théologique ni militante. Il se fonde sur une réflexion et un contact de longue durée avec la documentation historique, dans des domaines qui n'ont rien à voir avec l'histoire religieuse, mais dont l'imprégnation religieuse, et en particulier celle du christianisme, a une telle importance qu'elle ne peut être négligée. J'ai ainsi été conduit à me ranger à cet avis qu'il y a une origine chrétienne à la démocratie moderne, ce qui ne veut pas dire que celle-ci n'en ait pas d'autres, mais que c'est au christianisme qu'elle doit certaines de ses caractéristiques les plus importantes. Celles-ci ont été précisées et mises en application sous des formes qui invitent à prendre en compte un temps fort de l'histoire du Moyen Âge occidental qu'on a tendance à minimiser voire à ignorer dans ce domaine, qui a à voir avec la politique et à tout ce qui touche aux modes de gouvernement, si, encore, on ne la dévoie pas[7]. Quand on parle de démocratie, on parle de la Grèce et d'Athènes, de Périclès, Démosthène et Socrate etc. L'idée de parler de la période médiévale paraît saugrenue. Le Moyen Âge, selon les stéréotypes courants, c'est l'obscurantisme dominé par l'Église, et la religion considérée comme incompatible avec tout ce que représente la démocratie. Le schématisme, auquel on se borne quand on considère cette période, se prête à beaucoup d'approximations sinon de confusions.

C'est ainsi que la féodalité est abusivement considérée comme porteuse d'aliénation, alors qu'elle a été l'un des principaux facteurs de l'inversion de tendance vers un essor économique, qui a marqué un tournant décisif dans l'histoire de l'Occident[8]. Par ailleurs, la façon

---

[7] Morsel J. avec la collaboration de Ducourtieux C.: *L'Histoire (du Moyen Âge) est un sport de combat. Réflexions sur les finalités de L'Histoire Du Moyen Âge destinées À une société dans laquelle Même Les Étudiants D'histoire S'interrogent*, Lamop – Paris I, 2007.

[8] Voir Bois G. : *La mutation de l'an mil, Lournans village mâconnais de l'Antiquité au féodalisme*, Paris, Fayard, 1989.

dont on utilise les termes *Moyen Âge*, ou *moyenâgeux* pour identifier cette longue période qui s'étend sur quelque dix siècles, est fâcheusement réductrice, voire caricaturale, pour embrasser près de dix fois la durée de la période qui nous sépare aujourd'hui de 1914. Or, depuis 1914, beaucoup de choses se sont passées. À plus forte raison entre 376, date de la fin de l'empire romain, et 1492, date que l'on considère comme la fin des temps intermédiaires entre l'Antiquité et l'époque moderne, où se sont succédé des événements souvent très contradictoires. Il y a eu des révoltes et même des révolutions. La révolte des *Ciompi* à Florence en 1378 est l'une des plus connues de ces révoltes prolétariennes. Les régimes politiques se sont souvent transformés. En 1215, les Anglais ont imposé à leurs rois une loi qui restreignait leurs pouvoirs. On y a vu un dispositif qui a inspiré la rédaction des grandes constitutions démocratiques des XVIIIe et XIXe siècles.

Donc, au Moyen Âge, la vie politique est loin d'être figée. On est toujours dans le rapport de force ou dans le compromis qui s'exprime comme aujourd'hui de différentes manières. Il faut attendre Louis XIV pour entendre dire : *L'État c'est moi.* Pour autant qu'il l'ait dit ! Le retour de l'absolutisme aux XVIe et XVIIe siècles, qu'il conviendrait toutefois de nuancer fortement, car la vie parlementaire n'était pas exclue de la politique, a rejeté ces évolutions dans l'oubli, elles n'en sont pas moins significatives et ont peut-être eu, plus qu'on ne le pense, une influence sur le XVIIIe siècle et ce qui s'en est suivi.

LA DÉMOCRATIE AU PRISME DES VALEURS CHRÉTIENNES

DÉFINIR LA DÉMOCRATIE

Parmi les différents critères par lesquels on définit la démocratie, je retiens prioritairement les notions de débat contradictoire et d'espace public, qui sont étroitement liées, l'un étant le support ou le cadre indispensable de l'autre, dans la mesure où, nulle part ailleurs que dans l'espace public, le débat contradictoire ne peut atteindre son plus haut niveau de légitimité. Ce qui revient à considérer que le débat contradictoire est le seul critère de la démocratie, bien avant le principe de l'élection qui ne peut avoir de légitimité que s'il est mis en application après débat contradictoire dans l'espace public. Rappelons que la monarchie est presque toujours élective dans son principe, même quand elle est héréditaire. La monarchie parlementaire est une modalité de la démocratie parce qu'elle répond au critère du débat contradictoire dans l'espace public qui, au sens matériel du terme, se définit par la responsabilité partagée de tous ceux qui en ont la jouissance, en l'occurrence les citoyens. Ceci rend la notion de responsabilité déterminante comme condition de la démocratie.

De nombreux travaux récents montrent qu'à partir du XIIe siècle, tant dans le cadre civique que religieux ou professionnel, on avait régulièrement recours au vote pour emporter la décision. Ce qui était une façon de se référer à l'adage « *vox populi, vox Dei* », mais aussi d'éviter de prolonger la discussion, en cas de difficulté à trouver un compromis voire un consensus[9].

ESPACE PUBLIC, ESPACE PRIVÉ

Dans les systèmes non démocratiques, il n'y a pas d'espace public, sinon très réduit et frappé d'une grande précarité. Dans un tel système, quelles qu'en soient les modalités, la cellule de base de la société est familiale et liée à des réseaux d'influence. Il n'y a donc aucune conscience de ce que représente l'intérêt public. Il y a le plus souvent, au contraire, une conscience liée à des intérêts privés fondés sur la propriété source de pouvoir et l'ostentation. La question du pouvoir est consubstantielle de toute collectivité. Dans un système non démocratique, le pouvoir ne peut être que monocratique ou oligarchique, et il a le plus souvent une forme clanique. Il ne peut avoir qu'une structure pyramidale assimilable à une monocratie. Quelles qu'en soient les modalités, la légitimité du pouvoir repose essentiellement sur la généalogie. Les groupements qui se constituent par référence au clan dominant, se réclament d'usages ou de traditions tirés d'un corpus fondateur d'essence mythique. Ils s'identifient sous des critères variés, culturels, voire spatiaux, sources de tous les clivages générateurs de réflexes différentialistes, qui annihilent toute possibilité d'émergence d'une conscience individuelle, seul module sur lequel s'élabore la démocratie.

---

[9] Christin O. : *Vox populi, une histoire du vote avant le suffrage universel »,* Le Seuil, Liber, 2014 ; Dalarun J., cité infra.

Ainsi cette définition de la démocratie n'est-elle pas d'ordre institutionnel, elle s'apparente plutôt à ce qui relève de la morale sociale, c'est-à-dire celle qui régit les comportements individuels dans les relations interpersonnelles et dans celles qui s'établissent entre l'individu et la collectivité, ce qui ne peut être pris en compte que dans l'espace public. Ceci implique par ailleurs de considérer que l'espace public n'est pas le lieu de l'anonymat qui le néantise, mais le lieu par excellence de la responsabilité collective, sur lequel l'espace privé ne saurait déborder, et qui concerne l'intérêt général.

Cette distinction n'est pas de pure forme. Elle s'inscrit comme une nécessité imprescriptible dès que se produit un rassemblement d'individus appelé à former société. Elle renvoie à des problématiques d'ordre pratique en urbanisme et nourrit une importante réflexion dans les domaines juridique, moral et politique qui ont tous à voir avec la démocratie et la liberté. Cette réflexion a pris de nos jours une dimension politique cardinale qui implique le principe de laïcité face à l'emprise de groupes de pression dans la vie publique[10].

Cette approche renvoie aux principes évangéliques fondés sur la prise en compte de la spécificité individuelle qui se définit par la diversité, la relativité du jugement, le devoir de réserve et d'aménité.

LA PART DE L'ÉVANGILE

Le message évangélique nous est parvenu par l'intermédiaire d'une pluralité de textes dont les quatre Évangiles forment le socle. Il faut y ajouter les *Actes des Apôtres* attribués à Luc, les *Épitres* de Paul, de Jacques, de Pierre, de Jean et de Jude et l'*Apocalypse* de Jean. À quoi s'ajoute la dispersion rapide des lieux de référence que sont les sept églises d'Asie auxquelles s'adresse Jean de Patmos : Éphèse, Smyrne,

---

[10] Pour ce qui est de la période médiévale, voir Jehel G. et Racinet Ph. : *La ville médiévale de l'Occident chrétien à l'Orient musulman, Ve-XVe siècle*, A. Colin, Paris, 1995, pp. 110-118. L'emprise privée sur l'espace public est un des ressorts de la guerre des clans en milieu urbain. La *Piazza San Matteo*, en plein cœur de la Gênes médiévale, privatisée par les Doria, en offre un exemple typique. Voir Poleggi E. et Grossi Bianchi L. *Una città portuale, Genova nei secoli X-XVI,* Sagep Gênes, 1980, p. 220. Voir aussi : *L'espace public au Moyen Âge - Débats autour de Jürgen Habermas*, Offenstadt N., Boucheron P. (dir.), PUF Paris 2015. Sur un plan plus général, voir Habermas J. : *Droit et démocratie, entre faits et normes*, Essais, Gallimard, 1997.

Pergame, Thyatire, Sardes, Philadelphie, Laodicée[11], vecteurs d'universalité.

Cela ne doit pas pour autant conduire à négliger les Évangiles dits « apocryphes ». Parmi ceux qui sont le plus connus, on retient l'*Évangile* de Judas, le *Proto Évangile* de Jacques, appelé aussi *Naissance de Marie*, l'*Évangile* de Pierre et celui de Philippe. Celui de Thomas a été présenté comme le « proto-Évangile » dans lequel les Évangélistes canoniques auraient puisé pour s'imprégner de l'authenticité du message et des subtilités d'intention qu'il contient, visant à diffuser les nuances d'une spiritualité au delà du dicible voire de l'intelligible, tout en préservant les exigences de la lucidité d'une conscience illimitée pour stimuler l'introspection[12]. Son antériorité a été vivement contestée. Quelle que soit leur validité théologique, ces écrits n'en sont pas moins, en tant que témoignages situés dans le temps et l'espace, à prendre en considération dans une perspective historique.

On a tendance à mettre ces textes en relation avec les nombreux fragments découverts en Haute-Égypte, à Nag Hammadi en 1945. Ceux-ci ont fait l'objet d'importants travaux regroupés dans les écrits intertestamentaires associés à l'Ancien Testament, issus des écrits esséniens. Cet ensemble, dont la chronologie est complexe, comprend, en effet, des textes antérieurs à l'Ancien Testament et d'autres qui sont postérieurs au Nouveau Testament. Bien que n'appartenant pas au corpus canonique évangélique, ils constituent ce que l'un de leurs principaux inventeurs appelle « La Bible de l'Humaniste »[13].

Pour ce qui est des Évangiles canoniques, cette diversité rassemblée sur une période relativement courte de soixante-dix ans, bien que convergente, donne à percevoir en quoi la genèse du christianisme et le mode de pensée qui en découle incitent à la mise à distance et à l'analyse comparative critique, qui est le fondement du

---

[11] *Apocalypse* de Jean, I-1.

[12] Voir *L'Évangile de Thomas*, op. cité, pp. 10-12.

[13] Voir l'Introduction rédigée par André Dupont Sommer dans *La Bible*, écrits intertestamentaires (Dupont-Sommer A. et Philoneko M. dir.), Pléiade Gallimard, Paris, 1987, Vol. III, p. XIII. Pour une vue d'ensemble, on se reportera à cet ouvrage. Pour une réflexion critique sur les Évangiles Apocryphes, voir Irénée de Lyon, « Contre les hérésies », traduction Rousseau A., Cerf éd., Paris, 1985 ; *L'Évangile de Juda,* collectif, traduit de l'anglais par Bismuth D., Flammarion, Paris, 2006 ; Pinchaud L. « A propos de la (re) découverte de l'Évangile de Judas », dans *Laval théologique et philosophique*, vol. 66, n° 3, 2006, pp. 553-568, consultable en ligne.

débat démocratique, nécessairement inscrit dans la relativité, rebelle à tout dogmatisme, et porté à la controverse, génératrice d'innovation. Ainsi par leur pluralité même, les sources du christianisme nous placent au cœur de la problématique de la démocratie[14], comme autant de remparts contre tous les absolutismes et de jalons qui balisent la voie de la liberté. La mise à distance qui permet de privilégier l'esprit sur la lettre, la méfiance dans laquelle il faut se tenir face aux routines du conformisme en sont d'autres. C'est le sens du message évangélique à propos des débats avec les Pharisiens[15], ou dans l'épisode de « La femme de Béthanie »[16]. Ces principes font également ressortir les contradictions auxquelles est confrontée la décision, invitant en permanence au débat intérieur pour éviter le conflit.

Il me semble que cette notion de distinction entre espace privé et espace public se retrouve dans des passages de l'Évangile, auxquels on fait beaucoup plus attention aujourd'hui qu'autrefois. Par exemple quand, à propos de l'attitude à tenir devant l'impôt, Jésus répond aux Pharisiens : « *Rendez donc à César ce qui est à César et à Dieu ce qui est à Dieu*[17] ». Même si cette injonction n'a pas le caractère radical qu'on pourrait lui prêter et que saint Paul précise quand il écrit: « *Que chacun se soumette aux autorités en charge. Car il n'y a point d'autorité qui ne vienne de Dieu... Si bien que celui qui résiste à l'autorité se rebelle contre l'ordre établi par Dieu... N'est-ce pas pour cela même que vous payez les impôts ? Car il s'agit de fonctionnaires qui s'appliquent de par Dieu à cet office* »[18], elle n'en établit pas moins une distinction entre le temporel et le spirituel qui ouvre la voie à la laïcité, et ne peut se réaliser que dans le seul espace public. Cette distinction entre le monde au sens temporel et matériel et le monde au sens spirituel est renforcée par la réponse du Christ à Pilate. À celui qui lui demande s'il est le roi des Juifs, Jésus affirme : « *Mon royaume n'est pas de ce monde. Si mon royaume était de ce monde, mes gens*

[14] Ne peut-on interpréter dans ce sens le propos de Jésus rapporté par Jean (XIV-2) : « Il y a beaucoup de demeures dans la maison de mon Père ».
[15] Matthieu 15, 1-2.
[16] Matthieu 26, 6.
[17] *Évangile* selon saint Matthieu 22, 21.
[18] *Romains* 13, 1 ss.

auraient combattu pour que je ne sois pas livré aux Juifs. Mais mon royaume n'est pas d'ici »[19].

Ainsi, dans les textes évangéliques, une distinction très nette est faite entre le spirituel que je rattache à l'espace privé, et le temporel, lié à l'espace public, ce qui ne veut absolument pas dire qu'il y a une coupure entre le spirituel et le temporel, entre esprit ou conscience et matière, mais que ce sont deux niveaux distincts. Et il me semble aussi que le christianisme rend compte avec beaucoup de sensibilité et de pertinence de cette double appartenance, telle que la formule le symbole de Nicée en proclamant la consubstantialité du Père et du Fils donnant toute sa place à l'Incarnation. Celle-ci se trouve invoquée dans toutes ses implications, y compris celles qui renvoient à la morale politique. Le débat suscité sur cette question relative à la « nature » humaine et/ou divine du Christ eut une telle importance dès l'émergence de la doctrine qu'il ne peut être considéré que comme déterminant.

Il fut ponctué par les quatre conciles œcuméniques[20] qui définirent l'évolution historique du christianisme jusqu'à nos jours. Cette question âprement discutée aux IIe et IIIe siècles est au cœur de la doctrine chrétienne. Elle a opposé l'arianisme, doctrine d'Arius (256-336), à ceux que l'on pouvait déjà appeler catholiques. Pour ceux-ci, la Trinité représente une union indissociable des trois éléments qui la constituent : le Père, le Fils, le Saint-Esprit, considérés comme étant de même nature. Pour définir cet état, on a eu recours au terme *Homoousia* par référence à une expression forgée par Tertullien (150-220). Pour Arius, la hiérarchisation des trois constituants de la Trinité se fait en termes de subordination. Pour ce qui devint l'Église catholique, conformément aux conclusions du concile de Chalcédoine (451), la Trinité se conçoit sous forme de consubstantialité[21].

Ainsi le christianisme issu des conciles de Nicée et de Chalcédoine assume, sur la base du dogme de l'Incarnation, tout ce qui relève de l'innovation créatrice selon le modèle grec alliant *poiésis* et *praxis* dans notre rapport au monde, ce qui ne réduit pas pour autant la part de l'intime dans la spiritualité et la spéculation intellectuelle. De cela rend compte l'histoire de Marthe et Marie relatée dans l'*Évangile* de

---

[19] Jean, 18:36.

[20] Nicée (325), Constantinople (381), Éphèse (431), Chalcédoine (451).

[21] Sur tous ces points, voir *Histoire du Christianisme*, cité supra, T. II, p. 267 et III pp. 254-260 ; 264-271 ; 324-337.

Luc[22]. Cet épisode renvoie à la bipolarité spiritualité-matérialité. Même si le propos rapporté du Christ est sévère il n'implique pas qu'il accorde sa faveur à Marie, la contemplative, en désavouant Marthe, celle qui s'adonne aux nécessités de la matérialité. Nous sommes là, plus que jamais, entre transcendance et immanence, et ce n'est pas tant en termes d'opposition qu'en termes de liaison que doivent être considérées les deux postulations. Comment en pourrait-il être autrement pour Jésus, fils de charpentier, lui-même formé à ce métier ? Cette dialectique entre vie active et vie contemplative est au cœur de la doctrine chrétienne[23]. Toutes choses qui favorisent le débat

---

[22] (10, 38-42). Notons qu'elle est abordée dans un autre contexte dans l'*Évangile* de Jean (XI-2-17).

[23] Elle devait prendre toute son importance avec l'apparition des ordres monastiques (voir infra). Leur répartition institutionnelle en Ordres Réguliers, soumis à une règle visant à organiser la vie monastique hors de la vie profane ou en marge de celle-ci, et Ordres Séculiers insérés dans le siècle, c'est-à-dire la société civile, qui apparaissent et prennent toute leur extension au XIIIe siècle avec la création des ordres dits Mendiants, où se retrouvent les Franciscains qu'on appelle aussi « Mineurs » et les Dominicains aussi désignés « Prêcheurs ». Une double controverse s'ensuivit. D'une part les Franciscains soucieux de se rapprocher du petit peuple sur le modèle de leur fondateur saint François, mais qui prirent progressivement un profil intellectuel d'envergure avec saint Bonaventure, vinrent concurrencer dans la prédication le magistère intellectuel détenu par les Dominicains dont Thomas d'Aquin était la figure de proue (voir infra), d'autre part les ordres traditionnels qui relevaient pour l'essentiel de la règle de saint Benoît fondée au VIe siècle (voir infra) suscitèrent une vigoureuse critique contre les ordres nouveaux. Pour les Bénédictins et Ordres qui en procèdent, celui de Cluny et celui de Cîteaux, qui par leurs activités économiques et techniques penchent sans équivoque du côté de Marthe, les Franciscains et les Dominicains ne sont que des mendiants et des bavards, donc des parasites qui ne respectent pas le précepte biblique : « À la sueur de ton visage tu mangeras ton pain » (*Genèse* 3-19). Les tensions s'accrurent au point qu'au tournant du XIVe siècle, les Franciscains prirent la tête d'une contestation de plus en plus subversive qui eut des effets décisifs sur l'évolution des idées dans le domaine moral et politique. Les tenants de la *devotio moderna* au XVe siècle (voir infra), Érasme, Luther au XVIe ne furent pas indifférents à la thématique des deux sœurs de Lazare, qui eut par ailleurs une place importante dans l'iconographie médiévale et ses prolongements.

Pour synthétiser la complexité de la bipolarité spiritualité- matérialité, la carrière du pape Grégoire (590-604) est un exemple lumineux de la façon dont une personnalité exceptionnelle géra la contradiction entre ses inclinations vers la méditation contemplative et les devoirs de la charge qu'il avait accepté d'exercer, en dépit de son vouloir, dans une récrimination permanente que la haute exigence de la conscience de son devoir lui permit seule de réprimer (voir infra).

sur le doute et ouvrent les voies à la démocratie comme modalité d'adaptation à la diversité du vivant et en rupture avec toute postulation fixiste voire absolutiste[24]. Ces lieux-communs permettent de souligner les convergences qui peuvent s'observer entre le christianisme et la démocratie.

Un exemple de ce que représente le christianisme comme articulation entre public et privé, qui me paraît assez significatif, est la procédure du mariage. Tel qu'il est institué par les Pères de l'Église, avec en particulier les *Lettres et Sermons* de saint Augustin, le mariage chrétien se situe dans la continuité directe des normes du droit romain. Les principes qui inspirent ces normes établies sous les Antonins ont pour objectif la fondation du foyer familial qui structure l'ensemble du corps social, le respect mutuel, l'équilibre des droits entre époux. En partie issus de la pensée stoïcienne, ils sont repris par les normes chrétiennes. Mais tout en conservant les trois principes issus du droit romain : la nature consensuelle du mariage, sa publicité qui écarte les unions clandestines et surtout la bigamie, enfin son caractère contractuel, le mariage chrétien médiéval prend ses distances avec son modèle romain en lui ajoutant une sacralité d'un autre ordre. La figure de Caton d'Utique (95-46 av. J.-C.), emblématique du stoïcisme a servi de référence pour préciser les liens entre cette morale et le christianisme. Les divergences sont sensibles sur deux points au moins dans l'optique des Pères de l'Église : l'insistance sur la question du mariage en particulier chez Tertullien et Jérôme, contre un certain laxisme reproché au stoïcisme et surtout la condamnation du suicide en raison de l'orgueil qu'il exprime selon Augustin. Ce dernier point est souligné par Boèce[25].

Le consensus irrévocable et sacramentaire, qui relève de la décision des seuls époux, instaure une responsabilisation et un engagement mutuel, dont sont écartés les parents. C'est donc une décision individuelle qui s'inscrit, par son intimité, dans ce qu'il y a de plus

---

Sur tous ces aspects, voir : Constable G. : "The interpretation of Mary and Martha", dans *Three studies in medieval religious and social thought*, Cambridge U.P., 1995, pp. 3-141. Voir aussi Duchet-Suchaux G.et M.: *Les Ordres religieux*, Flammarion, 2006.

[24] Sur ces différents aspects, voir P. Veyne : *Quand notre monde est devenu chrétien*, Paris, Albin Michel 2007, p. 38.

[25] Carron D. : *Le héros de la liberté. Les aventures philosophiques de Caton au Moyen Âge latin, de Paul Diacre à Dante* », *Perspectives médiévales* [En ligne], 35 | 2014.

privé. Mais le mariage a aussi une dimension publique qu'exprime la publication des bans. Si la publicité reste un impératif propre à exercer un contrôle sur la légitimité de l'union, elle reste assez souple dans ses formes sociales qui sont liées au cérémonial public, avec bénédiction et cortège nuptial, tenu tout de même à la modération. On est donc bien au carrefour du privé et du public, dans un acte majeur de la vie morale et sociale. Mais l'exigence d'intimité, requise pour assumer et vivre sa foi, pour le chrétien ne s'exprime nulle part mieux que dans l'Évangile avec ce qui est dit à propos de l'aumône[26] et plus encore de la prière dans le verset « *Prier en secret* : *Quand tu pries, retire-toi dans ta chambre, ferme la porte sur toi et prie* »[27].

Les deux autres grandes caractéristiques de la démocratie sont le principe d'égalité et la reconnaissance de la valeur imprescriptible de l'individu dans sa spécificité. Or débat, responsabilité dans l'espace public, universalisme, valeur irréductible de l'individu, tout cela fait partie de l'essence du christianisme, dans son fondement éthique sinon dans son évolution institutionnelle. C'est ce qui permet de s'interroger sur la part du christianisme dans la genèse de la démocratie moderne.

Mais il est temps d'en venir à la question de savoir ce qui relie historiquement le christianisme à la démocratie.

UN RAPPEL SUR LE MOT *ECCLESIA*.

C'est un mot latin formé sur le mot grec *kaleo* qui veut dire « appeler, convoquer ». Au Ve siècle avant J.-C., il désigne, à Athènes, l'assemblée du peuple convoquée par les prytanes (représentants des dix tribus) pour discuter des décisions à prendre. Le fait que le mot *Église* provienne de cette étymologie a au moins pour signification de renvoyer à une institution dont la fonction est clairement attestée dans un sens politique lié à la démocratie[28]. L'antériorité d'Athènes sur ce point s'en trouve renforcée. Il n'est donc pas question de douter que les Grecs aient été en Occident les promoteurs d'un système

[26] Matthieu, 6, 2-3.

[27] Matthieu, 6, 5-6.

[28] On observera certes dans un contexte différent que le mot *Ecclésiaste,* qui désigne un des Livres Sapientiaux de la Bible, a été interprété comme représentant celui qui parle dans une assemblée. Cette appellation a été formée sur le mot « Qohélet » issu du verbe *qahal* qui signifie *parler* en hébreu. Voir *La Sainte Bible*, traduite en français sous la direction de l'École biblique de Jérusalem, *Introduction au livre de l'Ecclésiaste*, p. XCVII, Le Club Français du Livre, 1956.

d'organisation de la vie publique sous le contrôle du peuple et de sa parole. On comprend ainsi que les chrétiens aient eu recours à ce terme pour désigner leurs assemblées.

La formule décisive : « *Tu es Pierre et sur cette pierre je bâtirai mon Église*» est une des premières occurrences du mot « *église* » dans le vocabulaire chrétien. Il résulte d'une transposition directe du vocable grec et se retrouve dans la plupart des régions sous influence latine (*chiesa*, *iglesia*) alors que dans les régions plus imprégnées d'influence grecque on lui a parfois substitué le mot *basilique*[29]. Notons à ce propos que cette déclaration[30] est d'une grande importance. Elle ouvre la voie à la fondation d'une institution d'ordre non pas seulement spirituel mais aussi temporel. Le texte de Matthieu a été jugé par certains comme une interpolation donnant à penser que le Christ n'était peut-être pas désireux de voir son message interprété de cette manière. Ce fut l'objet de longs débats qui opposèrent les premiers apôtres à Paul. Celui-ci aurait fini par l'emporter en fondant l'Église des Nations. Cette question devait prendre un autre tour avec la donation de Rome et de son territoire par l'empereur Constantin au pape Sylvestre Ier (314-335), faisant du pape un chef d'État. Cette tractation devait aboutir à ce que l'on appela par la suite les États pontificaux. Le code de Justinien qui reconnut la fonction politique et administrative du pape évêque de Rome renforça cette disposition. Le règne de Grégoire Ier (590-604), par lequel le pontificat prit son assise romaine, en fut la première illustration. Cette ingérence de l'Église dans le domaine temporel fut la source d'un conflit qui ne cessa de s'amplifier à partir de la fin de l'empire carolingien. La question rebondit au XVe siècle avec la démonstration de la fausseté du document par l'humaniste Laurent Valla[31] (1407-1457). Le fait que la Donation de Constantin ait été reconnue comme une forgerie diplomatique ne doit donc nullement porter à en rejeter le contenu pour n'y voir qu'une falsification sans valeur ni fondement. Elle représente au contraire un tournant majeur de portée internationale par lequel le Pape s'imposa comme un acteur politique de premier plan, en Italie d'abord, où sa ligne d'action resta fidèle au principe de la division des forces pour éviter toute velléité d'unification et, par la

[29] Voir Bloch O. et Von Wartburg W. : *Dictionnaire étymologique de la langue française*, PUF, Paris, 1975, p. 215.
[30] Rapportée par l'*Évangile* de Mathieu (16, 18).
[31] Voir Lorenzo Valla, *La donation de Constantin*, Paris, 1993 éd Jean B. Giard.

suite comme arbitre et recours dans les conflits qui surgirent au sein de la chrétienté occidentale[32].

C'est toutefois bien dans le sens d'*assemblée* que le mot « *ecclesia* » est repris par saint Paul quand il évoque « *les Églises de Dieu* »[33] et à chaque fois qu'il désigne le lieu du culte. L'usage est fixé dès les premiers textes fondateurs de la doctrine chrétienne. Ce recours au vocable *ecclesia* n'est donc pas fortuit. D'autres mots existent en grec pour désigner une réunion. Le mot *synode* par exemple, qui désigne l'assemblée des évêques et a un sens beaucoup plus restrictif qu'*ecclesia.* On peut donc voir une filiation entre l'*ecclesia* athénienne et l'*ecclesia* chrétienne qui s'est perpétuée dans diverses acceptions et n'a pas été remplacée par le mot latin *comitia,* qui désigne lui aussi des assemblées à vocation politique et délibérative[34].

UNIVERSALITÉ ET LIBERTÉ, AU CŒUR DES VALEURS CHRÉTIENNES

Le principe d'universalité

La question de fond se pose au niveau du principe d'universalité. La démocratie grecque a vocation à être universelle. Mais, dans son esprit et dans sa pratique, elle est discriminatoire. Elle exclut les non-grecs en tant qu'ils ne parlent pas grec, ce qui leur vaut l'appellation de *barbares*, onomatopée à valeur péjorative à l'égard de ceux qui parlent une langue mal sonore. En droit, tous les citoyens athéniens peuvent participer aux assemblées. Mais à Athènes, au Ve siècle, il n'y a que 40 000 citoyens sur 400 000 habitants. On estime que l'assemblée ne peut pas dépasser 6 000 personnes. En fait, ils sont beaucoup moins nombreux à participer effectivement et régulièrement aux séances. De plus les femmes, les esclaves et les étrangers résidant à Athènes sont exclus des assemblées[35].

---

[32] Sur ces différents points, voir A. Fliche, C. Thouzellier, Y. Azaïs, tome 10, *La Chrétienté romaine (1198-1274)*, Bloud & Gay, Paris, 1950 ; Favier J. : *Charlemagne*, Paris 2001 ; Vauchez A. : *Apogée de la papauté et expansion de la chrétienté*, tome 5 de l'*Histoire du christianisme*, Desclée, 1991-2001.

[33] *Corinthiens* 11, 16.

[34] Pour le détail, voir Glotz G., article « *Ekklesia* » dans *Dictionnaire des Antiquités grecques et romaines*, Daremberg C. et Saglio E. (sous la direction de), Hachette, Paris, 1877 - 1919, p. 515-531.

[35] Cl. Mossé, *Les institutions grecques*, Paris, Armand Colin, 1968.

Le christianisme introduit une notion d'universalité[36] réelle. Dans la doctrine chrétienne, aucune restriction n'est formulée pour participer aux assemblées. Après les débats des premiers temps, l'ouverture au monde est devenue, avec saint Paul, un thème central. L'Évangile ne laisse apparaître aucune tendance sélective sous-entendant l'idée d'une discrimination entre civilisés et barbares inaptes à la civilisation. Il y a donc là une différence originelle entre la démocratie relativement élitiste des Grecs et le message chrétien porteur d'une dimension explicitement universelle et démocratique. Sans doute la pratique a-t-elle fait évoluer le principe parfois dans un sens sinon restrictif, du moins plus hiérarchisé et contraignant. Dans la mesure où s'y retrouve la notion d'égalité, on peut se reporter au propos du Christ quand il déclare, au moment où il va procéder au Lavement des pieds : « *Oui, oui, je vous le dis : un esclave n'est pas plus grand que son seigneur, ni un apôtre plus grand que celui qui l'envoie* »[37]. Cette notion d'égalité introduit celle d'une réciprocité sans mettre en cause celle de la hiérarchie[38].

Cette ouverture ne s'est pas réalisée sans difficulté. Les premiers chrétiens restèrent longtemps attachés à leurs pratiques judaïques. La conversion de Paul de Tarse suscita les premiers remous significatifs de la volonté du christianisme de s'ouvrir largement et de s'engager sur une voie qui rompe avec les discriminations. Là s'observent les premiers pas vers la démocratie. Le principal point d'achoppement porta sur la circoncision[39]. Les discours de Pierre et de Jacques tranchent nettement en faveur de la dispense de cette pratique. Les paroles de Pierre sont explicites quant au refus de toute discrimination quand il dit qu'il n'a été fait « *aucune distinction entre eux et nous* »[40]. Même si les motivations qui incitent à la circoncision ou l'imposent ne sont pas clairement explicitées, on ne peut en exclure l'intention de marquer indéfectiblement une spécificité identitaire et discriminatoire qui ne va pas dans le sens de la démocratie. Celle-ci vise plutôt à

---

[36] C'est le sens du mot *catholique* dans l'expression officiellement reconnue « Église Catholique, Apostolique et Romaine ». Elle figure dans le Credo sous la forme « Je crois en l'Esprit-Saint, à la sainte Église catholique ».

[37] Jean, XIII-16.

[38] C'est le principe que l'on retrouve dans le caractère synallagmatique du contrat vassalique qui implique une réciprocité entre le seigneur et son vassal.

[39] Il en est fait état dans *Les Actes des Apôtres* 15-1.

[40] *Actes* 15-2-9.

réduire autant que possible les différences, quels qu'en soient les critères, et notamment celles qui relèvent de l'anatomie.

Saint Paul prit ainsi en charge les non-circoncis et fonda l'Église des Nations qu'il plaça sous l'autorité d'Abraham : « *En toi seront bénies toutes les nations* »[41]. Cette référence à la *nation* est récurrente dans les textes fondateurs[42]. Elle renvoie autant à un œcuménisme religieux qu'à un universalisme qui inspire la démocratie.

Au-delà de ces aspects qui relèvent de la théologie et de la dogmatique plus que de considérations d'ordre social ou politique qui font l'objet de cette réflexion, deux points méritent de retenir plus particulièrement l'attention. Le premier porte sur ce que représente socialement l'universalisme chrétien qui inclut toute la communauté, dont les femmes, les étrangers et même les esclaves. Pour le vérifier, c'est bien sûr encore vers saint Paul qu'il faut se tourner. Dans la complexité des interprétations du paulinisme qui font toujours débat, on peut au moins retenir du message et de l'action de saint Paul qu'ils portent d'abord sur cette volonté d'élargissement. Dans l'*Épître aux Romains* (I-14) il déclare : « *Je me dois aux Grecs et aux barbares, aux savants et aux ignorants.* »

C'est surtout à propos des femmes que saint Paul insiste sur cette perspective d'ouverture. Même si les positions de l'apôtre sont parfois rigoureuses à son propos, la femme fait partie de la communauté à égalité avec l'homme ; cela se manifeste d'abord dans les rapports entre les époux[43]. Il est vrai que, dans bien d'autres textes, saint Paul place la femme sous la tutelle de l'homme. Ainsi la femme, selon saint Paul, n'est pas autorisée à parler dans les assemblées[44], mais c'est plutôt sur le plan de la pudeur que cela se situe. En tout cas, elle fait partie de l'assemblée, ce qui n'est pas le cas dans l'*ecclesia* athénienne. Dans l'*Épître aux Galates* (3-28), il est dit : « *Il n'y a ni esclave ni homme libre, il n'y a ni homme ni femme, car tous vous ne faites qu'un dans le Christ Jésus.* »

Par ailleurs, on connaît bien les débats médiévaux et postmédiévaux sur la question de savoir si la femme a une âme, si le sauvage d'Amérique a une âme. Ces débats, s'ils ont eu lieu, ne reposent que sur des arguties terminologiques et n'ont aucun

---

[41] *Galates* 3-8,9.
[42] *Actes*. 13-47, 15-17.
[43] *1ère Lettre aux Corinthiens*, II, 1, 4-5.
[44] *1ère Lettre aux Corinthiens,* III, 14, 34-35.

fondement. On dispose de toute une littérature qui réfute sans appel ces élucubrations[45]. Ce qui n'empêche qu'il faille tenir compte ici des pesanteurs anthropologiques, des passions et des enjeux divers qui accompagnent le cheminement conjoint de la société civile et de la religion. Ce qui n'excuse rien, mais permet, si on s'en tient aux origines, d'estimer la dimension universaliste de la démocratie plus clairement affirmée dans le message chrétien initial que dans le modèle de l'Athènes de Périclès.

Le principe de liberté qui définit la position du christianisme par rapport à l'esclavage, sur laquelle l'Église a beaucoup varié, constitue le deuxième aspect de la question.

Christianisme et Liberté

La liberté est une autre référence liée à la démocratie. On ne la trouve pas souvent dans les textes religieux, en particulier, ceux qui traitent du monothéisme. L'*Épitre aux Galates* de saint Paul comporte un long paragraphe intitulé *La liberté chrétienne*[46]. Il y est à nouveau question de la circoncision présentée comme un signe de soumission ou d'esclavage. Par opposition, le message chrétien qui, par la grâce, se dégage de la lourde tutelle de la Loi est porteur de libération. Sans doute, cette liberté est-elle surtout présentée comme un effet de la spiritualité qui échappe aux contraintes de la chair et se donne la charité pour objectif. Mais elle a aussi en vue d'échapper à la lourdeur de la Loi donnée comme source de malédiction[47], en cela qu'elle a tendance à priver la conscience de l'exercice du jugement ou libre arbitre, ce qui contribue à réduire la responsabilité individuelle. Cette problématique tient une place très importante dans l'œuvre de saint Augustin, en particulier dans son traité *Le Libre arbitre*. Outre la controverse avec les Pélagiens, la question n'a pas cessé de rebondir jusqu'au XVIIe siècle et au-delà. Le rapport à la loi implique une mise à distance de la lettre au profit de l'esprit. C'est une façon de situer le ritualisme formel qui inhibe le libre arbitre, incite à la superstition et à la bigoterie. L'Évangile est catégorique sur ce point. La réponse du Christ au reproche qui lui est fait de ne pas respecter le sabbat, est

---

[45] Voir en particulier Régine Pernoud : *Pour en finir avec le Moyen Âge*, éd. Seuil, 1978.
[46] III, (5-1).
[47] *Galates* II-10.

sans équivoque[48]. Quelles que soient les conclusions qu'on en tire, il reste que la notion de liberté est consubstantielle du christianisme[49].

Toutefois cette mise en cause de la Loi n'est pas contradictoire avec l'Évangile qui rapporte le propos suivant du Christ : « *Ne croyez pas que je sois venu pour abolir la Loi ou les prophètes ; je suis venu non pour abolir, mais pour accomplir* »[50]. On y a même vu une cohérence. Saint Paul ne fait donc que souligner l'éclairage de la Loi par la foi. Il présente l'Ancien Testament comme un guide, un pédagogue auquel le Christ apporte la lumière de la foi[51]. La foi procède d'un élan individuel envers le Christ. C'est un mouvement délibéré qui abolit les distinctions entre juifs, grecs, esclaves, hommes libres, femmes[52]. C'est donc avec saint Paul, imprégné d'hellénisme, que le christianisme révèle sa divergence avec le judaïsme. Il faut voir là un des principaux ressorts de la diffusion du christianisme dans la société grecque[53].

L'ESCLAVAGE

En 340, le concile tenu à Gangres en Paphlagonie (Asie Mineure), prescrivait dans son 3e canon : « *Si quelqu'un sous prétexte de piété enseigne à un esclave de mépriser son maître et de quitter son service et de ne pas le servir avec toute la bienveillance et l'honneur, qu'il soit anathème* ». Il importe de souligner que cette condamnation visait à réprimer une opinion qui circulait dans certains milieux monastiques en faveur du droit des esclaves à réclamer et obtenir leur libération[54]. Du reste Basile de Césarée, un des Pères de l'Église grecque (329-379), intervenait à la même époque pour protéger les esclaves.

---

[48] *Jean*, V, 16-17.

[49] Voir Saint Augustin : « Philosophie, catéchèse, polémique » dans *Œuvres*, III, Pléiade, Gallimard, Paris, 2002, « La grâce et le libre arbitre », pp. 881 et ss. Voir aussi infra : p. 172.

[50] *Matthieu,* 5-17.

[51] *Galates*, 3-23.

[52] *Galates,* 3-26, 27, 28.

[53] Voir Cerfaux L., *Le Christ dans La théologie paulinienne*, Coll. *Lectio divina*, n° 33, Paris, Le Cerf, 1962, p. 412.

[54] Voir Churrica J. : « L'anathème du concile de Gangres contre ceux qui sous prétexte de christianisme incitent les esclaves à quitter leurs maîtres » dans *Revue historique du droit français et étranger*, 1982, vol. 60 n°2, pp. 261-278.

Grégoire de Nazianze (329-390), docteur de l'Église, insiste dans ses sermons sur la nécessité de respecter la dignité humaine de l'esclave.

Il est vrai que l'Église a mis un certain temps pour réagir contre l'esclavage. Elle a paru accepter une situation qui contredisait le principe d'égalité entre tous les hommes, fondement de la pensée du Christ, soit par impossibilité de bouleverser un ordre, soit par respect de la hiérarchie établie[55]. Toutefois il faut insister sur la complexité du statut servile qui comporte de très nombreuses variantes et qu'on ne peut enfermer dans une catégorie unique. Par ailleurs, il n'est pas exclu que l'Église ait reconnu la légitimité de l'esclavage au nom d'une morale du péché attachée à la servitude. Cela n'empêcha pas l'influence du christianisme de s'exercer sur les procédures de libération des esclaves. À Rome, quelques figures de l'aristocratie qui s'attachèrent à la pensée de Jérôme, la veuve Paula, et sa fille Eustochium, et bien d'autres, passèrent à la postérité pour avoir libéré leurs nombreux esclaves en même temps qu'elles distribuaient leur fortune. En Gaule romaine, Paulin et Therasia se démirent de leurs biens et de leurs esclaves pour fonder le monastère de Nole. On connaît les efforts sans mesure de Césaire d'Arles, et en Italie du nord, de saint Eptade et d'Épiphane de Pavie, pour libérer les esclaves chrétiens empêchés de respecter les obligations de leur foi. À aucun moment, l'esclave n'a été rejeté de la communauté des fidèles. Très tôt, l'Église a reconnu aux esclaves le droit au mariage avec tout ce qui se rapporte à la question de la filiation. Compte tenu des implications sacramentelles qu'implique cette reconnaissance, on peut la mettre en rapport avec l'admission des esclaves aux ordres sacrés. Le concile d'Orléans, en 511[56], admet que l'esclave peut se voir conférer le diaconat et la prêtrise par l'évêque. Cette mesure s'inscrit dans un train de transactions avec le propriétaire de l'esclave qui aboutissent en général à l'affranchissement de celui-ci avec compensation financière acquittée par l'Église. De même en est-il pour l'accès au noviciat et à la vie monastique. Ces procédures

---

[55] Sur l'attitude contrastée de l'Église par rapport à la question de l'esclavage, voir Y. Rotman : *Les esclaves et l'esclavage de la Méditerranée antique à la Méditerranée médiévale, VIe-XIe siècle*, Les Belles-Lettres, Paris, 2004, en particulier pp. 187-188.

[56] Pour tout ce qui concerne les positions de l'Église sur le statut de l'esclave, voir le *Dictionnaire de droit canonique*, R. Naz dir., Librairie Letouzey, Paris, 1953, T. V, col. 448-454.

s'inscrivent dans une démarche qui vise à l'amélioration des conditions de travail du monde servile[57].

La position de l'Église sur l'esclavage s'appuie sur un de ses principes majeurs, la charité, qui induit l'amour du prochain et dont le principe d'altérité est la conséquence. Il implique, toutefois, la réciprocité, faute de quoi il peut provoquer le rejet. Cela se produit quand la charité chrétienne originelle va au-delà de toute restriction, ce qui la rend difficile à assumer. C'est pourquoi la proclamation de Jésus : « Vous avez appris qu'il a été dit : *Œil pour œil, dent pour dent.* Eh bien, moi, je vous dis de ne pas tenir tête aux méchants : au contraire, quelqu'un te donne-t-il un soufflet sur la joue droite, tends-lui encore l'autre, veut-il te faire un procès et prendre ta tunique, laisse lui même ton manteau ; te requiert-il pour une course d'un mille, fais-en deux avec lui. À qui te demande, donne ; à qui veut t'emprunter, ne tourne pas le dos » (Matt. 5-39) doit être replacée dans une contextualité qu'il faut rappeler. La prendre à la lettre lui donnerait un caractère paradoxal voire déraisonnable risquant de la rendre inepte. Du reste la réponse de Jésus à Pilate : « *Si mon royaume était de ce monde, mes gens auraient combattu pour que je ne sois pas livré aux Juifs.* » (Jean 18:36*)*, ne laisse subsister aucune équivoque sur la détermination du chrétien à réagir s'il le juge opportun. Il faut donc lire ce texte comme l'expression d'une exigence de morale intérieure visant à inculquer le refus de répondre au mal par le mal, comme il est dit dans Matthieu (5-43,47). On peut par ailleurs mettre ces exhortations en relation avec l'injonction faite par Jésus aux apôtres pour les inciter à acheter un sabre. Ils s'en procurèrent deux avec son assentiment[58], et pourtant la réaction de Pierre, qui tira son sabre et frappa l'esclave du grand prêtre au moment de l'arrestation du Christ, attira les reproches de celui-ci[59]. Mais la version de Marc est quelque peu différente. Elle donne à penser que, dans d'autres circonstances, le Christ n'aurait pas adressé ce reproche[60].

[57] Ibidem, col. 453-454.
[58] Luc, XXII-36-38.
[59] Jean, XVIII-10,11, voir aussi Marc, XIV-47, 48, Matthieu, XXVI-11-12.
[60] Le texte dit : « Est-ce contre un bandit que vous êtes sortis avec des sabres et des bâtons pour me prendre ? »

Des recherches récentes sur la genèse du christianisme s'attachent à donner une interprétation plus percutante encore de l'ouverture du christianisme sur la démocratie[61]. On en tire la conclusion que le procès fait au Christ et son rejet de la communauté juive ne tiennent pas à des questions théologiques. Jean le Baptiste introduit avec le baptême une innovation qui en fait un contestataire de la tradition hébraïque, mais il n'a jamais été considéré comme un danger par les autorités rabbiniques. La communauté de Qumran que l'on connaît bien mieux depuis la découverte des manuscrits de la grotte du même nom a sévèrement critiqué les autorités du Temple. On n'y a jamais vu une menace. Le message délivré par le Christ touchait au cœur de la doctrine établie. Il était donc beaucoup plus redoutable car il mettait en cause la notion de pureté qui était le fondement de la loi rabbinique.

Le Christ en effet rompt avec les usages qui imposent de ne pas se commettre avec les impurs. Il touche les malades, il s'approche des lépreux, il vit au milieu du peuple sans distinction de statut ou de niveau social. Dans la loi judaïque, les impurs peuvent être réintégrés sous conditions. Mais le Christ n'impose aucune condition. Il annonce que le Royaume est ouvert à tous, sans barrière. Il dénonce ainsi l'exclusion qui découle de l'obsession de la pureté dont se réclament les Pharisiens en postulant ainsi leur appartenance au peuple élu, selon la tradition biblique[62] qui instaure un a priori de suspicion envers l'autre. Le Christ a exprimé plusieurs fois sa réprobation de cette discrimination par le pur et l'impur. Ainsi dans l'Évangile de saint Marc (7-14) il est dit : « *Il n'y a rien d'extérieur à l'homme qui puisse le rendre impur en pénétrant en lui. Mais ce qui sort de l'homme, voici ce qui rend l'homme impur* ».

Les Pharisiens étaient les plus visés par cette conception ouverte. Pour eux, la pureté est ce qui protège le croyant contre la contamination véhiculée surtout par les femmes (menstrues) et tous ceux qui ont des métiers liés au sang ou qui sont en rapport avec les

---

[61] Voir D. Marguerat *: À l'aube du christianisme*, Bayard 2008 ; D. Marguerat et E. Junot : *Qui a fondé le christianisme*, éd. Bayard. Pour mieux connaître le peuple où s'est propagé le christianisme, voir Theissen Gerd : *Histoire sociale du christianisme primitif : Jésus, Paul, Jean ;* Labor et Fides, Le monde de la Bible, Genève, 1996.

[62] *Livre de l'Exode* (19:5-6).

Romains païens, les bergers et les paysans dont les conditions de vie les rapprochent de la souillure. La définition des atteintes à la pureté vise l'identité sous les formes d'une discrimination sociale. Elle débouche sur une hiérarchisation en faveur des Sadducéens d'où procède la caste des grands prêtres. On a fait remarquer en effet que les disciples sont des gens du peuple, pêcheurs, artisans, que les Pharisiens appellent « *le peuple de la terre* ». Cette discrimination se fonde sur une conception étroite de la pratique, la ramenant aux apparences, donc par extension à un formalisme. Le Christ prône l'égalité entre tous les fidèles, sans tenir compte de ce critère de pureté, ni non plus bien évidemment de statut social. En cela, il déstabilise l'institution et devient un danger passible de mise à mort. Le pharisaïsme pousse à l'extrême le ritualisme pour distinguer le pur de l'impur. Pour les Pharisiens, si la pureté est un signe d'élection divine, elle s'établit sur la discrimination et la ritualisation. C'est contre cette ritualisation que se déclare le Christ en insistant sur la distinction entre la Lettre et l'Esprit. Cette suspicion contre le formalisme rituel est un des traits les plus caractéristiques du christianisme originel[63]. C'est là un grand débat qui a secoué l'Église à bien des reprises[64]. Tout cela rejoint l'approche réductrice de la démocratie, quand on ne l'identifie qu'à travers le seul geste électoral, consistant à déposer un papier dans une boîte, alors qu'il n'a de sens qu'accompagné de toute une maturation spirituelle et intellectuelle, sauf à devenir un rite formel qui ouvre la voie à la dictature.

Ainsi le Christianisme est une doctrine qui prépare le terrain de la démocratie. Le caractère décisif de l'action révolutionnaire du christianisme a été lumineusement mis en évidence par Fustel de Coulanges dans un chapitre de son œuvre la plus connue, *La cité antique*, intitulé : *Le christianisme change les conditions du*

---

[63] Sur ce point, voir les travaux du Père Moussali dans Delcambre A.-M., Bosshard J. (*et alii*) -- *Enquêtes sur l'Islam : hommages à Antoine Moussali*. Paris : Desclée de Brouwer, 2004. La réplique du Christ : « Mon Père travaille toujours et moi aussi je travaille » (Jean, V-17) à ceux qui lui reprochent d'avoir guéri l'infirme le jour du Sabbat, en est une illustration. On a remarqué que l'*Évangile* de Jean ne rapporte pas le moment de la Cène (XIII) comme le font les autres évangélistes. En particulier, il ne mentionne pas le fractionnement du pain, considérant qu'il y avait là un risque de ritualisation mécanique qui affaiblit le sens de ce moment. Voir *La Bible, Nouveau Testament*, ed. La Pléïade, Paris, 1971, p.293 note 55.

[64] En particulier avec le jansénisme. Voir sur ce sujet : Orcibal J. : *La spiritualité de Saint Cyran,* Ed. Vrin, Paris, 1962.

gouvernement[65]. Ce point de vue a été diversement modulé en faisant ressortir, à partir du dogme de l'Incarnation l'inscription du christianisme dans l'historicité et une temporalité évolutive[66].

---

[65] Librairie Hachette, Paris, 1927, p. 456 et suivantes voir infra.
[66] Voir P. Veyne : *Quand notre monde est devenu chrétien*, Paris, Albin Michel 2007.

II – L'ÉGLISE PUISSANCE ORGANISATRICE

L'ÉPOQUE PALÉOCHRÉTIENNE

LE GRAND TOURNANT CONCILIAIRE

Au cours de la longue période qui suit la Passion du Christ, l'institution ecclésiale s'organise dans un contexte politique, qui va de l'épanouissement de l'Empire romain à la formation de l'Empire byzantin, du Ier au IVe siècle. La diffusion du christianisme s'opère dans des conditions différentes, à travers tout l'espace où Rome a exercé son pouvoir, ce qui entraîne toutes sortes de difficultés d'adaptation et d'organisation, à partir de Jérusalem qui est, au moins dans une période préliminaire, le centre de référence de la chrétienté. Le point de départ de la genèse de ce processus est le concile des Apôtres dont la date a été fixée par les historiens avec quelques hésitations entre 51 et 52. Cette première réunion - car le terme de *concile* n'a été utilisé qu'en 200 selon Tertullien et celui de *synode* qui a le même sens ne le fut qu'au début du IIIe siècle - tirait son autorité des paroles du Christ rapportées par Matthieu (XVIII-20) : « *Que deux ou trois en effet soient réunis en mon nom, je suis au milieu d'eux* ». Elle fut présidée par Pierre et Jacques avec comme objectif de résoudre la première et importante question de la circoncision.

L'institution conciliaire, qui est la grande spécificité du monothéisme chrétien dans la forme du catholicisme, est la plus importante et l'une des plus représentatives de sa dimension démocratique. Elle a non seulement pour fonction l'organisation de l'Église avec toutes les règles liées à ses missions, mais elle exerce aussi un rôle de médiation permettant d'atténuer, sinon de résoudre, les conflits qui ne peuvent manquer de surgir, à mesure de l'extension de son influence. Elle constitue ainsi le principal facteur de sa longévité plus de deux fois millénaire, ce qui est extraordinaire.

À partir du Ier siècle, l'activité conciliaire ne fait que s'intensifier. Dans la seule ville de Carthage, une vingtaine de conciles furent tenus entre le milieu du IIIe siècle et le début du Ve. Cette période intermédiaire entre l'Antiquité tardive et le Haut Moyen Âge, entre les années 300 et 600[67], est celle au cours de laquelle l'Empire romain se désorganisa dans ses structures politiques et administratives, menacé et envahi de tout côté. L'autorité se dispersa entre des royaumes barbares qui se formèrent un peu partout. Une seule institution émergea et parvint à se maintenir dans ce naufrage : l'Église chrétienne avec l'Évêque comme pierre angulaire. C'est autour de lui que prit corps un projet politique, où l'on peut voir l'affleurement des principes conduisant à ce que nous appelons aujourd'hui la démocratie.

FIGURES D'ÉVÊQUES

Dans la plupart des cas, ces évêques ont été formés dans des familles de l'aristocratie romaine. Ils sont imbibés de culture grecque et latine et disposent d'une grande autorité spirituelle, morale et intellectuelle. Devant la carence des pouvoirs publics, c'est vers eux que se tourne la communauté. D'autant plus que l'évêque est élu par cette communauté. Il est consacré par l'autorité religieuse épiscopale provinciale, mais il a l'adhésion populaire. Celle-ci a pris naissance depuis longtemps dans la clandestinité, au temps où l'Église était « cryptée », c'est-à-dire où les chrétiens se retrouvaient dans les catacombes ou dans des refuges naturels, des grottes ou des caves. Une solidarité morale, spirituelle et sociale s'est formée dans ce contexte avec la symbolique évangélique du pasteur qui protège ses brebis. Mais dans ces temps troublés où les pouvoirs publics sont affaiblis voire inexistants, cette symbolique répond à des réalités. L'évêque est le seul recours à même de prendre les dispositions nécessaires. Il intervient de plus en plus dans le domaine public. Il devient le représentant de l'État en qualité de fonctionnaire de l'empire dont la tête est Constantinople, où Théodose, pour l'Empire

[67] Voir Jehel S. et G. : *De l'Antiquité au Moyen Âge, Continuités et ruptures*, Ellipses Paris, 2009.

d'Orient, et Gratien, pour l'Empire d'Occident, tous deux catholiques, ont élevé le christianisme au rang de seule religion officielle et obligatoire par l'Édit du 28 février 380, dit Édit de Thessalonique.

C'est le moment d'un grand remue-ménage où se construit l'institution ecclésiastique, dans cette période conciliaire au cours de laquelle s'organise l'Église et se fixent les dogmes, en même temps que s'accroissent les conversions et se développe la lutte contre les hérésies, en particulier l'arianisme. Les évêques jouent un rôle majeur dans la vie sociale, intellectuelle et spirituelle dans ce contexte très dynamique. Les plus importants d'entre eux sont saint Ambroise de Milan (340-397), saint Augustin (354-430), saint Césaire d'Arles (470-542), Sidoine Apollinaire, évêque de Clermont en 470. Mais il y a tous les évêques des petits évêchés qui se multiplient pour exercer les fonctions édilitaires. Bien que moins connus, ils jouèrent un rôle essentiel dans le maintien d'un encadrement sans lequel on ne sait ce qui aurait pu advenir.

Dans les phases de crise et d'affrontement, les évêques ont assumé le rôle de défenseurs des cités, aux prises avec les invasions barbares, en participant à la construction des enceintes, à la formation de milices urbaines, au ravitaillement, à l'entretien des voies, etc. On cite volontiers Didier de Cahors qui, au milieu du VIIe siècle, s'occupe des adductions d'eau, fait venir des ouvriers pour réaliser les travaux. On trouve un équivalent en Auvergne, à Clermont. À Rome, c'est l'évêque qui assure la *cura annonae* qui a été abandonnée par le pouvoir civil. Cette fonction d'approvisionnement est relayée par les monastères.

Elle se complète par des formes d'action sociale et économique qui renforcent le lien entre l'idéal de justice et l'exigence de solidarité attaché à la démocratie et que l'on retrouve dans la morale chrétienne. Ce qui est une façon de conforter l'idée du rôle du christianisme dans la genèse de la démocratie. La période médiévale en donne un exemple dès le moment où l'Église entre en charge des responsabilités publiques. Elle le fait par l'intermédiaire des évêques, agissant en qualité de représentants du peuple pour assurer son bien-être par l'assistance aux veuves, aux malades, aux prisonniers, aux indigents en s'efforçant de limiter le vagabondage[68]. Cette dimension sociale est

---

[68] Le VIe siècle nous en fournit de nombreux exemples : maisons d'accueil pour les pauvres comme celle de saint Césaire à Arles, institutions charitables à Saint-Martial de Limoges, Abbayes fondées, en 848, par Charles Le Chauve, *xenodochium* pour les lépreux fondé par Agricola de Chalon (497-580) ; hospices de Reims et de Lyon

indissociable de l'idéal de justice vers lequel tend aussi la démocratie. C'est par l'action publique, la pratique de la charité que l'Église participe à l'enracinement de la démocratie, pratique en prise sur les éléments concrets de la vie quotidienne.

Quand l'évêque siège dans les tribunaux mixtes avec des juges civils pour défendre la cause des pauvres et des personnes vulnérables, on est de plain pied dans la lutte pour l'équité, base de la démocratie moderne, dans toutes ses acceptions. Ce n'est pas parce qu'il y a eu des errements, des compromissions et des abus dans les siècles qui ont suivi, que l'idéal originel du christianisme doit être occulté ou rejeté[69]. Un texte éloquent le rappelle : « Il nous est parvenu qu'ils [les pauvres] sont maltraités par les juges pour les motifs les plus légers... Pour cette raison, nous décrétons que les juges ne doivent pas citer à comparaître des veuves et des orphelins sans en avoir averti l'évêque »[70]. Il va par ailleurs de soi qu'un des objectifs principaux de la pratique des donations à l'Église est d'alimenter le financement des œuvres de charité. Ainsi s'explique l'accumulation de la richesse foncière et les immunités reconnues comme privilèges aux monastères. Ces capitaux peuvent avoir servi à financer de grands travaux comme ceux entrepris par Sidoine à Mayence ou par Félix à Nantes.

Le charisme, le crédit, l'autorité morale dont dispose l'évêque, lui permettent d'agir directement sur la conjoncture économique locale, en lançant des emprunts pour financer de grands travaux[71]. À cela s'ajoute le droit d'asile qui s'est directement transféré dans les traditions laïques de protection des victimes de délits d'opinion[72]. On a remarqué à ce propos la grande différence entre le monachisme occidental, fortement enraciné dans la vie publique et laïque, et le monachisme oriental, plus porté vers la vie contemplative.

---

fondés par Childebert Ier (497-558) , cité d'après Beaujard B. : « L'évêque dans la cité en Gaule aux Ve et VIe siècles », dans *La fin de la cité antique et le début de la cité médiévale : de la fin du IIIe s. à l'avènement de Charlemagne.* Colloque Paris X, 1993, Edipuglia 1998, pp. 127-145.

[69] Beaujard B. : op. cité supra, p. 127-145.

[70] Cité par Beaujard B., p. 119, d'après une résolution du concile de Macon II en 585, C.12 p. 470-71.

[71]L'évêque de Verdun Désidérius a emprunté à Théodebert, avec la garantie des commerçants de la ville, 7000 pièces d'or, qui sont injectées dans l'activité locale pour la soutenir, cf. Grégoire de Tours : *Historia francorum* III, 34, p. 129-130, cité par Beaujard B., op. cité, p. 141.

[72] Voir infra.

L'exemple le plus fameux de ce que représente l'évêque dans cette fonction de recours face aux dangers est celui de Grégoire le Grand qu'on peut situer dans le prolongement de saint Ambroise de Milan[73]. En 590, il est pape mais aussi évêque de Rome. Il en assume les fonctions politiques et administratives qu'il avait exercées en qualité de Préfet de la Ville quelques années avant. Il avait eu à faire face aux inondations du Tibre au cours desquelles, en 589, avaient péri plusieurs milliers d'habitants de Rome. Il continua à assurer le ravitaillement de la ville et la protection des paysans des alentours. Mais surtout il négocia des accords avec les Lombards et obtint que Rome fût épargnée. L'œuvre de Grégoire le Grand va bien au-delà de ces fonctions civiques, mais retenons ici l'action de l'évêque dans le service public et dans les responsabilités assumées pour l'intérêt général. Grégoire le Grand est le modèle de l'évêque au service de la cité, mais on pourrait mentionner bien d'autres exemples qui montrent ce qu'a représenté l'évêque dans ces moments de panique et d'isolement des populations. C'est cette dimension politique de l'institution ecclésiastique qu'il faut retenir pour comprendre son lien avec la démocratie.

Pour bien saisir les fondements du mécanisme institutionnel par lequel la communauté civique se constitue dans le cadre ecclésiastique, il faut revenir à ses premières formes auxquelles on parvient autour du Ve siècle. Le rôle fondateur de l'assemblée du peuple autour de l'évêque est à rechercher dès les premières étapes de l'insertion sociale du christianisme. Il se révèle d'abord par la volonté conciliatrice entre les différentes composantes du corps social, conformément au principe évangélique de concorde et de paix, qui retrouva au XIe siècle d'autres applications dans les guerres entre châtelains, avec ce que l'on appelle « la trêve de Dieu » ou « la paix de Dieu », formalisée dans des conciles comme celui de Charroux en 989 pour réduire les violences de ces guerres intestines. Il faut y associer l'idée de *concordia* invoquée plus tard dans les conflits urbains où intervinrent les évêques en Italie. Il faut aussi insister sur l'élection de l'évêque et du clergé par la communauté des fidèles dans

[73] Sur les implications politiques de l'action et de l'œuvre d'Ambroise de Milan dans la genèse de la conscience politique et de ses formes civiques en Italie du nord, voir : *La mémoire d'Ambroise de Milan, usages politiques d'une autorité patristique en Italie (Ve-XVIIIe siècle)*, Boucheron P. et Gioanni (dir.), Pub. De la Sorbonne-E.F.R., Paris-Rome, 2015.

le cadre de la paroisse puis du diocèse. Cette pratique participe de la solidarité et de la communion qui unit le groupe dans une même volonté, rassemble tous ses membres en toute égalité. Il faut aussi noter que le principe de la consultation de la communauté pour tout ce qui la concerne et en particulier pour la désignation de ses ordinants, évêques, prêtres, diacres, est établi dès l'origine, à partir de la communauté des Apôtres de Jérusalem, à l'exception de Matthias, désigné par tirage au sort[74]. Par la suite, on s'en remit au choix par une autorité, un apôtre ou son délégué, et consultation de la communauté qui porte témoignage de la qualité de celui qui a été choisi[75]. La procédure d'élection de l'évêque s'est institutionnalisée au IVe siècle. Les décrétales pontificales sont explicites sur ce point. Celle de 428 promulguée par Célestin Ier stipule que, pour être élu, l'évêque doit avoir le consensus du clergé, du peuple et de l'*ordo*. Un évêque ne peut pas choisir son successeur[76].

Sans doute les modalités de la désignation ont-elles beaucoup varié entre le Ier et le Ve siècle selon les régions, et elles ne se sont pas toujours conformées au système électif au sens étroit du terme. Mais le choix d'un candidat par une autorité s'est presque toujours accompagné de la consultation de la communauté, à qui il était demandé de porter témoignage en faveur du candidat ou contre celui-ci, avant ou après la délibération du clergé. Il convient à ce propos de préciser que le mot *élection* est à prendre ici dans le sens latin de choix et non de celui qui exprime la désignation d'un candidat par l'expression d'un suffrage collectif[77].

---

[74] *Actes des Apôtres*, I-23.

[75] Dauvillier J. : « Les temps apostoliques, Ier siècle », dans *Histoire du droit et des institutions de l'Église en Occident* (Lebras G. dir.), Sirey éd., Paris, 1970, pp. 303-304.

[76] Pour plus de précisions sur les procédures électives, voir l'article « Élections abbatiales – Élections épiscopales » dans le *Dictionnaire d'Archéologie et de liturgie,* et H. Leclerq, Marrou H. (dir.), articles « Élections abbatiales et épiscopales », col. 2611-2652 et l'étude de Jacques Gaudemet : « L'Église dans l'empire romain, IVe et Ve siècles » dans G. Lebras, *Histoire du droit et des institutions de l'Église en Occident*, T. III, Paris, 1958, pp. 330 et suivantes.

[77] Gaudemet J. : *Les élections dans l'Église latine, des origines au XVIe siècle*, F. Lanore éd., Paris, 1979, pp. 8-9. Selon l'auteur, l'élection médiévale était alors interprétée comme un signe d'inspiration divine plus que comme l'expression d'une volonté générale qui ne s'est affirmée dans cette désignation que plus tardivement, sans perdre ce caractère d'inspiration divine qui a subsisté sous la forme de l'élection dite « par inspiration ». On verra que la référence à l'expression « *vox*

L'élection n'est cependant que la première étape de la désignation, car l'évêque élu doit être reconnu et consacré par les évêques de la province. Ainsi, même si le clergé et les notables y exercent une influence prédominante, l'élection contribue à enraciner le principe de la consultation de tous et du débat public, qui sont les fondements du régime démocratique. Créant l'usage, elle crée le comportement qui entre dans les mœurs politiques et structure la vie publique, si cette pratique se pérennise. On sait que dans un édit du roi lombard Rothari, pris en 643, le *conventus ante ecclesiam,* qu'on appelle aussi *conventus civium,* figure comme une institution urbaine qui a survécu à la suppression des structures romano-byzantines et qui est reconnue par le nouveau pouvoir[78]. L'assemblée y conserve la charge d'élire l'évêque, ce qui conforte le rôle de celui-ci comme représentant légitime de la communauté chrétienne. Par ailleurs celle-ci se voit attribuer des fonctions administratives relatives à l'entretien des ouvrages publics (murs, rues, bâtiments) et au droit de regard sur la répartition des impôts. Elle avait aussi la charge d'organiser la police urbaine et la gestion des marchés. Elle désignait également le crieur public parmi ses membres. On voit donc ici la précocité de l'intervention de l'assemblée des fidèles agissant en tant qu'assemblée populaire, donc démocratique, dans l'administration publique et se formant à l'expérience des responsabilités collectives. Ce qui ne put qu'augmenter son crédit et sa compétence politique, puisque le *conventus* conserva ses prérogatives bien au-delà de cette époque.

---

populi vox Dei » à laquelle se rattache cette interprétation, n'est pas celle de saint Benoît, dont la règle a posé les bases du système électif en Occident, voir infra.

[78] Même quand les communautés chrétiennes ont été dans diverses circonstances marginalisées, elles ont continué à élire leur évêque selon l'usage établi, voir Celli R. : *Pour l'histoire des origines du pouvoir populaire, l'expérience des Villes-États italiennes (XIe- XIIe siècles)*, publication de l'Institut médiéval de l'U. Catholique de Louvain, 2e série, n° 3, Louvain-La Neuve, 1980, p. 46-48. Sur l'édit de Rothari, voir : Petit D., *Histoire sociale des Lombards : VIe-VIIIe siècle*, L'Harmattan, 2003.

LE RÔLE DE L'ÉVÊQUE DANS L'AVÈNEMENT DE LA DÉMOCRATIE MÉDIÉVALE X^e^-XIIe SIÈCLE.

La longue période qui suivit, correspond à l'expansion de l'Empire carolingien qui imposa la suprématie du pouvoir temporel. Pour ce qui nous occupe ici, l'innovation la plus importante fut la création d'un corps de fonctionnaires laïques : les comtes qui entrèrent en rivalité avec les évêques. Ceux-ci furent dès lors quelque peu en retrait.

Mais, à partir du Xe siècle, la situation se transforme à nouveau. L'empire carolingien en effet s'est dissous à la fin du IXe siècle. Un siècle plus tard se fonde le Saint Empire Romain Germanique avec Otton Ier élu en 962. On entre dans une nouvelle phase des rapports entre le pouvoir laïque et le pouvoir ecclésiastique.

L'Italie du Nord occupe sur le plan politique une place très importante dans ce contexte. Dans la plupart des villes de Lombardie jusqu'en Toscane, la position de l'évêque se renforce face au pouvoir comtal dont il remplit les fonctions, ce qui le situe dans une double position par rapport à la féodalité, à laquelle il se rattache en général par ses origines sociales aristocratiques, en même temps qu'il s'y oppose en tant que représentant du peuple. Florence, Bologne, Pavie, Gênes, et Pise offrent les premiers exemples où s'observe cette situation. On assiste dans certains cas à une véritable coupure de la cité en deux parties, celle de l'évêque appuyé sur le peuple et celle de l'aristocratie qui veut imposer un autre évêque plus conforme à ses vœux.

Cette évolution va de pair avec le développement économique de la région qui commence au début du IXe siècle. L'incidence sociopolitique de cet essor est presque immédiate. À Pavie, apparaissent sous le nom de *ministeria* les premières organisations professionnelles qui rassemblent les métiers liés à l'alimentation, aux productions artisanales et au commerce. Elles ne tardent pas à s'organiser sous la tutelle des autorités religieuses, seules détentrices de la compétence nécessaire à cette gestion. Pour renforcer leur efficacité, ces nouvelles institutions s'adjoignent des formes de solidarité conformes aux principes d'entraide et de charité prônés par l'Église. Ce sont les premières « fraternités », prototypes des corporations. Ce qui unit le monde du travail s'élabore dans le cadre paroissial. Tout un processus ritualisé et festif sous la tutelle de saints patrons s'organise sous l'autorité de l'évêque. Une nouvelle composante du corps politique de la cité se construit en face du pouvoir en place, d'origine foncière, militaire et féodale.

Cela se ressent dans la structuration de la vie régionale à tous les niveaux, et notamment sur le plan administratif sur le modèle diocésain, introduisant souvent, du fait des particularismes, une tendance à l'autonomie. Si cette tendance est très perceptible en Italie, elle s'observe jusqu'en Baltique[79]. Cela se traduit, jusqu'aux plus petites communautés de type « bourg », par l'acquisition de statuts favorisant les régimes d'assemblées, conseils ou échevinages dotés de pouvoir en matière d'ordre public et qui échappent à l'autorité féodale ou princière. Il en résulte une accoutumance de la jouissance de libertés qui pénètre les mœurs et les pratiques sociales. Cette tendance est encore plus sensible au niveau des grandes métropoles[80]. En 1249, est accordé par privilège à la ville de Barcelone de gouverner, administrer et gérer la cité en assurant le roi de sa fidélité et pour le bien commun de l'ensemble de ses ressortissants. Les limites de ces autonomies n'étant pas toujours clairement définies entre le prince, l'évêque et l'*universitas*, la situation était souvent conflictuelle, renforçant la dimension démocratique du débat politique. D'autant plus qu'à ces dispositifs s'ajoutaient les droits et prérogatives individuels dont jouissait le patriciat[81].

Cette polarité engendra une rivalité entre le pouvoir temporel ou laïque et le pouvoir spirituel ou religieux, au plus haut niveau entre l'empereur et le pape, à l'échelon local entre le comte et l'évêque. Entre ces derniers, le rapport de force alternait en fonction de celui qui prévalait au niveau supérieur selon les circonstances du moment. Il fut longtemps en faveur de l'évêque qui s'était vu investi par le pouvoir impérial pour exercer les fonctions de coordination et de médiation entre les différents intérêts en présence, relevant en particulier du rôle d'apaisement et de *concordia* que s'était donné l'Église. C'est ainsi qu'en 861, l'empereur Louis II avait concédé au monastère de San

---

[79] Le lien entre les aspirations libertaires et le développement économique en milieu urbain n'a pas échappé à l'attention d'H. Pirenne. Toute son œuvre en est irriguée. On en saisit la trace dans son *Histoire économique et sociale du Moyen Âge*, PUF, Paris, 1963, pp. 33-47.

[80] Sur tous ces aspects, voir Génicot L.P.: *Le XIIIe siècle européen*, PUF, Paris, 1984, pp.109-136.

[81] *Nobiles, potentes, magnates, meliores, geslachtlieden, riches hommes*. On ne saurait exclure les statuts dérogatoires des sociétés à tendances démocratiques ni à ces époques ni à d'autres.

Giulia de Brescia le contrôle de tout le commerce de la Lombardie jusqu'à Venise avec les privilèges afférents. On peut voir là le signe d'une forte implication de l'Église dans le temporel impérial[82]. Ces concessions avaient pour effet de faire de l'évêque le représentant de la bourgeoisie d'affaires et, d'une manière plus générale, du peuple, dont ceux qui le composaient ne tardèrent pas à devenir des citoyens (*cives*) aptes à exercer des fonctions civiques face à l'aristocratie féodale. L'éloge de l'évêque se concrétise dans une formule bientôt stéréotypée : « *Orphanorum pater, sacerdotum ornamentum, viduarum, pauperum et mercatorum protector* »[83].

Vers 950, les Ottoniens avaient adopté une position inverse pour rétablir leur autorité. Mais le peuple, dynamisé par l'idéal de liberté que la promotion par le travail et l'enrichissement avaient suscité, n'était pas disposé à renoncer à l'autonomie et aux responsabilités qu'il avait exercées. Ce qui ne pouvait manquer d'aboutir à un affrontement. Au Xe siècle, une forme préliminaire de ce mouvement en a fait ressortir les présupposés qui s'articulent sur l'ascension du pouvoir épiscopal au cours ce cette période. Au milieu du XIe siècle, un tournant décisif s'opéra qui donna toute sa signification à cette montée en puissance de l'influence du christianisme dans la marche de l'Europe vers la démocratie avec l'émergence de ce que l'on retient par l'expression de « *mouvement communal* »[84].

---

[82] Un peu plus tard, l'empereur Otton III agit de même avec l'évêque d'Asti. Ces charges et privilèges furent renouvelés en 1037 par Conrad II. Voir Racine P. : « Évêque et cité dans le royaume d'Italie : aux origines des communes italiennes » dans *L'Église et le siècle, de l'An Mil au début du XIIe siècle*, Actes des congrès de la Société des historiens médiévistes de l'enseignement supérieur public, Cahiers de civilisation médiévale, n°-1-2, 1984, pp. 129-139.

[83] « Un père pour les orphelins, l'honneur des prêtres, un protecteur pour les veuves, les pauvres et les marchands ».

[84] L'expression est à prendre ici dans le contexte bien délimité des régions comprises entre la Lombardie et la Toscane, voire à étendre jusqu'à Venise dans la forme initiale qu'il présente du Xe au XIIe siècle et par laquelle il se prolonge sous diverses modalités. Le fait communal relève d'autres acceptions qui, en dépit de similitudes, offre des caractéristiques bien différentes du modèle italien. Il a fait l'objet d'études approfondies dont la référence reste celle que lui a consacrée Ch. Petit-Dutaillis : *Les communes françaises, caractères et évolutions, des origines au XVIIIe siècle*, Albin Michel, coll. Évolution de l'humanité, 1947 et 1970.

Du fait de la suprématie exercée aux Xe et XIe siècles par l'évêque doté d'un pouvoir quasi seigneurial, les élites laïques admises à participer à son gouvernement se comportèrent pendant un certain temps comme ses obligés. Certaines circonstances, en particulier la tenue des plaids - équivalent du tribunal de la ville - présidés par l'évêque, ne tardèrent pas à modifier ces relations. Les juges et certains agents des fonctions de justice comme les notaires, investis par des diplômes délivrés par les autorités impériales (*judices sacri palatii*), s'appliquèrent à faire admettre à l'évêque qu'il ne disposait pas seul de la puissance publique. À la moindre occasion, le contexte troublé tournait à l'émeute. On en arriva très vite à un *modus vivendi* associant l'autorité épiscopale et la société civile. Par ces voies, une collaboration s'établit entre ces deux composantes de la société médiévale où s'interpénétrèrent des influences réciproques. Le modèle ecclésial servit ainsi de référence pour l'administration civile dans l'espace public. Réciproquement, les exigences de la laïcité commencèrent à se diffuser, sur un mode critique à différents niveaux et, en particulier, dans l'ordre de la réflexion politique et l'exercice du pouvoir, en valorisant le statut de citoyen. On a vu là, dès le Xe siècle, l'émergence d'un « esprit communal » facteur de cohésion entre les sphères religieuse et civique autour de principes fondés sur une responsabilité collective et la défense d'intérêts communs. Il arrive que la milice urbaine, sous l'autorité de principe de l'évêque, prenne les armes sous le commandement des vassaux laïques de celui-ci pour défendre la cité. Celle-ci s'émancipe donc progressivement de la tutelle épiscopale sans pour autant rompre avec son autorité morale et en s'inspirant du mode de gouvernement qu'elle avait impulsé au point qu'on a pu soutenir que « *le fondement de la Commune était en dernier ressort une idée religieuse* » à partir de laquelle le peuple, jouant des rivalités entre l'évêque et l'aristocratie militaire (*capitanei*), a fait valoir ses droits à la liberté contre l'arbitraire des autorités[85].

[85] Cette confrontation qui s'observe au niveau local entre l'évêque et les féodaux, que le peuple cherche à exploiter, doit être replacée dans un contexte plus large qui oppose le pouvoir politique et le pouvoir religieux au plus haut niveau, identifié dans l'historiographie sous l'expression : Lutte entre le sacerdoce et l'empire. Ce qui permet de bien cerner la problématique d'ensemble entre démocratie et religion, en tenant compte de la spécificité du message chrétien et de son interprétation par l'institution ecclésiale.

Pour préserver le sort des plus faibles contre les puissants, c'est aux institutions, dites « Paix de Dieu », mises en place par l'Église au Xe siècle, que la communauté des citoyens s'en rapporte. Cette évolution, d'inspiration foncièrement évangélique et démocratique, ne s'observe pas seulement en Italie. On en trouve des applications jusque dans l'Empire germanique[86].

L'exemple le plus net du rôle de l'évêque dans le déclenchement de ce mouvement est celui de Milan. Aribert d'Intimiano, archevêque de cette ville entre 1018 et 1045, fut la figure de proue de cette dynamique. Certains indices font apparaître l'étroitesse et l'intimité des liens entre lui et certains corps de métiers. Ils permettent de comprendre que, dans la période de forte tension économique correspondant à son apostolat, il fut reconnu comme la seule autorité de la cité. C'est ainsi, par exemple, qu'en pleine crise de subsistance, Aribert mit tout en œuvre pour assurer l'alimentation de la population menacée par la famine, en jouant de son influence pour que la fourniture en pain soit assurée. On s'étonnera donc moins d'observer qu'un représentant du métier des boulangers figure parmi les cosignataires du testament de l'évêque de Milan. Mais on peut y voir aussi tout ce que cela recouvre sur le plan de la solidarité morale. Aribert incarne, au moment de la crise des structures politiques du début du XIe siècle, la seule autorité de la ville reconnue par ses citoyens face au pouvoir impérial. On a vu en lui, à ce moment de résistance aux empereurs Conrad II et Henri II, l'héritier de son lointain prédécesseur saint Ambroise au IVe siècle. Son action se situe au moment où la conscience urbaine se révèle, dans le premier essor économique et social de l'Italie communale[87].

Avec des évêques comme Aribert de Milan ou Daibertus de Pise, se fit une synthèse des doctrines religieuses et des nécessités de l'exercice des charges publiques qui leur incombaient dans ces périodes de tension. L'objectif principal en était de réaliser le rassemblement du peuple pour donner à ses aspirations l'assise institutionnelle qu'elles requéraient, sous diverses appellations : *concio, conventus, conspiratio, conjuratio*[88]. La cathédrale en était le

---

[86] Racine P. : « Évêque et cité… », op. cité.

[87] Sur tous ces aspects, voir Violante C : *La società milanese nell'età precomunale,* (Bari) Laterza, 1953.

[88] Ces instances sont légitimées par le recours au serment collectif (*juramentum*) issu de la dynamique des mouvements de rébellion dont la Pataria fut la forme la plus aiguë. Sur tous ces aspects, voir Racine P. : « Évêque et cité… », op. cit.

lieu par excellence du fait de l'autorité et des compétences reconnues aux évêques.

À partir du Xe siècle, pour diverses raisons, on observe une dégradation générale du climat moral et spirituel. Ceci se traduit par une reprise des hérésies qui ont un grand retentissement en Italie. Les désordres conduisent à la privatisation des élections épiscopales, ce qui entraîne la propagation du nicolaïsme et de la simonie, pratiques formellement réprouvées. Un vent réformateur se lève avec de nouveaux ordres monastiques comme Cluny ou Cîteaux. L'Italie en particulier devient le principal champ d'action de ces désordres, sans doute du fait de la dynamique économique génératrice de tensions sociales opposant l'amorce d'un mouvement entrepreneurial à l'esquisse d'un prolétariat. Les principaux foyers de troubles sont les villes d'Italie du nord qui se sont beaucoup développées et enrichies avec le commerce et surtout le commerce maritime. Le régime communal urbain, qui est le prototype de la démocratie moderne, prit naissance dans ce contexte. Les évêques contribuèrent beaucoup à ce renouveau politique qui, par ailleurs, aboutit à ce qu'on a appelé la Réforme Grégorienne, étape majeure de l'histoire de la papauté[89].

Celle-ci débuta avec le pape Nicolas II (1058-1061). C'est surtout à Grégoire VII (1073-1085) qu'on en attribue la paternité. Elle eut entre autres conséquences de renforcer les liens entre le peuple et l'évêque en soutenant l'élection de celui-ci par la communauté des fidèles. En effet, pendant un certain temps, l'élection de l'évêque avait échappé au peuple. À partir de 1040-1050, elle est rendue à la communauté des fidèles qu'on appelle aussi *Congregatio fidelium.* Au moins pour ce qui est de l'Italie, les spécialistes distinguent une phase allant du IXe au XIe siècle, au cours de laquelle l'élection de l'évêque est soumise au pouvoir temporel et tombe dans l'aire d'influence de la féodalité - on a parlé d'une Église aux mains des laïcs -, et une phase qui débute autour de 1050, quand la papauté et l'Église commencent à se libérer de l'influence temporelle. Ce n'est pas pour autant que l'on puisse y voir une séparation rigoureuse entre les pouvoirs civil et religieux, le jeu politique est constant entre des intérêts fortement enchevêtrés. Mais, dans la mise en place de la commune contre le pouvoir seigneurial, la part prise par les évêques largement appuyés sur le

[89] Voir *Histoire du Christianisme* : Mayeur J.M., Pietri Ch. & L., Vauchez A., Venard M., T. V, Desclée éd. Paris, 1993, p. 57-82.

peuple est telle qu'il n'y a pas d'équivoque sur ses orientations démocratiques[90].

Nous sommes à la croisée d'un mouvement à caractère proprement politique et d'une action à caractère spirituel et moral ayant pour cible principale la lutte contre la corruption que constituent la simonie et le nicolaïsme. C'est aussi le moment des grandes guerres châtelaines de la première féodalité qui sévissent un peu partout, de l'Aquitaine à l'Italie. L'Église prend alors nettement position pour réduire les conflits en favorisant la création de mouvements de paix, sous la forme de « trêves de Dieu » ou « paix de Dieu ». On a vu dans cette action l'expression d'un programme orienté sur l'idée de paix qui inspira aussi le mouvement communal. Il se donne pour objectif de réduire les violences provoquées par des manifestations subversives et soupçonnées d'hérésie. La *pataria*, qu'on peut assimiler à un mouvement révolutionnaire suscité par la misère du peuple face à l'opulence des riches, en est la forme la plus répandue. Les principes chrétiens de charité et d'aide aux pauvres furent une source incontestable d'inspiration de ces efforts, parfois contre la hiérarchie ecclésiastique. Cela devait aboutir à la fondation des Ordres mendiants dont François d'Assise est la figure emblématique.

La communauté urbaine qui forme la substance de l'assemblée du peuple acquiert les structures et les modes de fonctionnement d'un véritable gouvernement populaire dont les assemblées présentent les caractéristiques d'un régime parlementaire. Le vocabulaire utilisé dans les textes de cette époque qui nous sont parvenus y renvoie explicitement par des formules qui ne laissent aucun doute sur son caractère démocratique : *Cunctus populus* (l'ensemble du peuple), *Cives tam majores quam minores* (tous les citoyens, quelle que soit leur condition). Ce sont les expressions que l'on rencontre dans les statuts urbains de Pise qui est à la pointe du combat communal. Sans être déterminante dans la mise en place progressive du régime fondé sur l'assentiment populaire, puisque cela implique d'abord l'adhésion à un principe de concertation sur la base de la recherche d'un équilibre, explicite dans les textes, entre l'intérêt individuel et l'intérêt général, la procédure électorale n'en est pas moins un indice fort de sa nature démocratique. La complexité progressive des structures collégiales rend compte de cette évolution, surtout dans les grandes

[90] La bibliographie sur laquelle repose cette argumentation est donnée par Celli R. : *Pour l'histoire des origines...* cité supra, p. 49, notes 9 et 10.

villes, Venise, Milan, Plaisance, Gênes, Florence, dont la gestion se diversifie, en s'élargissant proportionnellement au développement économique et diplomatique de ces cités, dont certaines atteignirent vite un niveau international égal, voire supérieur, à celui des plus grands royaumes d'Occident. La méticulosité, avec laquelle furent élaborées les règles de la pratique électorale, suffit à mesurer l'importance reconnue aux enjeux, autant que la prise en compte des rivalités partisanes qui sont le signe même du débat démocratique. On peut en suivre les évolutions de la fin du XIe siècle jusqu'au XIVe et parfois au delà, s'agissant de Rome ou de Venise dont le régime, tout oligarchique qu'il fût devenu, n'en était pas moins strictement dépendant de règles démocratiques.

Cela se ressent dans la structuration de la vie régionale à tous les niveaux, et notamment sur le plan administratif sur le modèle diocésain, introduisant souvent, du fait des particularismes, une tendance à l'autonomie. Si cette tendance est très perceptible en Italie, elle s'observe dans toute l'Europe. Cela se traduit, jusqu'aux plus petites communautés de type « bourg », par l'acquisition de statuts favorisant les régimes d'assemblée, conseils ou échevinages dotés de pouvoir en matière d'ordre public et qui échappent à l'autorité féodale ou princière. Il en résulte une accoutumance de la jouissance de libertés qui pénètre les mœurs et les pratiques sociales. Cette tendance est encore plus sensible au niveau des grandes métropoles[91]. En 1249, est accordé par privilège à la ville de Barcelone de gouverner, administrer et gérer la cité en assurant le roi de sa fidélité et pour le bien commun de l'ensemble de ses ressortissants. Les limites de ces autonomies n'étant pas toujours clairement définies entre le prince, l'évêque et l'*universitas*, la situation était souvent conflictuelle, renforçant la dimension démocratique du débat politique. D'autant plus qu'à ces dispositifs s'ajoutaient les droits et prérogatives individuels dont jouissait le patriciat[92].

---

91 Sur tous ces aspects, voir Génicot L.P.: *Le XIIIe siècle européen*, PUF, Paris, 1984, pp.109-136.

92 *Nobiles, potentes, magnates, meliores, geslachtlieden, riches hommes*. On ne saurait exclure les statuts dérogatoires des sociétés à tendances démocratiques ni à ces époques ni à d'autres.

En préconisant le retour au christianisme primitif, les réformistes réaffirment son ancrage populaire et confirment l'évêque dans sa position de représentant du peuple tant au spirituel qu'au temporel. La principale mission qu'il se donne est de rétablir la paix entre les clans qui se disputent le pouvoir.

Le mouvement communal prend naissance et se propage dans ce contexte. Le plus souvent, la Commune est proclamée sous l'impulsion, parfois décisive, de l'évêque qui lui insuffle une composante chrétienne sans équivoque fondée sur les valeurs de justice et de solidarité. Son rôle d'animateur et de tuteur dans la mise en œuvre qui s'ensuit est souligné par sa participation explicite à l'assemblée populaire. Il est fréquent qu'il la préside et l'accueille au siège épiscopal, sur le parvis de la cathédrale, et parfois à l'intérieur même de celle-ci. La cathédrale reste d'ailleurs en bien des circonstances le centre de gravité politique de la cité. Cette procédure intervient en général à la suite d'affrontements partisans. À Pise, en 1081, une *concordia* est proclamée à l'initiative de l'évêque Daibertus pour mettre fin aux conflits entre clans. Dans la plupart des républiques urbaines italiennes, ce n'est pas avant le XIIIe siècle que les gouvernements communaux civils, même après avoir pris leurs distances avec l'évêque, ont tenu réunion dans un palais communal[93]. Le palais épiscopal continua longtemps à accueillir les assemblées et les magistratures. L'évêque conserva du reste une part souvent importante de la gestion économique et fiscale de la ville et resta une autorité de premier plan hors de ses fonctions religieuses. On est allé jusqu'à parler de symbiose entre l'évêque et la communauté urbaine au moins jusqu'à ce que « l'université », c'est-à-dire l'ensemble des habitants de la ville disposant des droits civiques, ait pris pleinement la mesure de ses potentialités pour gérer seule les affaires publiques, au début du XIIIe siècle. Ce n'est pas la moindre étrangeté de l'évolution de cette problématique que d'observer la façon dont, dans le cadre politique rigoureusement délimité de la cité italienne, à

---

[93] Sur l'incidence politique des aménagements édilitaires et architecturaux privés et publics ainsi que les fonctions sociales et politiques en milieu urbain, voir Heers J. : *Fortifications, portes de villes, places publiques dans le monde méditerranéen*, P.U. Sorbonne, Paris, 1985 ; Heers J. : *La ville au Moyen Âge en Occident, paysages, pouvoirs et conflits*, PU Sorbonne, Paris, 1990 ; Jehel G. et Racinet Ph. : *La ville médiévale...*, cité supra pp. 129-132.

l'image de l'idéal antique où Aristote voyait une singularité indispensable à sa réalisation, la doctrine chrétienne a exercé une influence déterminante sur l'extension de la démocratie dans le sens de l'universalisme.

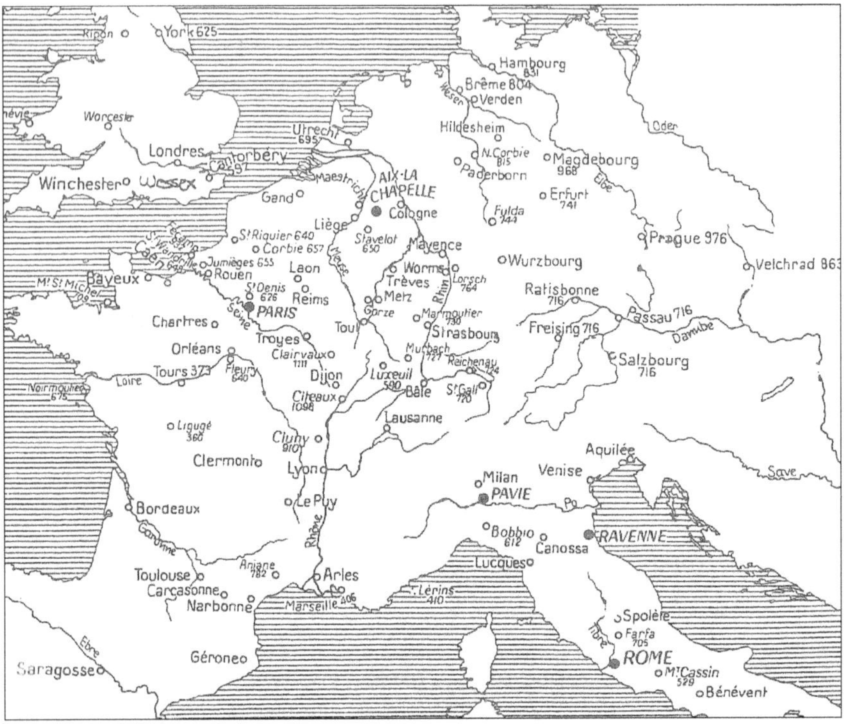

Les principaux monastères en Europe (V^{e}-XIIe siècle)

III - DE LA DÉMOCRATIE ITALIENNE DES TEMPS MÉDIÉVAUX À L'AVÈNEMENT DE L'HUMANISME

FRAGILITÉ ET RÉSISTANCE DE LA DÉMOCRATIE

Bien sûr tout ceci ne dura pas. Peu à peu les notables, les plus riches, les plus influents, prirent le dessus. L'évêque fut progressivement marginalisé. Le pouvoir se laïcisa. La dimension démocratique du gouvernement de la cité s'affaiblit, mais elle n'en resta pas moins vivement assumée dans le débat houleux qui agita l'Italie urbaine jusqu'au XIVe siècle[94]. Ainsi les principes généraux que la Commune a instaurés, mettant le peuple à la source du pouvoir, valorisant les formes de solidarité et d'intérêt général sous l'action de l'évêque, restent l'héritage des républiques italiennes des XIIIe-XIVe siècles. On en voit la trace dans toutes les législations que les différents pouvoirs se sont efforcés d'instaurer en s'inspirant de la loi naturelle ou de la loi positive[95]. Or cet héritage provient de la première phase de la Commune, celle qui fut animée par l'évêque. On y retrouve tous les critères que j'ai proposés dans ma définition initiale de la démocratie.

---

[94] Voir : Delumeau J.P. et Heullant Donat I. : *L'Italie au Moyen Âge : Ve-XVe siècles*, Paris, 2000, p. 220 et ss.

[95] Voir : Guenée B. : *L'Occident aux XIVe et XVe siècles, Les États*, PUF, Paris, 1981, pp.104-105.

Dans la législation pisane du XIIe siècle, toutes les lois sont introduites par des formules qui énoncent clairement le souci d'œuvrer dans le sens de l'intérêt public : *pro utilitate publica et universitate civium, pro communi utilitate*... Ou celui du bien public : *Bonum statum civitatis*. Prise dans un sens civique, la notion de salut ne perd pas sa connotation chrétienne : *pro salute omnium, pro salute totius civitatis*. Lors des délibérations, il est rappelé aux Consuls qu'ils doivent prendre leurs décisions *pro communi utilitate, pro utilitate civium vel honore pisanae civitatis*. Dans les constitutions (*breve*) génoises de 1143, on peut lire qu'il est demandé aux magistrats de ne pas privilégier l'intérêt public contre l'individu, ni le droit individuel contre l'intérêt public en ces termes : « *Nous ne diminuerons pas la justice d'aucun de nos concitoyens au profit de la Commune, ni la justice de la Commune au profit de quelques citoyens* »[96]. L'insistance avec laquelle, dans la formulation même, sont soulignés la présence physique du peuple dans les assemblées et le rôle de celles-ci dans la prise de décision, était telle qu'on a pu à ce propos parler de « Révolution politique » ou de « genèse médiévale de la démocratie »[97].

On ne peut manquer d'observer qu'un phénomène d'une telle ampleur ne saurait être isolé. Il s'inscrit dans une maturation de longue durée où le christianisme a joué un rôle central, mais aussi dans une évolution socio-économique correspondant à la reprise progressive de l'activité productrice et surtout commerciale[98], principalement dans le domaine maritime qui s'amorce au tournant du Xe siècle. Elle a connu un développement particulier en Italie du Nord entre Lombardie et Toscane avec trois pôles majeurs, Pise, Gênes et Milan. Dans ce contexte, sans être décisive, la situation portuaire fut déterminante. Mais la forte originalité de cette évolution fut l'implication directe des couches les plus populaires de la société. Celles-ci entamèrent par là une promotion qui conduisit certaines de ses composantes à la formation d'une nouvelle aristocratie. La société génoise des XIIe-XIIIe siècles offre par l'étude des investissements dans le commerce local ou international un exemple particulièrement significatif de structuration d'une nouvelle société fortement

---

[96] Voir Celli R. : *Pour l'histoire des origines*..., op. cité supra, p. 58.
[97] Celli R. : *Pour l'histoire des origines*..., op. cité supra, p.1.
[98] Voir Bois G. : *La mutation de l'an Mil*, Paris, Fayard, 1989.

impliquée dans la vie politique. La documentation d'archive[99] nous permet d'en juger avec précision. Il faut sans doute y rattacher Venise, dont le parcours s'inscrit dans cette ligne mais avec des particularités qui lui donnent une position originale. Une autre vision, beaucoup plus fondée sur une argumentation juridique et administrative, a été récemment proposée qui tend à réduire le rôle directement joué par le peuple dans la gestion des affaires publiques au profit des élites pour déboucher très tôt sur des régimes de type oligarchique. Elle invite toutefois à tenir compte des spécificités dues à la diversité régionale, particulièrement sensible en Italie du nord[100]. Il y a donc là une corrélation entre des données culturelles, économiques, politiques et sociales dans un cadre géographique bien cerné[101].

Plus tard ce système se dégrada. La démocratie est toujours fragile. Entre anarchie, démagogie, dictature et populisme, l'équilibre est très vite rompu. Dans l'Italie du nord où s'étaient construites les républiques urbaines, dont l'idéal démocratique inspirait le gouvernement, les tensions tournèrent progressivement au désordre et aux excès de toutes sortes au cours du XIVe siècle. Sous des formes diverses, le régime personnel ou oligarchique s'imposa au régime communal pour installer la Seigneurie. Venise, Milan, Florence en offrirent les exemples les plus illustres.

Doit-on en conclure que cette démocratie médiévale nourrie de morale chrétienne s'est volatilisée et que les expériences italiennes n'ont eu aucune suite, ce qui expliquerait leur peu de consistance dans le continuum qui relie le modèle grec sublimé à la démocratie moderne ?

---

[99] Jehel G. : *Les Génois en Méditerranée occidentale, ébauche d'une stratégie pour un empire (fin XIe-début XIVe siècle),* Centre d'Histoire des Sociétés, Université de Picardie, Amiens-Paris, 1993.

[100] Voir Luca Parisoli, « La « Casa di San Giorgio », une autorité de régulation dans les villes communales médiévales italiennes », *Droit et cultures* [En ligne], 52 | 2006-2, mis en ligne le 02 avril 2009, http://droitcultures.revues.org/715

[101] Pour éclairer ce point, on peut se reporter à : *Sperimentazioni di governo nell'Italia centrosettentrionale nel processo storico dal primo commune alla signoria,* Atti del convegno di studio (Bologna 3-4 settembre 2010), Consiglia de Matteis M. et Pio B. (dir.). L'étude de Paola Guillielmotti : *Un caso esemplare : Genova,* pp.163-181, est particulièrement éclairante pour ce qui est de l'incidence économique sur l'évolution institutionnelle, mais l'ensemble des articles de ce recueil constitue une consistante mise à jour de la question.

Certainement pas[102].

D'une part, l'aspiration à la liberté s'était si fortement enracinée dans l'esprit des populations urbaines d'Italie du nord que cela en avait frappé les observateurs : Othon de Freising, oncle et collaborateur de l'empereur Frédéric Barberousse, en arrivant en Italie en 1150, s'était écrié à propos de ses habitants : « *Ils aiment tant la liberté qu'ils refusent tout excès de pouvoir et préfèrent pour les diriger des consuls à des chefs* »[103]. D'autre part, les régimes princiers ou oligarchiques ne se substituèrent pas toujours à la Commune d'une manière aussi abrupte qu'on l'a souvent donné à penser. Dans bien des cas, le régime communal s'est maintenu sous l'autorité du prince qui s'y est progressivement substitué sans pour autant cesser de maintenir une collaboration étroite avec les instances représentatives en place issues du régime communal[104].

Tout ce processus s'accompagne d'une phase de gestation intellectuelle qui lui donne le cadre théorique nécessaire à sa mise en œuvre.

LA DYNAMIQUE INTELLECTUELLE ET SES RÉPERCUSSIONS (XIIe – XIVe s.)

LES AVANCÉES DU RATIONALISME DANS SON DIALOGUE AVEC LA FOI

Depuis la fin du XIe siècle, une longue phase de maturation était amorcée, sous l'effet de la vague de réformes qui secoua la vie monastique sous l'impulsion des papes Nicolas II et Grégoire VII[105]. Elle trouve ses repères chez Pierre Damien et son *Ars rationandi* (1060-1070). Elle a suscité une dynamique intellectuelle appuyée sur la

[102] Rappelons qu'un parlement est toujours en activité à Rome au XIVe siècle. Il eut un rôle déterminant lors de la révolution provoquée par Cola di Rienzo en 1347. Voir *Rome au Moyen Âge,* Vauchez A. (dir.), Ed. Riveneuve, Paris, 2010, p. 201.

[103] Cité par P. Racine dans « Communes, libertés, franchises urbaines, le problème des origines, l'exemple italien », dans *Les origines des libertés urbaines,* Pub. de l'U. de Rouen, 1990, pp. 31-66.

[104] Voir Delzant J.-B. : « Domination et participation. Modalités du gouvernement seigneurial dans les villes d'Italie centrale, à fin du Moyen Âge » dans *Gouverner les hommes, gouverner les âmes*, Pub. de la Sorbonne, Paris, 2016, pp. 175-190.

[105] Il s'agit de la Réforme Grégorienne qui a occupé la période 1158-1180.

redécouverte de l'Antiquité dont on a tendance à négliger l'antériorité. En effet, cette dynamique était en marche avant même ce qu'on a appelé la Renaissance carolingienne, notamment pour ce qui concerne Aristote dont Boèce (480-524) avait traduit et commenté bien des œuvres (*Logique*, *Analytiques*). Les copies de manuscrits byzantins ordonnées par Cassiodore (485-580) pour l'enseignement des moines en furent un complément. À cela s'ajouta le travail réalisé en Espagne, d'abord avec les collections de manuscrits rassemblés par Isidore de Séville (560-636), puis en Sicile, notamment dans le domaine médical avec les traductions des œuvres de l'Alexandrin Paul d'Égine, plus tard par celles des ateliers juifs et mozarabes[106].

Ces apports déclenchèrent un vaste chantier d'interrogations et de débats dans tous les domaines, de la théologie au droit et aux sciences de la nature. Mais ce n'est vraiment qu'au XIIe siècle que le patrimoine culturel accumulé dans les *scriptoria* carolingiens révèle ses ressources pour servir de tremplin à de nouvelles spéculations dans un contexte imprégné de la doctrine chrétienne structurée par l'institution ecclésiale.

La période qui va du XIIe au XVe siècle correspond à une grande effervescence dominée par la théologie que l'on peut définir comme une rationalisation de la Révélation qui est, par essence, de l'ordre de l'irrationnel. C'est en cela que la théologie a pu s'imposer au Moyen Âge sur les bases des maîtres anciens. Toutefois, si Aristote et Platon pour ce qui est de la méthode, les Pères de l'Église quant au fond, sont les principales sources de la réflexion politique jusqu'au XVe siècle, ils n'ont pas été les seuls. Ils ont surtout servi de catalyseurs à l'émergence d'une pensée novatrice riche de points de vue divergents sur leur interprétation, plutôt que de réserve de références incontestées. Il en est de même pour la Bible dont la variété des préceptes se prête à bien des alternatives[107].

Le tournant décisif s'opère avec Pierre Abélard. En se proposant de chercher à rationaliser les principes de la foi par la dialectique tirée d'Aristote, il pose les fondements du nominalisme contre le réalisme, en rapport avec la querelle des Universaux qui porte sur la question de savoir si la conceptualisation rend compte de la singularité des sujets qu'elle désigne par les mots exprimés sous une forme orale (*voces*) ou

---

106 Voir Jehel S. et G. : De *l'Antiquité au Moyen Âge, continuités et ruptures, IIIe-XIIe siècles*, pp. 223-336. Sur Boèce voir pp. 258-261.

107 Voir Guenée B. : *L'Occident aux XIVe et XVe s.*, op. cit., p. 103.

écrite (*sermones*). Ce qui revient à observer que si Platon et Socrate sont des hommes, cela ne signifie pas que l'on puisse les assimiler l'un à l'autre. C'est donc tout le problème de la sophistique et de la scolastique qui est posé. Ceci entraîna un débat d'ordre moral puisque, dans l'appréciation de la faute ou du péché, il faut tenir compte des circonstances, des mobiles et des intentions. Ce jugement éthique apparaît dans le *Dialogue entre un philosophe, un juif et un chrétien,* où Abélard développe dans une intention quelque peu polémique le propos du Christ au moment de la Passion : « Père, pardonne-leur, car ils ne savent pas ce qu'ils font ».

L'enthousiasme déclenché par la redécouverte de l'Antiquité, qui préjuge de la reconnaissance de ce que lui doivent les « Modernes », ne se révèle nulle part mieux que dans le fameux éloge de Jean de Salisbury où il énumère tout ce qui est dû aux Anciens, de la logique et de l'éthique jusqu'à Virgile et Lucain. Cet enthousiasme se fonde sur un élan en faveur de ce que ces hommes désignent comme étant la science, c'est-à-dire la rationalité, plutôt que sur la Révélation[108]. La plus large diffusion des livres, les curiosités et le questionnement propre à susciter les comparaisons, en développant la mise à distance des vérités établies et l'esprit critique, incitèrent à la controverse. On s'interrogeait même sur la destinée humaine[109]. L'observation de la nature prit un caractère expérimental avec des encyclopédies comme la *Philosophia Mundi* de Guillaume de Conches. Cela porta à relire la *Genèse* biblique pour ouvrir de nouveaux débats. Avec Roscelin puis Abélard, la dialectique trouva de quoi s'affûter en décapant le sens des formulations argumentaires, faisant du nominalisme le fil conducteur de la pensée médiévale sur la voie de la rationalité, avec tous les risques de débordements mettant en cause le discours dominant sous la forme de l'hérésie qu'on ne tarda pas à suspecter[110].

Telles sont ces problématiques. Elles invitent à sortir des stéréotypes qui ont tendance à enfermer les mentalités médiévales dans un monolithisme sclérosant. Au contraire, c'est à travers ces cheminements que se formèrent les principes d'une aptitude à l'exercice des libertés individuelles suffisamment arrimées dans le

---

[108] Rapporté par Le Goff J. dans *Les intellectuels au Moyen Âge*, Le Seuil, Paris, 1957, p. 16.
[109] À partir du traité d'Anselme de Canterbury intitulé *Cur Deus Homo* (1098).
[110] Voir Paul J. : *L'Église et la culture en Occident (IXe –XIIe siècles)*, vol. 2, PUF, Paris, 1986, pp. 491-531.

conscient ou l'inconscient collectif pour subsister, en dépit des retours récurrents de l'autoritarisme des pouvoirs, jusqu'à l'émergence à la pleine lumière de la démocratie. Ces débats ne concernent, il est vrai, qu'un milieu hautement spécifié, d'origine aussi bien populaire qu'aristocratique et soucieux d'intérêts personnels aussi bien que d'intégrité intellectuelle. Par ailleurs il n'y a pas lieu de voir dans ce monde de clercs une avant-garde de la contestation moderne. Son conservatisme apparaît sans ambigüité dans ses engagements répressifs contre les hérésies qui, elles aussi, à leur façon, développent une dynamique novatrice[111], et dans lesquelles on a vu une offensive contre les autorités religieuses, contre les dogmes et les pratiques. Il ne faut pas en minimiser la dimension politique qui, sous diverses formes, dont la plus manifeste fut l'hérésie cathare avec ses implications liées à l'expansion catalane, traduit des aspirations libertaires. De fait, les grands pouvoirs s'empressèrent de s'associer à la répression mise en œuvre par l'Église avec l'institution de l'Inquisition. L'objectif se trouva être de rétablir un ordre public visant à réduire les méfaits d'une marginalité considérée comme porteuse de subversion, autant qu'animée de tendances au péché selon la loi catholique. La condamnation de l'hérésie amauricienne est de cet ordre. En effet, en s'inspirant de Joachim de Flore, elle soutenait l'inutilité des sacrements. Elle paraissait ainsi militer en faveur de la libération de bien des contraintes[112].

Par ailleurs l'attention portée à l'héritage antique donna une inflexion nouvelle au débat sur la Théologie chrétienne. De ces interférences prit corps un ensemble de savoirs justiciable d'un enseignement qui occupa la première place dans les écoles et les universités. Puisant dans la *doctrina christiana* de saint Augustin, la théologie devient avec des penseurs et des théoriciens comme Abélard, Siger de Brabant, saint Bonaventure, saint Thomas d'Aquin puis avec le retour d'influence de Platon, Marsile Ficin, Nicolas de Cues, ce que prescrit l'étymologie du mot : un discours sur Dieu.

L'UNIVERSITÉ, CREUSET DE LA VIE INTELLECTUELLE AUX XIIIE ET XIVE SIÈCLES.

Quels qu'en furent les aboutissements, par ses structures, ses contenus et l'élargissement social dont il fut agent, l'enseignement prit

---

[111] Paul J. : *L'Église et la culture en Occident*, op. cit., pp. 511-528.
[112] *Histoire du christianisme*, Mayeur-Pietri, op.cité, T.V, pp.819-843.

une part décisive aux débats intellectuels qui s'intensifièrent à partir du XIIe siècle.

Écoles et universités

Les écoles épiscopales formèrent avec les écoles municipales, dont les premières apparurent en Italie, un ensemble où s'opéra une amorce de brassage social préparant à l'accès aux études supérieures sous le contrôle des instances ecclésiastiques, et à la formation d'élites qui ouvrirent la voie au processus de laïcisation[113].

Les degrés de l'enseignement se sont progressivement organisés à partir du IVe siècle sur la base du *trivium* (grammaire, rhétorique, logique) et du *quadrivium (*arithmétique, musique, géométrie, astronomie) pour former au XIIIe siècle, un corps de disciplines réparti en quatre secteurs. Ceci conduisit à instaurer quatre institutions ou facultés. La faculté des arts dispensait un enseignement obligatoire pour accéder à une spécialisation. Cet enseignement comprenait la dialectique, des éléments de grammaire et un ensemble de connaissances tirées d'Aristote. Au niveau supérieur, on accédait à l'une des trois facultés spécialisées en médecine, droit, et théologie, cette dernière étant considérée comme la plus prestigieuse. De grands débats ont toujours accompagné les contenus des enseignements. En tout état de cause, les régimes étaient très différents selon les centres universitaires répartis dans tout l'Occident[114].

On a vu dans cette organisation hiérarchisée de l'enseignement supérieur un des principaux facteurs de la révolution intellectuelle qui s'est déployée au XIIIe siècle. En effet, les théologiens qui se considéraient comme les dispensateurs de ce qu'il y avait de plus élevé dans l'ordre du savoir, en enseignant la science du divin, n'avaient pas pris garde de ce que l'enseignement de la logique et de la grammaire contribue à développer la réflexion sur la langue, et des mécanismes intellectuels propres à aiguiser l'esprit critique pouvant s'exercer sur la théologie. C'est pourtant ce qui explique la genèse du nominalisme enseigné par Abélard qui déclencha la querelle des

---

[113] Heers J. : *Précis d'histoire du Moyen Âge*, PUF, Paris, 1968, pp. 154-158 ; *Le monde et son histoire, Le monde antique et les débuts du Moyen Âge*, Bouquins, Laffont, Meleau M. et Pietri L., pp. 806-807.
[114] Voir Verger J. : *Les Universités au Moyen Âge*, Paris, PUF, 2007.

Universaux et donna un formidable élan à la critique politique[115] en même temps qu'à une réflexion d'ordre ontologique, dans laquelle l'Université occupa une position centrale.

On retrouve là un aspect majeur de l'influence d'Abélard, dont on a vanté les exceptionnelles qualités de pédagogue[116] qui l'ont fait comparer à Socrate. Il faut y associer le rôle précurseur qu'il joua dans la genèse du mouvement qui aboutit à l'humanisme, par la familiarité acquise des textes sacrés en même temps que par sa maîtrise de la culture antique d'Homère à Aristote. La grande influence qu'il exerça sur les inflexions du mouvement universitaire s'observe dans la méthode de raisonnement par laquelle il diffusa une pensée novatrice propre à jeter les bases d'une approche critique au sein même d'un milieu encore largement dominé par les Autorités[117].

Le milieu universitaire issu de la transformation des écoles cathédrales et monastiques des XIe et XIIe siècles fut à partir du XIIIe, sous l'autorité de l'Église, le principal sinon le seul foyer de la vie intellectuelle de l'Europe médiévale[118], fondé sur la théologie, le droit et les arts libéraux. Il constitue donc la souche d'où sont issus les grands courants de pensée, jusqu'à ceux qui ont produit les germes de la critique à l'adresse en particulier des modes de gouvernement.

À partir des acquis dont l'essentiel repose sur l'étude des maîtres de l'Antiquité, en premier lieu Platon et Aristote, d'où furent tirées la dialectique et la scolastique, et celle des Pères de l'Église, les grandes universités européennes devinrent des centres de formation des élites. Tout cet ensemble était sous le contrôle de l'Église. Seule habilitée à délivrer la *licencia docendi,* donnant à ceux qui l'obtenaient non seulement la reconnaissance de leur qualification mais aussi l'autorisation d'enseigner, l'Université détenait la toute puissance sur le savoir[119]. Le bouillonnement intellectuel qui ne pouvait manquer de

---

[115] Lagarde G. (de) : *La naissance de l'esprit laïque au déclin du Moyen Âge*, vol. V, « L'individualisme ockhamiste », librairie Droz, Paris, 1946, pp. 38-46. Voir aussi le texte p. 185.

[116] Voir Verger J. et Jolivet J. : *Bernard –Abélard ou le cloître et l'école*, Fayard Mame éd. pp. 72-109.

[117] Voir Letort-Tergano J.P. : *Abélard*, Payot éd. 1981, pp. 122-128.

[118] Si l'on en excepte les milieux de cour, dont le mécénat permit l'éclosion de quelques-uns des plus grands chefs-d'œuvre de la littérature européenne, et tout ce qui, en forme de Romans et fabliaux, nous est venu des milieux bourgeois ou populaires.

[119] Marmursztejn E : *L'Autorité des maîtres, scolastique, moines et société au XIIIe siècle*, Les Belles-Lettres, Paris, 2007.

susciter débats et controverses à la mesure des innovations, que la confrontation des points de vue et l'élargissement des curiosités engendrait, finit par mettre en cause les vérités établies et faire surgir des querelles qui ne tardèrent pas à susciter l'alternative répression-subversion, source de tous les abus mais aussi stimulant insatiable des attraits de la liberté. Il suffit pour apprécier l'importance du phénomène de rappeler, qu'entre 1202 et 1378, date qui marque l'ouverture du Grand Schisme, longue période au cours de laquelle l'effervescence atteint en Europe un niveau d'intensité auquel les intellectuels ne pouvaient qu'être mêlés, l'Europe comptait alors une bonne vingtaine d'universités. C'était autant de foyers où s'exaspéraient les rivalités pour atteindre la plus grande notoriété, autant de sources de débordement. Mais c'était aussi, grâce à la pratique généralisée du latin et de la maîtrise d'une culture qui prétendait de ce fait à une vocation universelle de son projet, un réseau par lequel s'échangeaient les idées nouvelles que véhiculaient maîtres et élèves, en parcourant l'Europe pour répandre le savoir ou en acquérir davantage. Ce dispositif était d'autant plus efficace que l'organisation et la structuration des disciplines et des études, soigneusement hiérarchisées, atteignirent assez vite un haut niveau d'efficacité, à l'initiative des Ordres religieux Mendiants, dont les Franciscains et les Dominicains étaient les plus brillants représentants. La production livresque qui nourrissait ces joutes et prenait parfois l'allure de véritables batailles, où l'on n'hésitait pas à brûler les livres considérés comme impies, est difficilement appréciable. On peut en avoir une idée en considérant le nombre de volumes détenus dans l'une des plus importantes « librairies », ou bibliothèques, de l'époque, celle de la Sorbonne de Paris qui en comptait 1017 en 1290 et 1824, un peu moins du double quelque quarante ans plus tard, en 1338[120].

De tels comportements avaient sans doute pour objectif de préserver la culture dominante fondée sur les autorités et le respect de l'ordre en place. Ce faisant, ils suscitaient l'émergence d'une contestation à tendance rationaliste à laquelle la sophistique, relancée par Abélard au XIIe siècle, avait donné les moyens d'un développement initiateur d'un mouvement à même de poser les jalons

[120] Voir Verger J : « Condition de l'Intellectuel aux XIIIe et XIVe siècles » dans *Philosophes médiévaux*, Imbach R. –Méléard M-H (dir.), Bibliothèque médiévale, U.G.E., Paris, 1986, p.11-49.

d'une nouvelle vision incluant le rapport au pouvoir en termes de liberté. Au XIVe siècle cependant, le poids de l'Autorité reste encore prépondérant. L'Université conserve l'essentiel des moyens par lesquels le savoir se répand. L'infiltration d'éléments allant vers un élargissement du monde des clercs encore très confiné dans l'ordre ecclésiastique, tendant à la laïcité, reste modeste mais non sans portée. Cela se perçoit par quelques signes comme l'introduction, dans les programmes, de références aux faits de nature, visant à en rationaliser l'étude, sous l'influence de l'école d'Oxford, où Roger Bacon s'était fait connaître autour de 1250 par ses observations dans le domaine de l'optique et ses incursions dans celui de l'alchimie. Un peu plus tard, en 1270, on procéda aux premières dissections sur le corps humain qui n'étaient pas interdites par l'Église : on ouvrait ainsi la voie à une attention directe aux réalités du vivant[121]. Le goût de plus en plus affirmé à partir du XIIIe siècle pour les Encyclopédies, *Thesaurus* ou *Speculum,* rend compte d'une frénésie de savoir et dénote un besoin de libérer les curiosités. Dans le *Speculum Majus,* qui est sa principale œuvre, Vincent de Beauvais (1190-1264) déclare vouloir rassembler des textes tirés « *tant des docteurs catholiques que des auteurs païens* [pour] *contribuer à l'explication mystique des textes saints, à la manifestation de leur vérité ou à leur intelligence symbolique* »[122].

Les interférences avec le développement de l'économie urbaine et du monde des métiers dans lesquels, du fait de son implantation en ville, à la différence des écoles monastiques qui en étaient plus éloignées, l'université était plongée, eurent certainement un effet valorisant une confrontation plus directe avec les réalités matérielles. Il faut tenir compte également des différences notables entre les régions européennes, dont les conditions culturelles et politiques varient selon que l'on est en France, en Angleterre, en Italie, en Espagne ou en Allemagne. Toutefois la grande mobilité[123] du monde

---

[121] Jacquart D. : « La scolastique médicale », dans *Histoire de la pensée médicale en Occident* Paris, Le Seuil, 1995, pp. 196-200.

[122] *Patrimoine Littéraire Européen*, De Boeck, Bruxelles, 1995, T. IV b, p. 288.

[123] Ce point mérite d'être souligné car il réfute le stéréotype d'une vision statique des temps anciens et en particulier médiévaux. Sans remonter aux grandes migrations qui ont rythmé l'histoire de l'humanité depuis ses origines, la notion de *diaspora* est étroitement liée à ses aspects matériels et intellectuels. La diffusion du message chrétien par la Mission, son impératif majeur, en est un exemple. L'effort pour améliorer le confort, la sécurité et la rapidité des déplacements individuels et collectifs, par voie de mer et de terre, est une des principales préoccupations des

intellectuel peut avoir eu un effet tendant à l'homogénéiser, ce qui devait devenir plus sensible à l'époque de Thomas More (1478-1535) et Érasme (1467-1536), dans un contexte, il est vrai, quelque peu différent.

Le mouvement associatif universitaire : un pas vers la laïcité

Si les grands pouvoirs, papauté et monarchies, ont favorisé l'organisation des universités pour les rendre plus efficaces sous leur autorité, il n'était pas entré dans leurs vues que celles-ci y trouvent de quoi gagner leur autonomie. C'est pourtant ce qui se produit au XIIIe siècle, quand elles se sont constituées en associations jurées avec élection de leurs autorités, pour prendre en charge leur mode de fonctionnement et la collation des grades et diplômes. Cette évolution était en phase avec la tendance au corporatisme qui s'imposait dans tout le corps social, mais surtout elle permettait de sortir de l'emprise monastique, dont l'enseignement avait subi les effets. Les universités purent ainsi élargir le champ de leurs disciplines dans le domaine profane, ce que les traditionnalistes leur reprochaient, mais qui fut salué par d'autres comme des ouvertures libératrices, au détriment des sciences sacrées qui occupaient la première place dans la hiérarchie des savoirs, et au profit de la dialectique et de la rationalité[124]. C'était un signe d'affranchissement sur la voie de la laïcité. Ce qui n'a pas empêché la forte imprégnation symbolique hagiographique de s'exprimer dans la référence à un saint patron dont se réclame l'idéal national en cours d'émergence, dans l'expression de l'État et dans la toponymie. Bien souvent récupérée par le rituel civique, elle rend compte de la symbiose culturelle persistante, bien au-delà des temps médiévaux, entre sacré et profane[125]. Pour en saisir la portée, il faut la situer dans le contexte où elle est impliquée.

---

sociétés médiévales, aussi bien rurales qu'urbaines, dont Marc Bloch a dit qu'elles étaient animées d'*un mouvement brownien*. Sur ces aspects, voir : *Le marchand au Moyen Âge,* S.H.M.E. S., Cid. Éditions, Saint-Herblain, 1992 ; *La circulation des nouvelles au Moyen Âge*, (collectif), Pub. de la Sorbonne, 1994 ; *L'expansion occidentale (XIe-XVe siècle). Formes et conséquences*, (collectif), Pub. de la Sorbonne, 2003.

[124] Verger J. : *L'essor des universités au XIIIe siècle,* Le Cerf éd., Paris, 1997, pp. 56-59.

[125] Voir Guenée B.: *L'Occident aux XIVe et XVe* s..., op. cité, pp.121-123.

L'incidence politique des évolutions structurelles de l'université

La réflexion politique résultant de l'apparition des nouvelles doctrines issues des mouvements intellectuels d'origine universitaire doit être conjuguée, pour en saisir les implications, avec le contexte dans lequel elles se situent. Elles viennent en effet près d'un siècle après les secousses révolutionnaires qui ont abouti à l'avènement du régime communal en Italie au cours du XIe siècle. Ce qui donne à penser que l'élan vers un élargissement de l'horizon politique, qui s'est opéré entre le XIIe et le XVe siècle, ne fut pas seulement de l'ordre de la réflexion. La dimension morale et spirituelle liée à l'imprégnation évangélique, captée par la rationalité, est à cumuler avec l'expression d'un élan populaire d'inspiration démocratique stimulé par une conjoncture politique bien caractérisée.

On retrouve là, dans un contexte, il est vrai, très différent, ce qui s'est produit dans le monde romain, au tournant du IIe siècle av. J.C., quand, après avoir assimilé l'héritage d'une mémoire et d'une culture savante, et sous l'effet de transformations institutionnelles (l'octroi de la citoyenneté romaine à toute la péninsule italienne), s'est opéré un élargissement du champ de compétences et de connaissances, par lequel celui de la réflexion intellectuelle, de rayonnement limité jusque là à une élite d'initiés, s'est généralisé par la diffusion du savoir et des moyens de l'acquérir, pour sortir de l'espace privé et donner à la rationalité toute sa place dans une « construction identitaire » ouverte à l'ensemble de la société[126].

Le XIIIe siècle peut être considéré, à cet égard, comme un tournant dans la réflexion politique qui ouvrit la voie à la démocratie à partir de penseurs issus de la mouvance religieuse. On accorde à Thomas d'Aquin d'avoir été l'initiateur d'une ample réflexion sur le rapport entre gouvernants et gouvernés. On retiendra son propos quand il déclare : « *Il y a nécessité à fonder une ville, à cause du besoin de*

---

[126] Moatti Cl. : *La Raison de Rome, Naissance de l'esprit critique à la fin de la République*, Le Seuil, Paris, 1997, pp.15-16. Le parallèle que suggère cette étude de l'élaboration d'une rationalité romaine, distincte du *logos* grec, peut être transposée sur le processus par lequel l'univers mental de la rationalité s'est transféré à partir du VIe siècle à travers les œuvres de Boèce et d'Isidore de Séville dans une société imprégnée de christianisme pour affleurer dans la formation intellectuelle et universitaire qui se met en place en Europe à partir du XIe siècle. Le soubassement latin de la culture médiévale, tant dans le domaine de la théologie que dans celui du droit, conforte cette approche de la genèse de la rationalité compagne de la foi dans la société médiévale et ses prolongements.

l'homme à vivre en société, ce qui favorise surtout le régime républicain », ajoutant : « *Le royaume n'est pas fait pour le roi, mais le roi pour le royaume* »[127]. À partir de cette proposition se forma une chaîne de Guibert de Tournai (1200-1284), Ptolémée de Lucques (1236-1327) à Gilles de Rome (1247-1316). Marsile de Padoue (1284-1342) et Guillaume d'Ockham (1285-1347) donnèrent une inflexion déterminante à ce mouvement qui conduit, selon certains auteurs, à Melanchthon (1497-1560) puis Grotius (1583-1645) considéré comme un des premiers théoriciens du droit naturel à tendance rationaliste[128]. On a mis en évidence, à ce propos, la référence au modèle antique romain, incarné par Caton d'Utique. Celui-ci apparaît dans le corpus littéraire médiéval d'Abélard à Henri de Gand en passant par Jean de Salisbury, Pierre le Chantre et Thomas d'Aquin, comme le champion de la liberté inscrit au patrimoine des républiques urbaines italiennes et la référence de la pensée scolastique sur le bien commun. C'est ce sur quoi renchérit Dante qui en fait un symbole du libre arbitre, n'hésitant pas, contre l'autorité religieuse, à légitimer le suicide de Caton en le comparant à la Passion du Christ pour le salut de la *res publica*[129]. Cette fascination pour la liberté engage le contexte mental et politique vers une nouvelle approche du rapport entre gouvernants et gouvernés[130]. L'évolution était si prégnante qu'elle ne pouvait manquer d'attirer l'attention des élites et en particulier de Thomas d'Aquin, qui pourrait être celui par qui Guillaume de Moerbeck aurait été incité à traduire Aristote du grec en latin. S'offrait ainsi un cadre beaucoup plus cohérent à la réflexion politique que le foisonnement d'esquisses du XIIe siècle. Cette initiative fut d'autant mieux reçue qu'elle correspondait à l'esprit de synthèse qui caractérise le XIIIe siècle, illustré par la rédaction de « *Sommes* », dont le théologien

---

[127] Dans le *De regimine principum*, cité d'après Bréhier E. : *Histoire de la philosophie*, I, Paris, 1989, p. 606.

[128] De Wulf M. : « Les théories politiques du Moyen Âge », dans *Revue néo-scolastique de philosophie*, 1924, vol. 26, n°3, pp. 249-266.

[129] Carron D. : « Les héros de la liberté. Les aventures philosophiques de Caton au Moyen Âge latin de Paul Diacre à Dante », *Perspectives Médiévales* [En ligne], 35 2014, mis en ligne le 05 juin 2014.

[130] Outre l'évolution particulièrement dynamique qui se concrétise dans l'essor des cités-États, particulièrement en Italie du Nord mais aussi en pays germaniques avec la formation de guildes et de la Hanse, qui connaît un développement vigoureux depuis le XIe siècle, les enquêtes royales initiées en France par Philipe Auguste (1179-1223) et reprises par saint Louis (1226-1270) sont des signes forts de cette évolution.

dominicain propose le modèle, qui, par ailleurs, établit un lien entre la métaphysique et la science politique. La dimension démocratique y est de plus en plus manifeste[131] par la référence au peuple qu'elle suggère.

Les enquêtes menées par les Angevins de Naples des XIIIe-XVe siècles sur le modèle élaboré par les Capétiens[132] en sont l'illustration, dans la mesure où elles soulignent la relation concrète entre les détenteurs du pouvoir et ceux sur lesquels celui-ci s'exerce, ainsi associés à cette fonction. Dès le milieu du XIIIe siècle, se répandent des théories de la souveraineté populaire liée à l'action gouvernementale. Cette association reposant sur une notion de conscience individuelle, rejetant toute tentation collectiviste, selon la formule lapidaire d'Abélard : « *Nihil est praeter individuum* »[133], dans le droit fil du débat sur le nominalisme. Il en ressort que, même si le principe de la souveraineté est d'ordre divin selon Thomas d'Aquin, celle-ci ne peut s'exprimer que sous la forme de la souveraineté populaire qui ne peut s'exercer que par délégation et mandat électif au service du bien commun. L'élection étant le seul rempart contre la tyrannie.

C'est sur cette base théorique que se sont élaborées les doctrines politiques d'inspiration démocratique dans le contexte agité du XIVe siècle secoué par le Grand Schisme et les prémices de la Réforme, de Guillaume d'Ockham à Nicolas de Cues, en même temps que se précise la carte des États européens et qu'apparaissent les premiers signes d'une conscience politique, bien représentée par Marsile de Padoue (1284-1342) gagné à l'influence d'Aristote.

Dans le *Defensor pacis,* où s'exprime son attachement au libre arbitre mettant en doute le principe du droit divin, le Padouan réfute le pouvoir temporel du Pape en se fondant sur les Évangiles et en donnant la primauté au peuple, présenté comme l'ensemble des citoyens qui, par le vote légitime, est le détenteur du pouvoir temporel qu'il délègue à l'empereur chargé d'organiser la sécurité et le bien-être matériel du peuple. En cela, si le principe divin en est la cause

[131] De Wulf M. : « Les théories... », op. cité supra, p. 250-251.

[132] Voir Jehel G. : *Les Angevins de Naples, une dynastie européenne*, Ed. Ellipses, Paris, 2014 pp. 191-196. Le *Domesday Book* (1085) ordonné par Guillaume Ier d'Angleterre fut sans doute la première expérience du genre, si on ne tient pas compte des missions ordonnées par Charlemagne. Voir sur ce sujet, en dernier lieu, *L'enquête au Moyen Âge*, études réunies par Claude Gauvard, E.F.R. n° 339, Rome, 2008.

[133] « Hors l'individu, il n'y a rien. »

lointaine, le peuple est reconnu comme cause efficiente de l'action politique selon la conception thomiste. De même en est-il pour l'action législative qui ne peut être le fait de la masse des électeurs, mais doit être confiée à la compétence d'un conseil de sages (*sapientes*). Pour Marsile de Padoue, cette action ne peut s'effectuer que sous l'autorité de l'Empereur, conformément à la règle de la *sanior pars* ou *valentior pars* tirée de la règle bénédictine et fondement de la morale politique de Thomas d'Aquin gagné au principe du gouvernement mixte[134].

Si Marsile de Padoue prend vigoureusement parti pour l'empereur contre le pouvoir pontifical, et manifeste ainsi son ancrage gibelin, c'est d'abord par hostilité à tout ce que représente le débordement du pouvoir pontifical sur la société civile. Celle-ci doit être régie par le législateur qui est l'émanation de la communauté, en dehors de toute considération d'ordre spirituel. La nécessité de la sécularisation de la société n'est pas contradictoire avec l'exigence de spiritualité. La démarche de Marsile de Padoue s'inscrit, cependant, dans une mise en cause radicale de la théocratie, au nom du peuple, et en cela s'affirme comme une prise de position critique contre l'autorité religieuse. Elle ne doit pas pour autant être vue comme une aspiration au républicanisme. Elle vise à assurer la cohésion de la chrétienté sous les tutelles conjointes, mais distinctes, du Pape et de l'Empereur. C'est avant tout de la mise à distance du primat de l'Église sur la société civile que se préoccupe Marsile de Padoue. Cela n'en reste pas moins une attitude très innovante, où on peut voir un prototype du principe de laïcité, exclusif de toute intervention du spirituel dans l'espace public[135].

---

[134] On retrouvera cette problématique dans l'organisation du système électoral dans les institutions religieuses et civiles. Voir infra.

[135] Sur toute cette problématique, voir Pacaut M. : *La théocratie, L'Église et le pouvoir au Moyen Âge*, Aubier éd., Paris, 1957, pp. 200-206, et Quillet J. : *La philosophie politique de Marsile de Padoue,* Vrin éd., Paris.

Les ambiguïtés du débat autour de la confrontation entre la théocratie et le pouvoir civil sont une constante du débat politique des temps médiévaux. Elles transparaissent dans les positions exprimées par Dante dans son traité sur la Monarchie, qui s'achève par une formulation pour le moins équivoque, selon laquelle l'Empereur dispose d'une autonomie certaine par rapport au Vicaire de Dieu, sans que cela porte atteinte à la suprématie spirituelle de celui-ci. Voir *Tutte le opere di Dante*, Edizione del Centenario, Milan, 1965, pp. 784 et 836. Marsile de Padoue en qui on a vu, sur ce point « l'inégal successeur de Dante » (Quillet J. cité supra p.17), n'est pas éloigné de ces positions.

L'effort de rationalisation de la démarche des intellectuels sous l'influence de l'aristotélisme ne cessa de se confirmer du XIIe au XIIIe siècle où il atteignit, avec le perfectionnement de la scolastique, un haut niveau, d'Albert le Grand à Thomas d'Aquin, selon un principe faisant de la raison l'instrument qui permet de démontrer les vérités a priori indémontrables relevant de la foi. Quelles que soient les spéculations théologiques qui en découlent, ce projet est au moins le signe d'un élargissement du champ d'application de la raison au monde profane où les contours de la laïcité s'affirment de plus en plus par une tendance à la fois rationaliste et empirique. On ne perçoit nulle part mieux la rigueur méthodologique et la virtuosité pédagogique qu'on a bien souvent reconnues à saint Thomas, que dans la démonstration qu'il cisèle en exposant les preuves de l'existence de Dieu[136] sans hésiter à se réclamer d'Aristote. On peut comprendre qu'oser prétendre mettre à la portée de la raison humaine par des procédés déductifs l'existence de Dieu est une performance qui souleva des réactions. Elle n'en témoigne pas moins d'un réel changement d'attitude dans les rapports entre sacré et profane[137]. On a pu ainsi avancer que, par Aristote, saint Thomas met en évidence le lien entre la spiritualité nourricière de la foi et la matérialité naturaliste dont l'humanité est une composante qui implique l'ordre social et politique. Sa *Summa contra gentiles,* ouvrage largement polémique, se présente comme une symbiose entre la Révélation chrétienne et la raison naturelle tirée d'Aristote, avec des formulations telles que : « *Gratia non tollit naturam sed perficit*[138] », ou plus affirmatives encore : *« Il est impossible que la vérité de la foi soit contraire aux principes que la raison connaît naturellement*[139] ». On a même reconnu à Thomas d'Aquin d'avoir contribué à la sécularisation du savoir humain, accédant ainsi à une forme d'autonomie par rapport à la foi, dans le domaine des sciences expérimentales. La foi n'en est

---

[136] Voir le texte p. 188.

[137] En particulier par rapport à ce qui en était au XIIe siècle. Voir Paul J. : *L'Église et la culture en Occident*, PUF, T. 2, Paris, 1986, pp. 561-563.

[138] « La Grâce n'élimine pas la nature, mais la perfectionne. » D'après Knowels M.D. et Obolensky D. dans *Nouvelle Histoire de l'Église* (Rogiers L.J., Aubert R., Knowels M.D., (dir.), T. 2, p. 433.

[139] D'après Putellaz F.X., « Thomas d'Aquin » dans *Philosophes médiévaux des XIIIe et XIVe siècles*, UGE, 1986, p. 73.

pas moins pour le Docteur Angélique indispensable pour assister la raison et parvenir à la Révélation à l'aide de la grâce[140].

La méthode développée par Guillaume d'Ockham qui, en se fondant sur le principe de non contradiction annonçant Descartes, impose l'évidence de la raison [141] et porte le débat sur le libre arbitre appliqué au plan métaphysique autant qu'au plan politique, éclipsa quelque peu l'influence de Thomas d'Aquin[142]. Le thomisme reprit de l'importance avec Cajetan (1469-1534) qui s'appuya sur saint Thomas contre Luther (1483-1546). On a pourtant vu en Thomas d'Aquin le fondateur d'une morale de la liberté ouvrant sur un humanisme chrétien[143]. On est ainsi allé jusqu'à montrer que l'exégèse biblique, telle qu'elle s'est développée dans les milieux intellectuels du XIIe au XIVe siècle, sur la base de principes objectifs exclusifs de critères d'ordre religieux, fondés sur la rationalité, a été la première étape vers l'élaboration d'une démarche explicative à caractère proprement scientifique antérieure à l'Humanisme. Par les champs d'application dans les domaines linguistiques et plus généralement culturels qu'elle ouvre, elle met à distance le contenu religieux de son mode d'étude. Cette méthode a été identifiée comme « un saut herméneutique » encadrant la foi par la raison[144].

RELIGIOSITÉ ET ESPRIT CRITIQUE

Tout ce que représente l'effort de rationalisation de la foi chrétienne sur la base de la scolastique d'Abélard à Thomas d'Aquin du XIIe au XIIIe siècle fut battu en brèche aux XIVe et XVe par les vicissitudes conjuguées des épidémies de peste et des violences qui, dans la longue durée, s'inscrivirent sous le nom de Guerre de Cent

---

[140] Ceci affleure dans différents textes de saint Thomas. Voir Mondin Battista : « Fede e ragione » dans *Dizionario enciclopedico del pensiero di Tommaso d'Aquino*, Studio domenicano, Bologne, 1991, pp. 252-259.

[141] Selon l'expression de Lagarde G. (de) dans *La naissance de l'esprit laïque au déclin du Moyen Âge*, vol. V, « L'individualisme ockhamiste », librairie Droz, Paris, 1946, p.76.

[142] Gandillac M. (de), « Guillaume d'Ockham », dans *Histoire de l'Église depuis les origines jusqu'à nos jours*, t. XIII, A. Fliche et V. Martin, Paris, 1956, p. 472.

[143] Voir Chélini J. : *Histoire religieuse de l'Occident médiéval*, Hachette, Paris, 1995, p. 453.

[144] Voir Dahan G. : *L'exégèse chrétienne de la Bible en Occident médiéval*, Le Cerf, Paris, 1999.

Ans. La conséquence en fut le retour d'une religiosité fiévreuse, collective et ostentatoire, tourmentée par une recherche obsédante du salut face aux hécatombes génératrices de pulsions visionnaires et apocalyptiques, que nous conserve l'iconographie des danses des morts et autres allégories de *la Faucheuse*. Ce renouveau d'une dévotion orientée vers des rituels funèbres d'intention propitiatoire prit le dessus[145]. Cela se traduisit par une transformation des pratiques sociales, un retour du religieux et du primat de l'autorité de l'Église. Des signes de ces évolutions apparaissent dans les usages testamentaires[146] qui tendent vers des attitudes morales intériorisées, marquées par des impératifs de tempérance et de rigueur dans la gestion matérielle, que l'on peut transposer sur le plan moral et spirituel dans une forme de sagesse. On les retrouve aussi dans les livres de Raison[147]. Des signes de cette reprise du religieux, mais en tractation avec la mutation de la conscience civique, apparaissent sous d'autres modalités. Quand ils étaient particulièrement prégnants, les signes de cette reprise du religieux se sont parfois transférés dans le rituel civil témoignant ainsi de la captation par le pouvoir laïque d'une pratique religieuse à des fins apotropaïques dans ce contexte de mortalité. On peut y voir une collusion entre la conscience civique et la morale religieuse qui témoigne d'une symbiose significative des fondements chrétiens avec la laïcité[148].

Cette évolution peut être mise en relation avec la *devotio moderna* qui amorce une conception beaucoup moins ostentatoire, plus individualisée donc intériorisée, valorisant la dimension privée de l'expression de la foi, plus proche du quotidien et des normes profanes

---

[145] Chiffoleau J. : *La comptabilité de l'au-delà : les hommes, la mort et la religion dans la région d'Avignon à la fin du Moyen âge : vers 1320 - vers 1480*, EFR Rome, 1980.

[146] Voir Marandet M.Cl. : *Le souci de l'au-delà, la pratique testamentaire dans la région de Toulouse (1300-1450)*, PU Perpignan, 1998, p. 554-556.

[147] Voir Herly D. Klapish-Zuber Chr : *Les Toscans et leurs familles*, EHESS, Paris, 1978, pp.611-613. Bresc H. : *Le livre de Raison de Paul de Sade (Avignon, 1390-1394)* Ed. CSTHS, 2013, pp. 44-45.

[148] Voir Dalarun J. : *La sainte et la cité. Micheline de Pesaro (1356), tertiaire franciscaine*, Rome, École française de Rome, 1992, (Collection de l'École française de Rome, 164 ; Picard J.Ch. : « Conscience urbaine et culte des saints de Milan sous Liutprand à Vérone, sous Pépin Ier d'Italie », dans *Hagiographie, culture et société*, pp. 455-469. Sur la forte empreinte du christianisme sur les formes génétiques des sociétés européennes, voir *L'empreinte chrétienne en Gaule du IVe au IXe siècle*, Michèle Gaillard (dir.) Turnhout, Brepols, DL 2014.

de solidarité inspirées néanmoins de la charité chrétienne. On désigne, sous cette appellation, un mode de piété porté au recueillement intime et à l'humilité, une introversion privilégiant l'individu qui, dans le sillage du modèle évangélique, associe la quête mystique et l'engagement charitable, renforçant ainsi son poids dans la société par les valeurs qui s'y rattachent en termes de sollicitude et de respect aussi bien dans l'ordre du spirituel que dans celui du civisme. La *devotio moderna* est ce courant animé par des individualités unies par des liens d'amitié, des affinités, qui se constituèrent en réseaux sous l'appellation de « Frères de la vie commune ». Caractérisés par une attitude d'humilité et de discrétion, sans pour autant se replier dans l'érémitisme ou la claustration, ceux-ci se sentaient très proches de l'Humanisme. En témoigne leur application à l'étude et leur engagement dans l'éducation, dans une perspective plus pratique que théorique ou abstraite, que l'on a suggéré de placer sous le signe de l'adage prôné par Rabelais : « Science sans conscience n'est que ruine de l'âme ». Fondateurs d'écoles, dont celle de Deventer qui compta Érasme parmi ses élèves, les *Frères* eurent une influence certaine sur les élites de leur temps et du siècle suivant. L'idéal de communauté fraternelle qui les motivait ne les éloignait cependant pas de la mystique issue de Maître Eckhart (1260-1328) et Ruysbroek (1293-1381), dont l'influence se prolongea jusqu'au XVIIe siècle. Ils y puisèrent de quoi nourrir leur penchant pour la piété intérieure, valorisant l'intimisme individuel, développant ce que l'on a interprété comme un « culte de l'intériorité ». Toutes choses qui portent à la méditation et la réflexion par lesquelles s'enrichit la conscience civique propre à développer le sens de la démocratie sur le mode de la valeur de l'individu dans son exigence d'altérité. L'influence de la *devotio moderna* s'étendit largement en Europe du Nord, mais gagna aussi l'Espagne et l'Italie avec comme objectif principal, l'élévation du niveau d'exigence du savoir[149].

Par sa dimension sociale discrètement mais fermement assumée, la *devotio moderna* s'inscrit dans une vision politique fondée sur l'ordre et la réciprocité de l'engagement, auxquels la relation contractuelle apporte des réponses appuyées sur le droit.

---

[149] *Histoire du christianisme*, Desclée, T. VII, 1994, op.cit., pp. 231-237.

On a mis en évidence la relation entre la redécouverte du code Justinien au XIe siècle et l'évolution des doctrines politiques. Toutefois, après avoir nourri la glose juridique jusqu'au XIIIe siècle, il est battu en brèche à partir du XIVe siècle en France et en Angleterre au profit du droit coutumier. Le droit reste cependant prépondérant en Italie, dont le personnel politique et administratif est largement formé de juristes. Il intervient dans la réflexion morale et politique sous l'influence de ceux que l'on appelle les Postglossateurs. Comme la théologie l'avait fait jusque là, le droit joue un rôle déterminant dans la pensée politique à la fin des temps médiévaux et au-delà. La rivalité et parfois la complémentarité de ce qui relève du religieux, le *sacerdotum*, et de ce qui relève du profane, le *regnum*, s'y poursuivent. Le droit canon et le droit civil sur la base du Décret de Gratien ont contribué à une réflexion sur les deux tendances entre lesquelles balancent les options gouvernementales : le régime représentatif et le régime monarchique. L'orientation vers l'absolutisme qui tend à prévaloir, pourrait avoir été causée par le Grand Schisme qui a montré les limites du processus conciliaire.

Le notaire représentant d'un « humanisme civique »

Dans la pratique, depuis le XIe siècle au cours duquel s'y est développé un modèle socio-économique urbain, l'Italie a donné au droit toute sa prééminence en faisant du notariat l'autorité de référence pour ce qui concerne tous les niveaux de la vie privée et de l'activité publique. On a pu voir dans le milieu notarial, notamment à Florence[150], le terrain d'élection d'un « humanisme civique », passionnément attaché à l'exercice des libertés. Cette tendance s'est développée dans un contexte culturel de haut niveau qui ne pouvait que valoriser l'engagement de ces juristes dans un climat d'exaspération politique à connotation patriotique visant à fonder l'unité italienne, en se réclamant de l'héritage antique. Longtemps

[150] Florence n'est pas, loin s'en faut, la seule référence du notariat italien. Par leur précocité et l'abondance de leurs archives, Venise, Gênes, Plaisance disposent d'une notoriété au moins aussi importante. Marsile de Padoue, un des principaux protagonistes du débat politique au XIVe siècle, est issu de la corporation des notaires de sa ville, voir Quillet J. : *Marsile de Padoue, le défenseur de la paix*, Vrin éd. Paris, 1968, p. 13.

confiné à l'Italie, peut-être sous l'influence de son audience internationale sur le plan artistique, le rayonnement de cet humanisme d'origine juridique répand son influence dans le domaine politique à travers toute l'Europe. De l'opposition entre les milieux canonistes attachés à la théologie et à la théocratie, et les philosophes sensibles au nominalisme et à l'aristotélisme, les polémiques s'engagent, faisant émerger des aspirations démocratiques, qui éclairent de lumières nouvelles le climat politique européen[151].

Le contrat moteur de la société médiévale

La persistance d'un principe de perfection morale entrant en résonance avec la notion de moralité dans les rapports interpersonnels et imposant le respect des règles établies en relation avec le droit canon se répercute sur la législation civile. C'est un des principaux effets de l'émergence du droit comme élément régulateur des rapports sociopolitiques. Le concept d'*honestas* d'origine stoïcienne a été intégré au discours des Pères de l'Église et constamment invoqué jusqu'au XVe siècle comme facteur de juste appréciation des intérêts respectifs et de cohésion sociale[152]. Outre que cette conception a eu une incidence juridique sans équivoque, elle exerce une autorité déterminante dans le domaine économique et politique sur la base de la technique du contrat, dont la rédaction entre deux parties en présence est devenue, à partir du XIe siècle, la pièce maîtresse de l'économie libérale sur la base du principe de fiduciarité[153],

---

[151] Guenée B. : *L'Occident aux XIVe et XVe siècles, les États*, PUF, Paris, 1981, pp. 95-100.

[152] Vuillemin P. : « *Volentes subditis nostris dare causam sancte, et honeste vivendi*... L'*Honestas* : un idéal de gouvernement à la fin du Moyen Âge, l'exemple des « ordonnances criminelles » du patriarche de Venise Maffeo Girardi (1469) », dans *Gouverner les hommes, gouverner les âmes,* Pub. de la Sorbonne, Paris 2016, pp. 323-332.

[153] Ce terme correspond au latin *bona fides* pour exprimer la notion de bonne foi ou crédit, sans laquelle une économie d'échange ne peut sainement fonctionner, cf. Jehel G. : *Les Génois en Méditerranée occidentale..., op. cité,* p.157. Voir aussi Guenée B. : *L'Occident...*, op. cité, qui souligne l'importance de l'*ars notaria* dans la société médiévale, p. 97. À cela peut s'ajouter toute une terminologie à connotation religieuse en rapport avec les exigences de probité, ce qui renvoie aux opérations financières. Les mots *foi, fidélité, confiance* viennent du mot latin *fido* qui signifie : se confier, avoir confiance, avoir foi en. Avec le mot *fidus* signifiant fidèle, on retrouve la notion de confiance et d'assurance. À partir du latin *credere* signifiant *prêter de l'argent*, confier, on forme *creditum* : le prêt. Le verbe *credere* a aussi le sens de

notamment dans les républiques maritimes italiennes, où s'est opérée la mise en place des premières formes du capitalisme moderne[154]. On y retrouve, s'agissant de transactions de toute nature, authentifiées devant notaire, tous les éléments qui président à l'avènement de la démocratie : respect réciproque des personnes en présence conforme au droit établi dans la sphère privée, engagement de la responsabilité individuelle dans les limites de la loi commune. On ne s'étonnera pas de ce que le notariat ait pris ses formes institutionnelles par la fondation du Collège impérial chargé de former et de qualifier les notaires par l'attribution d'un diplôme aux postulants ayant suivi le cursus d'études juridiques, décerné par l'université de Bologne, la plus ancienne d'Europe[155]. On ne doit pas négliger la dimension nécessairement spéculative de l'activité économique qui a suscité une réflexion théologique et morale sur la notion de profit et de taux d'intérêt pour en définir la juste limite (*justum precium*). En cela aussi le monde clérical a joué un rôle important dans le développement des théories et des pratiques financières. Le courant nominaliste y prit une bonne part. Le traité des monnaies de Nicolas Oresme par son argumentation sur les mutations monétaires et le mécanisme de l'inflation constitue une phase importante dans l'évolution de la science économique[156].

Le cérémonial qui accompagne la procédure, par laquelle se nouent les liens féodaux entre le seigneur et son vassal, désignée par le terme « contrat vassalique », renvoie à la réciprocité fiduciaire, scellée par l'*osculum* (le baiser) et la mise des mains du vassal dans celles du seigneur (*immixtio manuum*) dans les rapports interpersonnels d'ordre privé[157]. Cette réciprocité ne tarda pas à s'introduire dans la sphère

---

croire, ajouter foi, regarder comme vrai. Il y a interférence entre le principe d'honnêteté, liée à la manipulation de l'argent, et celui de contrat qui introduit une relation de réciprocité entre deux parties. Celle-ci se retrouve dans une dimension juridique dans tous les domaines, social, économique, ou politique.

[154] Voir Jehel S. et G. : *De l'Antiquité au Moyen Âge, Continuités et ruptures...*, op. cité, pp.177-179.

[155] Sur le notariat, dont l'Italie a donné les premières formes les mieux codifiées, voir Amelotti M. et Costamagna G. : *Alle origini del notariato italiano*, Rome, 1975, 2 vol.

[156] Voir le *Traité des monnaies, Nicolas Oresme et autres écrits monétaires, Bartole de Sassoferrato, Jean Buridan*, Textes réunis et introduits par Claude Dupuy, La Manufacture, Lyon, 1989.

[157] Ganshof F.L. *: Qu'est-ce-que la féodalité ?* Tallandier, Paris, 1982, pp. 124-140.

publique. La contractualité, prescrite par le caractère synallagmatique du contrat féodal, se situe ainsi à la charnière du privé et du public.

Culture profane et culture sacrée dans le domaine politique

La prééminence de l'encadrement religieux, dans lequel s'est développée la réflexion politique, s'exprime autant dans la littérature que dans les autres formes d'expression artistique. En témoigne le programme de la fresque d'Ambrogio Lorenzetti, qui orne la *Sala della pace* du palais communal de Sienne pour glorifier le « Bon gouvernement » en l'opposant au « Mauvais gouvernement », conforme en cela à l'idéal de morale politique que le roi Robert très attaché à Thomas d'Aquin s'appliquait à faire régner en Toscane[158]. Son tombeau, dans l'église Sainte-Claire de Naples relève de la même intention[159].

Ceci ne doit pas donner à penser que la culture profane n'y ait pas eu sa part depuis la *Chanson de Roland*, et les sirventès[160] des poètes provençaux du XIIIe siècle, jusqu'au *Songe du Vergier* (1378)[161] attestant de l'intérêt accordé au politique[162] et à la chose publique, avec une certaine autonomie de pensée. Il reste que les centres d'intérêt de la littérature profane sont axés sur l'univers courtois et les thèmes chevaleresques qui lui sont liés, plutôt que sur tout ce qui touche aux tenants et aboutissants des principes du gouvernement et de leurs applications techniques, même si on peut en voir affleurer certains aspects dans l'œuvre de Chrétien de Troyes ou dans la Matière de Bretagne et tout ce qui en découle. C'est une façon de confirmer l'implication déterminante de la théologie dans la question du gouvernement, bien que cette dernière en ébranle les fondements.

---

158 La Toscane est alors dans l'aire d'influence de Robert d'Anjou.

159 Voir Jehel G. : *Les Angevins de Naples*, op.cité, pp. 235-39.

160 Forme poétique d'intention satirique.

161 Célèbre manifeste en faveur de la laïcité du pouvoir politique. Voir Locatelli R. : « Jeannine Quillet. La philosophie politique du Songe du Vergier (1378) » dans *Revue d'histoire de l'Église de France*, 1979, vol.65, n° 174, pp. 126-128 et Lagarde G. (de) : *Naissance de l'esprit laïque*, op. cité, p. 305.

162 Sur la genèse du concept de science politique dans ses rapports avec le droit et la théologie, voir Genet J.Ph. : « L'économie du politique : théologie et droit dans la science politique de l'État moderne » dans *Théologie et droit dans la science politique de l'État moderne. Actes de la table ronde de Rome* (12-14 novembre 1987), Rome : École française de Rome, 1991, pp. 17-28, EFR (Publications de l'École française de Rome, n°147).

Dans le même temps que des efforts étaient faits pour réduire les tensions et instaurer par diverses voies des conditions de relations apaisées, tant sur le plan moral que social, émergea, auprès de tout ce qui préparait l'élan de l'humanisme, une reprise de la pensée critique qui déboucha sur des formes de contestation de grande ampleur. Cette tendance a pris corps dans la longue durée sous diverses modalités.

L'Église contestée

On a mis en évidence, au milieu du XIIe siècle au plus tard, des signes caractéristiques d'une contestation du pouvoir de l'Église sous la forme de critiques et d'expressions de déviances polémiques à travers des courants qui se sont propagés dans la société à différents niveaux, témoignant de curiosités refoulées et de résistances au discours dominant dispensé par les autorités ecclésiales. Le concept de « religion populaire » a été proposé dans l'historiographie récente de l'étude des mentalités, pour désigner la résurgence de pratiques à caractère folklorique issues du vieux fonds de légendes renvoyant au paganisme. Ces comportements débouchant sur la mise en doute des dogmes de la religion établie, sinon leur réfutation, ont été assimilés à des formes d'anticonformisme subversif à connotation matérialiste et parfois poursuivis en tant qu'incitations à une contestation diffuse de l'autorité, à la limite de l'hérésie.

Cette tendance s'observe d'abord dans les milieux intellectuels et en particulier celui de l'enseignement et de l'Université qui, au moins dans ces époques intermédiaires (XIIe-XIVe siècles), est largement sous l'autorité ecclésiastique et recruté en son sein. Ceci ne doit cependant pas conduire à trop schématiser les divergences. La dérision qui a souvent brocardé le monde des clercs doit être relativisée dans un espace culturel porté selon des traditions qui remontent à l'Antiquité, à l'outrance et au sarcasme. Le goliardisme et les *Carmina Burana* en sont de bonnes illustrations. Néanmoins, certaines manifestations de cet humour n'étaient sans doute pas sans arrière-pensée. Faire circuler, à la fin du XIIe siècle, un *Évangile selon le Marc d'Argent*, pour dénoncer les abus de la Curie romaine, n'est pas insignifiant. Cette manière corrosive prend de l'ampleur quand affleurent les premiers élans de l'humanisme avec les anathèmes de Pétrarque (1304-1374) contre la cour d'Avignon assimilée à

Babylone. Plus tard ce sont les Ordres Mendiants que l'on visera en leur adressant des *traités contre les hypocrites*[163].

C'est dans cette perspective que se place l'affaire du procès ouvert par l'évêque de Paris, Étienne Tempier, connue sous l'appellation de *Syllabus,* dont les attendus ont pour objectif l'accusation globale d'hérésie contre quelques personnalités de la Faculté des Arts, en 1277. Cette action, révélatrice d'un état de crise entre les Autorités appuyées sur la théologie et un courant critique acquis à l'Aristotélisme par diverses voies, constitue une étape majeure dans l'histoire intellectuelle de l'Occident. On peut y voir l'amorce d'une dichotomie fondatrice entre deux approches intellectuelles et morales qui prit toute son envergure à partir du XIVe siècle. Ce clivage décisif se pérennisa à travers les siècles jusqu'à nos jours sous différentes appellations : traditionalisme et modernisme, Anciens et Modernes, conservatisme et progressisme[164].

Figures de la contestation

Marsile de Padoue (1284-1342)

Ce fils de notaire devenu médecin forma avec Guillaume d'Ockham une sorte de tandem ambigu représentant une autre facette de la contestation. Champion de la lutte contre l'autorité politique du pape, il considère que la notion de pouvoir est en contradiction avec celle de spiritualité, qui, selon lui, est incompatible avec toute idée de contrainte, du fait que la loi divine ne saurait avoir rien de commun avec ce qu'implique le concept de loi, d'essence spécifiquement humaine. Autant dire que son engagement est au cœur de la problématique des rapports entre religion et politique, qui définissent la laïcité. Toutefois, au contraire de ce qui est interprété bien souvent comme une rupture, Marsile de Padoue voit dans le monde chrétien un ensemble où ce qu'il appelle les non-prêtres est sur le même plan que les prêtres face au divin. Il apparaît ainsi comme un précurseur de la

[163] Revest C. : « La contestation informelle » dans *Structures dynamiques religieuses dans les sociétés de l'Occident latin (1179-1449),* P.U. Rennes, De Cevins M.M. et Matz J.M. (dir.) 2012, pp. 361-372.

[164] Voir *La condamnation parisienne de 1277*, nouvelle édition du texte latin, traduction, introduction et commentaire par David Piché, avec la collaboration de Claude Lafleur, Vrin éd., Paris, 1999.

Réforme[165] et comme un des catalyseurs de la dynamique ouvrant dans l'ordre politique sur un assouplissement des statuts individuels. Ceci débouche sur l'expression de la volonté générale et de la coresponsabilité inhérente à la démocratie. Si on peut l'intégrer par son ouvrage principal, le *Defensor Pacis,* dans les rangs de la contestation, ce n'est pas sur le mode révolutionnaire, mais au contraire sur celui du retour au modèle impérial romain, représenté par le Principat d'Auguste qui synthétise la fonction princière et la volonté du peuple. Il s'en distingue pourtant en cela que, selon lui, le pouvoir impérial détient, par l'onction du sacre de Charlemagne en l'an 800 une dimension spirituelle[166].

Guillaume d'Ockham (1285-1347)

Au début du XIVe siècle, Guillaume d'Ockham (1285-1347) se rattache à ces argumentations par des voies plus intellectuelles, donc moins soumises à la subjectivité de la volonté, mais appuyées sur la conviction tirée du principe selon lequel « l'appréhension d'une proposition tenue pour vraie » est fondée sur les mots qui la composent. Préoccupé de la fonction du langage comme moyen d'expression des concepts et fortement impliqué dans la querelle des Universaux, celui qu'on appelait le *Docteur invincible* (Ockham) prit ainsi figure de chef de file du nominalisme. Pour caractériser sa démarche, on retient de lui le jugement suivant : « *ceux qui interprètent toujours au sens littéral tous les propos des auteurs tombent dans de nombreuses erreurs et d'inextricables difficultés* »[167]. Guillaume d'Ockham s'est imposé ainsi comme un des plus virulents critiques de la théocratie en réfutant tout lien de subordination de l'ordre temporel envers l'ordre spirituel. Cela fit de lui un des premiers agents de la décléricalisation de la société. On lui attribue d'avoir incité les milieux intellectuels à combattre la puissance pontificale sous peine de n'être que des « chiens muets, refusant d'aboyer »[168].

---

[165] Quillet J. : *La philosophie politique de Marsile de Padoue*, Vrin, Paris 1970.

[166] Quillet J. : *La philosophie politique...*, op. cité, p. 19. Cette approche renvoie au grand débat sur la question de savoir si l'autorité de l'empereur se situe au même niveau que celle du pape dans le domaine spirituel. Voir Pacaut M. : *La théocratie, L'Église et le pouvoir au Moyen Âge*, Paris, Aubier, 1957.

[167] Voir *Philosophes médiévaux*, Imbach R. – Méléard M-H (dir.), Bibliothèque médiévale, U.G.E., Paris, 1986, p. 9.

[168] Voir *Philosophes médiévaux*, cité supra, p. 284.

La carrière de ce franciscain suffit à en faire une grande figure de la contestation. S'il échappa de peu à la condamnation pour hérésie et peut-être à l'excommunication, son engagement dans le parti des Spirituels[169] et son positionnement en faveur du pouvoir temporel contre la papauté ne laissent pas de doute sur ses orientations rationalistes et libertaires que confirment ses centres d'intérêt. La particularité de la pensée de Guillaume d'Ockham est d'avoir synthétisé tout ce que ses prédécesseurs avaient exposé et analysé sur le principe expérimental et la démarche nominaliste à partir d'Abélard et Roger Bacon (1214-1294). Il renoue de fait avec l'empirisme issu du scepticisme antique (Pyrrhon, Sextus Empiricus), ouvrant les voies conduisant à David Hume (1711-1776) considéré comme l'un des principaux inspirateurs du mouvement des Lumières, avec tout ce qui en découle relativement à la prééminence de la rationalité, et à la laïcité. Ce n'est pas pour autant que l'on puisse faire de Guillaume d'Ockham le précurseur de l'*humisme*. On considère toutefois aujourd'hui que l'*ockhamisme*, faisant encore ici preuve de sa rigueur logique allant à l'encontre du discours dominant tenu de son temps sur les vérités révélées[170], a salutairement renouvelé la critique des thèses de Hume, ce qui permet de mieux les connaître.

Sur le plan politique, le système d'Ockham instaure un relativisme qui, sans nier la légitimité du pouvoir, ne reconnaît pas son absolutisme de principe. L'ordre en place peut être considéré comme raisonnable mais ne relève pas d'une transcendance immuable. L'individu reconnu comme doué d'une aptitude à exercer un libre arbitre se définit comme fondé à renouveler ou à modifier ses options dans le respect du bien commun et du droit de chacun[171]. Car la société n'est qu'une association d'individus. On mesure dans le contexte du Grand Schisme le poids d'une telle argumentation qui, si elle préconise la mise à distance du pouvoir spirituel, n'en est pas pour autant révolutionnaire car le pouvoir donné au prince est considéré comme une donnée d'origine divine dont les hommes ont à débattre. Bien que fortement combattue, l'influence d'Ockham eut d'importants

---

[169] Franciscains dissidents.

[170] Robert A. : « L'explication causale selon Guillaume d'Ockham » dans « Quaestio », 2 (2002), pp. 241-265. En ligne http://www.academia.edu/2349374/Lexplication_causale_selon_Guillaume d'Ockham

[171] On a vu là une amorce de la pensée libérale au sens économique du terme, qui a eu une réelle influence sur Nicolas Oresme, voir infra.

prolongements, en France notamment avec Jean Buridan et Nicolas Oresme. Néanmoins, mettant en cause l'autorité ecclésiale, Ockham ne propose pas d'alternative. Il introduit un débat fondamental qui oppose les modernes aux anciens, dont la référence majeure reste le thomisme, ce qui lui valut d'être considéré comme une source de Luther. À tout le moins peut-on dire que par son ascendant intellectuel Guillaume d'Ockham a fortement contribué à renforcer le mouvement contestataire dans le monde des clercs.

Le nominalisme, pour lequel Guillaume d'Ockham a pris parti, a été défini, dans son aboutissement, comme « une métaphysique de l'individu », qui constitue son « intuition centrale »[172], dans la mesure où, au-delà de son argumentaire technique d'ordre sémiologique introduit par Abélard et diffusé par Jean de Salisbury, il pose la question du rapport entre le particulier et l'universel et donc entre l'absolu et le relatif. Tout ce qui en procède dans l'ordre moral entre conviction et doute et de même dans l'ordre politique, débouche ainsi sur la démocratie.

L'œuvre de Guillaume d'Ockham se situe dans cette phase de basculement des certitudes et des vérités établies sous le contrôle de la papauté, pour une approche plus critique, plus orientée vers la mise en question et le doute sur les voies nouvelles à explorer. On ne peut voir dans cette perspective autre chose qu'une suite d'interrogations, loin de l'intransigeance dont fit preuve Marsile de Padoue dans sa dénonciation de ce qu'il appelait « l'organisation cléricale de l'Église » en raison de sa rigidité. C'est en cela que la démarche de Guillaume d'Ockham représente une option plus fiable vers la laïcité[173]. Ce qui la rend opératoire tient d'abord à son engagement pédagogique. Guillaume d'Ockham, pur produit de l'université, représente le modèle du pédagogue formé aux disciplines de l'étude et avant tout soucieux de transmettre ses connaissances avec la plus grande rigueur méthodologique, avec une tendance au scepticisme qui n'émousse en rien ses objectifs, dont on a dit qu'on peut les définir comme « une entreprise de démolition » de tout ce qui le précède concernant l'autorité doctrinale de l'Église, la primauté du Saint-Siège et l'unité politique de la chrétienté. Ce qui permet de comprendre en quoi, avec un tel programme, il a ouvert la voie à des orientations qui

---

[172] Lagarde G. (de) : *La naissance de l'esprit laïque au déclin du Moyen Âge, bilan du XIIIe siècle*, vol. V, p. 35.

[173] Lagarde G. (de) : *La naissance de l'esprit laïque... op. cité,* V, pp. 32-34.

dépassaient ses intentions. C'est aussi sans doute ce qui justifie qu'on l'ait qualifié d'esprit de géométrie au sens pascalien du terme, préfigurant Descartes et très éloigné de Thomas d'Aquin[174].

L'originalité du système métaphysico-politique de Guillaume d'Ockham a été minutieusement étudiée[175]. Sa démarche intellectuelle a été caractérisée comme strictement analytique et, contrairement à Thomas d'Aquin, dépourvue de tout esprit de synthèse, conforme en cela au principe nominaliste hostile à toute généralisation. Le parti pris d'Ockham est radicalement individualiste fondé sur le libre arbitre. Il en découle que, selon lui, le droit naturel est l'expression de la volonté libre de l'homme, tandis que le droit divin découle de la volonté arbitraire de Dieu[176]. Cette conception renvoie d'un certain point de vue à la bipolarité immanence-transcendance, fondement du christianisme auquel Ockham reste attaché avec une rigueur déconcertante si l'on s'en remet au jugement porté sur sa démarche selon lequel « *Ockham rejette... la thèse réaliste [opposée au nominalisme dans le débat sur les universaux] de la participation et de la dépendance qui tend à rattacher à la vie divine toute la vie créée. Il faut supprimer entre Dieu et l'homme tout autre lien que celui de causalité. Dieu a créé le monde. Mais une fois la création accomplie, l'homme existe, distinct de Dieu, séparé et autonome, il faut presque dire, avec quelques interprètes, étranger* »[177]. On peut voir là un hymne à l'adresse du libre arbitre et à la responsabilité qui, implacablement, incombe à l'humanité. C'est là que la démocratie trouve toute sa pertinence, en tenant compte de ce que cette conception réductrice doit s'accompagner dans le message chrétien d'un contenu moral qui en appelle à la charité et à l'amour du prochain ou solidarité, un des attributs majeurs de la démocratie. Ce dont il n'est pas fait état ici[178]. C'est peut-être ce qui explique la dissociation sous-jacente entre métaphysique, morale et politique qui est au cœur de la laïcité[179]. Par ailleurs on reconnaît dans

---

[174] Lagarde G. (de) : *La naissance de l'esprit laïque...*, op. cité, V, pp. 10-35.
[175] Lagarde G. (de) : *La naissance de l'esprit laïque...*, cité *supra.*
[176] Lagarde G. (de) : *La naissance de l'esprit laïque...*, cité *supra*, vol. VI, p. 212.
[177] Lagarde G. (de) : *La naissance de l'esprit laïque...*, cité *supra*, vol. VI, pp 212-213.
[178] Cette position pourrait renvoyer à celles qui ont fleuri au XVIIIe siècle à partir de la métaphore du *Grand horloger* de Voltaire, voire à la distinction entre Raison pure et Raison pratique de Kant, bien éloignées en tout cas de Rousseau, voir infra.
[179] Lagarde G. (de) : *La naissance de l'esprit laïque...*, cité *supra*, vol. VI, p. 214.

l'argumentation de Guillaume d'Ockham sur le libre arbitre celles de saint Augustin et de Joachim de Flore[180].

La censure comme révélatrice de subversion

Dans le bouillonnement intellectuel entre science et théologie, le recours à la censure fait assez clairement ressortir les aspirations à la mise en cause des vérités établies. Toutefois si elle a joué un rôle non négligeable dans le monde universitaire très soumis aux autorités, il ne convient sans doute pas de chercher dans la censure une réaction à des tendances subversives manifestes. Les motivations et donc les intérêts en présence, avaient toutes sortes de finalités liées à des enjeux d'ordre stratégique ouvrant voie à des négociations, comme il s'en trouve dans toutes les instances de pouvoir, sans qu'il soit question de sujets d'ordre proprement intellectuel ou idéologique. Les tensions n'en sont pas moins réelles qui laissent entrevoir une pluralité sous-jacente à un monolithisme de principe. On perçoit dans les débats feutrés, autour de propositions contestées avec des arguments obliques, le jeu d'une évolution mesurée qui n'en était pas moins innovante sur des points touchant au rationalisme. Dans certaines circonstances, la censure n'a pas été sans conséquences en révélant des tendances à l'individualisation de la pensée. Certaines condamnations de la fin du XIIIe siècle ont favorisé par contrecoup le renouveau du nominalisme au XIVe siècle à la faveur du débat contradictoire qui devait tant à la scolastique. Il en résulta par ailleurs toutes sortes de questionnements qui élargirent le champ de la réflexion. Toutes choses qui ne peuvent être sans conséquences politiques[181].

Ainsi, en parcourant les grandes phases du débat d'idées qui s'affrontent du XIe au XIVe siècle, on voit se déployer une dynamique intellectuelle qui, par les polémiques qu'elle suscite, tant par ses audaces que par sa richesse thématique, n'a rien à envier aux débats qui suivent cette époque. Ces derniers ont plutôt à lui reconnaître leur dette qu'à la sous-estimer.

D'autres formes de contestation à connotation subversive se sont déployées dans les domaines d'ordre social, culturel et économique.

---

[180] Voir infra Textes p. 187.

[181] Boureau A. : *Théologie, science et censure au XIIIe siècle*, Paris, Belles-Lettres, 1999, pp. 333-341.

Les hérésies : une autre manière de contester

La récurrence de l'invocation de l'hérésie comme facteur de trouble brandie par les autorités est une constante qui, sous couvert d'atteinte à la morale et à la spiritualité voire de retour au paganisme, fut une arme politique qui rend compte des résistances auxquelles le discours dominant devait faire face périodiquement. Tout ce qui est passible de l'accusation d'hérésie est à prendre comme une forme de contestation de l'ordre établi susceptible d'engendrer des aspirations à la diversité des opinions. Il faut toutefois distinguer, en tenant compte de ce que beaucoup d'entre elles puisèrent dans un fond commun d'origine orientale et principalement iranienne[182], différentes modalités des hérésies.

Les plus anciennes ont fait l'objet de débats et de condamnations d'ordre théologique et dogmatique au cours des grands conciles fondateurs des IIIe et IVe siècles sur le thème de la nature du Christ. Elles sont à l'origine des grandes obédiences du christianisme : le monophysisme, auquel on rattache monothélisme, monoénergisme, arianisme, nestorianisme, jacobitisme, qui ont perduré sous un pullulement de sectes : trithéïsme, damianisme, docétisme, gnosticisme, paulicianisme, entre VIe et VIIIe siècle[183].

D'autres ont essaimé pour des raisons d'ordre culturel voire identitaire et se sont fixées par des pratiques rituelles. On en voit les manifestations sur le plan dogmatique en Occident, mêlées à des résurgences préchrétiennes. Condamnées dès le Ve siècle par saint Augustin, on en décèle la recrudescence par les arrêts répressifs dont elles font l'objet encore au VIIIe siècle. Les Sabbataires, étaient très attachés au Sabbat. Les Euchites n'accordaient aucune valeur au symbole de la croix. Ils tenaient les sacrements pour inutiles, notamment le baptême et l'eucharistie. On en retrouve des traces dans le bogomilisme, d'origine anatolienne, très en faveur aux Xe et XIe siècles. L'hérésie de Tours qui portait sur l'interprétation de l'Eucharistie, s'en rapproche. Tenace entre le XIe siècle où elle avait eu des répercussions politiques notables en Italie, et le XIIIe, elle fit l'objet d'un commentaire critique de Thomas d'Aquin.

---

[182] Zoroastrisme, Mazdéisme, Mithraïsme, Manichéisme.

[183] Voir Masson H. : *Dictionnaire des hérésies de l'Église catholique*, Sand éd. Paris, 1986.

Viennent enfin les hérésies qui ont pris, dans les périodes de tension, un profil revendicatif et social, voire plus ou moins ouvertement politique. La plus caractéristique en est le catharisme issu du manichéisme. Le mouvement patarin, issu de la *pataria* qui sévit en Italie au Xe siècle dans sa phase pré-communale[184], assuma la dimension sociale de cette contestation qui prit un caractère ouvertement anticlérical en s'en prenant aux richesses du clergé. Il s'appuyait aussi sur le mouvement de pauvreté institutionnalisé par les ordres mendiants[185]. Quelle qu'en soit la nature, les hérésies sont toujours significatives d'une tendance à la dissidence[186]. Le fait que la propagation de l'hérésie ait abouti à l'institution du tribunal de l'Inquisition suffirait à le démontrer.

L'Inquisition objet de contestation

L'Inquisition a toujours été considérée comme la forme canonique de la répression des hérésies où on a toujours eu tendance à voir une forme d'oppression dégradante. De fait, cette interprétation fait ressortir la dynamique socioculturelle qui innerve le monde médiéval. Les objectifs de cette institution sont sans doute plus complexes si on la situe dans son contexte et ses finalités interactives. Dans une étude approfondie sur la question[187], on peut lire le jugement suivant : « *L'Inquisition n'a pas été une organisation arbitrairement conçue et imposée au monde chrétien... Elle a été plutôt le produit d'une évolution naturelle, on dirait presque nécessaire des diverses forces en action au XIIIe siècle* »[188]. Il convient donc de l'envisager dans le contexte de tensions sociales et intellectuelles dont les mouvements

---

[184] Voir supra.

[185] Il fut de ce fait un ferment actif de la marche vers la laïcisation de la société. Voir Lagarde G. (de) : *La naissance de l'esprit laïque...*, op. cité *supra.*

[186] On trouvera dans l'ouvrage de G. Volpe : *Movimenti religiosi e sette ereticali* , Sansoni ed., Nuova biblioteca, Florence, 1977, un panorama minutieux de l'évolution des rapports entre les institutions religieuses et les pouvoirs civils de type communal, faisant intervenir les facteurs socio-économiques auprès desquels les mouvements considérés comme hérétiques jouèrent un rôle d'activateur à caractère le plus souvent ouvertement subversif et d'inspiration démocratique. S'y confirme l'importance de la dynamique urbaine de l'Italie dans la diffusion de l'idéal démocratique au cours des temps médiévaux.

[187] Lea H.Ch. : *Histoire de l'Inquisition au Moyen Âge*, coll. Bouquins, Laffont, Paris, 2005.

[188] Présentation du livre de Lea, p. XV.

hérétiques furent les manifestations les plus évidentes, traduisant par contrecoup toutes les implications politiques et les aspirations libertaires dont elle eut à traiter. On a pu ainsi déclarer : « *L'organisation graduelle de l'Inquisition fut simplement le résultat des forces sociales de son époque* »[189]. On doit tenir compte par ailleurs des équivoques et des ambigüités des sources inquisitoriales qui obscurcissent ou prêtent à conjecture dans la lecture qu'on peut en faire[190]. Ceci n'affecte nullement les incidences de l'action de cette institution qui s'inscrit dans le mouvement contestataire des XIVe et XVe siècles.

Le principe de l'Inquisition ne fut pas remis en cause, même dans ses formes extrêmes, tout en ayant été très vite l'objet de vives critiques dans ses modalités d'application. Celles-ci devinrent au début du XIVe siècle le vecteur d'une vigoureuse contestation du pouvoir pontifical, animée par un groupe de Franciscains entraînés par Guillaume d'Ockham et Marsile de Padoue qui tirait ses arguments de l'Évangile de Luc (53-55). La contestation atteignit une plus grande envergure dans le contexte du Grand Schisme à l'initiative de Jean Huss (1369-1415) qui reprit en l'amplifiant l'argumentation de Guillaume d'Ockham. Le débat s'orienta vite sur la question de savoir si les coupables aux yeux de l'Inquisition devaient ou non être remis à la justice civile, ce qui lui donna un tour politique avec une dimension favorable à l'autorité, dépassant ainsi la question de la légitimité de l'Inquisition pour rejoindre celle de la violence dans l'exercice du pouvoir. En 1553, Calvin (1509-1564) fit exécuter Michel Servet. Ceci n'engageait pas la responsabilité de l'Inquisition[191]. En tout état de cause, il importe de bien distinguer l'Inquisition médiévale de celle qui s'est développée à partir du XVe siècle[192].

---

189 Ibidem.

190 Cavaillé J.-P. : « L'art des équivoques : hérésie, inquisition et casuistique. Questions sur la transmission d'une doctrine médiévale à l'époque moderne ». dans *Médiévales*, n°43, 2002. *Le bain : espaces et pratiques*, sous la direction de Didier Boisseuil, pp. 119-145.

191 La Roncière C. M. (de) : « L'Inquisition perçue comme abus au Moyen Âge » dans *Inquisition et Pouvoir*, Audisio G. (dir.), P.U. Provence, 2004, pp. 11-24.

192 Bethencourt F. : *L'Inquisition à l'époque moderne Espagne, Italie, Portugal XVe-XIXe siècle*, Fayard, Paris, 1995.

Les confréries foyers potentiels de résistance

L'émergence d'une dynamique laïque que l'on n'hésite pas à voir apparaître dès le XIe siècle, parvient au XIVe, sous la poussée de la reprise des hérésies et des turbulences provoquées par les Lollards en Angleterre ou le hussisme en Bohème, à esquisser des formes de contestation où on a pu déceler des manifestations d'anticléricalisme dans des courants auxquels on attribue le qualificatif d' « esprits forts »[193]. Le rôle des confréries dans le mouvement de solidarité qui s'instaura, surtout en milieu urbain, connut une réelle expansion tant dans les périodes fastes du XIIIe siècle que dans les temps de crise des XIVe-XVe siècles[194] où, sous des formes d'exaltation spectaculaires illustrées par les processions de flagellants, elles accentuaient le trait de la contestation. On peut y voir, dans le passage de la charité monastique ou hospitalière à l'assistance mutualiste qui se développe jusqu'aux temps modernes, une tendance à connotation laïque. Depuis les temps carolingiens, sous diverses appellations, *fraternités*, ou *guildes*, elles se sont maintenues du fait de leur assimilation au corporatisme dans un entre-deux suspecté de subversion jusqu'à la Loi Le Chapelier de 1791.Toutefois, si l'implication religieuse de ces comportements associatifs peut être interprétée comme le signe d'un réveil évangélique, on peut y reconnaître aussi des formes de résistance aux pouvoirs en place quels qu'ils soient, ecclésiastique, seigneurial ou autre. Les liens étroits des confréries avec des institutions religieuses dont elles partagent les engagements caritatifs, autant qu'avec les pouvoirs urbains pour des travaux d'intérêt public en font des agents d'une osmose dynamique qui favorise l'intégration des aspirations spirituelles et politiques dans la société laïque, avec une forte composante socioprofessionnelle[195]. Ce glissement vers la vie profane et la laïcité se signale dans l'évolution de la terminologie. Quand on parle de *fraternitas*, *confraternitas*, *confraria*, on désigne des orientations à la dévotion au service de Dieu. Avec les termes de *conspiratio, conjuratio*, voire *phratria*, on entre dans des formes associatives inspirées par le modèle confraternel, mais dont les orientations vont jusqu'à être considérées par l'Église comme

---

[193] Lobrichon G. : *La religion des laïcs en Occident, XIe-XVe siècles*, Paris, 1994, pp. 104-112.

[194] Voir Vincent C. : *Les confréries médiévales dans le royaume de France, XIIIe-XVe siècle*, Albin Michel, Paris, 1994.

[195] Lobrichon G. : *La religion...*, op. cité supra, p. 112.

hérétiques. Certaines furent condamnées en tant que groupements politico-religieux. Les revendications sociales qu'il leur arrive d'exprimer peuvent aller dans ce sens. Elles peuvent aussi constituer des groupes de pression assimilables à des clubs, voire des factions subversives, pesant lourdement sur les orientations politiques. Il arrive que, pour mieux les contrôler, les pouvoirs publics les intègrent à leurs délibérations[196]. Même en les considérant comme relevant d'une double appartenance, spirituelle et mutualiste, les confréries contribuent à élargir le champ d'exercice des principes de la morale religieuse au monde profane tout en y associant la défense d'intérêts spécifiques.

La contestation sociale

Facteurs ou conséquences des transformations économiques, des manifestations insurrectionnelles ont attiré l'attention par leur détermination et leur fugacité à différentes époques dans la longue durée médiévale. Quand elles ont lieu dans le monde rural (Grande jacquerie de 1358, révoltes paysannes de 1381), on les relie à des faits de crises cycliques en rapport avec des insuffisances alimentaires ou des mouvements d'humeur passagers. Le XVIe siècle a connu des guerres paysannes attisées par des mouvements à caractère religieux. Quand l'événement se produit en milieu urbain, dans le contexte de production à caractère industriel assimilable à un milieu ouvrier, comme il advint à Florence avec la révolte des *Ciompi*, il apparaît comme un lointain précurseur de la lutte des classes avec toutes les réserves qui s'imposent[197]. Il n'en reste pas moins que, prise au sens strict du terme, la notion de prolétariat n'est pas sans réalité au moment où s'amorce une transition entre une économie artisanale et une économie industrielle au cours du XIVe siècle[198]. Même si les facteurs religieux ne peuvent pas être exclus[199], dans un univers ou le

[196] La Roncière (de) Ch. et Matz J.M. : « Le mouvement confraternel », dans *Structures dynamiques religieuses dans les sociétés de l'Occident latin (1179-1449)*, Matz J.M. et De Cevins M.M. (dir.), P.U. Rennes.

[197] En tenant compte de ce que la notion de lutte des classes a été évoquée dans les contextes antiques et médiévaux. Voir Dokès P. : *La libération médiévale*, Flammarion, Paris, 1979, p. 196.

[198] Voir Stella A. : « Les Ciompi et leurs familles », dans *Médiévales*, 1990 p. 65-70

[199] Wolf Ph. et Mollat M. : « Ongles bleus, Jacques et Ciompi, les révolutions populaires en Europe aux XIVe et XVe siècles », Collection *Les grandes vagues révolutionnaires*, Calmann–Lévy, Paris 1970.

millénarisme subversif est toujours latent, ces mouvements ont pu être interprétés comme des formes embryonnaires d'un véritable prolétariat, révélatrices de tensions qui eurent des répercussions d'ordre social sur l'évolution des mécanismes politiques. La révolte des *Ciompi* a attiré l'attention des penseurs, de Machiavel à Simone Weil[200].

Cette émergence du prolétariat apparaît vers 1180 sous la plume de Chrétien de Troyes dans un passage du roman *Yvain ou le chevalier au lion* qui décrit les conditions de travail dans les ateliers de tissage[201].

DE LA CRITIQUE DE LA FOI À L'ÉMERGENCE D'UNE PENSÉE LIBÉRÉE AU MILIEU DU XIVE SIÈCLE

Au XIVe siècle, des formes de libération de la foi religieuse ont commencé à se faire jour pour s'opposer aux autorités institutionnelles. On y a vu un des principaux facteurs d'une ouverture vers la laïcité[202]. Ce mouvement serait fondé sur la notion de volonté comme étant, selon saint Augustin, le principal ressort de la foi. Cette conception fut reprise sous d'autres modalités par Thomas d'Aquin. On peut y percevoir l'émergence d'une initiative individuelle génératrice d'une aspiration à la liberté, retrouvant ainsi la référence à l'individu et à la part de doute qui lui est impartie et qui procède du message évangélique[203]. De fait, le propos de Thomas d'Aquin selon qui « un tel choix volontaire est toujours motivé par l'autorité d'un témoignage tiré avant tout des Évangiles, même si ce processus ne peut s'opérer que sous l'effet de la grâce », renforce cette argumentation. On va même, dans ces interprétations, jusqu'à s'interroger sur « l'arbitraire de la volonté d'adhérer à la foi

---

200 *La révolte des Ciompi, un soulèvement prolétarien à Florence au XIVe siècle.* Textes de Simone Weil et Nicolas Machiavel, Collectif des métiers de l'édition, 2013.

201 *Yvain ou le chevalier au lion*, édition Mario Roques, Champion Paris éditeur, 1960, vers 5292-5317. Voir Textes, p. 186.

202 Voir Robert A. : « Les débats médiévaux sur la foi volontaire et la généalogie de l'individualisme moderne » dans *Annales, Histoire, Sciences sociales*, juillet-septembre 2015, n°3, pp. 713-724.

203 Ibidem p. 717.

chrétienne » à partir d'une démarche entreprise en son sein[204]. Il faut aussi tenir compte de l'influence du courant nominaliste[205], initié par Abélard, qui amorce une ère de turbulences.

Dans le contexte des modulations interprétatives autour des pratiques observables jusqu'au XIIIe siècle, et au-delà, considérées longtemps comme issues du paganisme puis incluses dans des formes de sorcellerie, voire de superstitions dérivées des rituels canoniques, on en est arrivé à discerner sinon un athéisme caractérisé, du moins des formes d'anticonformisme correspondant à des postures blasphématoires et des prises de position à tendances anticléricales. On a pu y voir surtout une volonté nettement exprimée de définir une franche séparation entre le sacré et le profane avec des formulations telles que « *les églises ne sont pas des lieux plus sacrés que les maisons* ». On a parlé à ce propos d'« *hérésies d'opinion* ». Sans doute ces déviances qui, sans pouvoir être identifiées comme des formes d'athéisme, ont été véhémentement condamnées, en particulier par Thomas d'Aquin, n'ont pas toujours été si fermement réprimées qu'on pourrait le supposer. Les décrétales pontificales de 1254 et 1258 ont fait preuve d'une relative modération dans leurs recommandations aux inquisiteurs de l'époque. Ainsi cette mise à distance du religieux par les « Esprits Forts » s'est maintenue aux marges des mentalités dominantes et a pu contribuer à grossir le courant en marche vers la laïcisation de la société[206].

Du laïcat à la laïcité

La laïcité, en cela qu'elle aborde de front la question de la séparation du spirituel et du temporel, et partant de la démocratie, est

---

[204] Sur le débat entre intellectualisme et volontarisme impliqué par le nominalisme, voir Grellard Ch. : *De la certitude volontaire. Débat nominaliste sur la foi à la fin du Moyen Âge*, Pub.de la Sorbonne, 2014. Cette étude met en évidence la dimension intime de la foi qui traduit une mutation des pratiques religieuses à la fin du Moyen Âge allant vers une approche plus individualisée. C'est de fait ce à quoi vise la *devotio moderna* qui connaît une grande faveur dans les élites à partir de 1450 en privilégiant l'intériorisation de la foi contre l'ostentation et la part de la « *caritas* » (amour du prochain) sur la spéculation mystique intellectuelle. Ce dont témoigne le succès de *L'Imitation de Jésus-Christ*, œuvre qu'on attribue sans certitude au moine Thomas a Kempis (1380-1471).

[205] Voir Robert A. : *Les débats médiévaux* ..., cité supra, p. 719.

[206] *Histoire du Christianisme*, Mayeur Pietri, V, pp.839-840.

l'un des principaux points d'achoppement de celle des rapports entre tout ce que recouvre le terme de religion dans ses aspects spirituels et institutionnels, et la société civile.

Le sens des mots

Le vocable « laïc » emprunté au grec, n'apparaît pas dans l'Évangile. Il est utilisé pour la première fois par Clément, évêque de Rome à la fin du 1er siècle de notre ère, avec l'idée d'une distinction entre sacré et profane sous une forme énigmatique dont la traduction du grec pourrait être: *l'homme laïc est lié aux laïcs*[207]. Clément se réfère à une citation d'Isaïe qui s'adresse à l'homme comme à celui qui appartient au peuple d'Israël et auquel le prophète reproche de se conformer à des préceptes humains en les confondant avec les préceptes divins[208]. L'*Évangile* de Matthieu y renvoie explicitement à propos d'une réponse de Jésus aux Pharisiens[209].

La question qui se pose est celle de savoir comment les principes de la morale chrétienne fondés sur la charité, la fraternité, la solidarité, qui constituent ce par quoi s'élabore la conscience de la prééminence de l'intérêt public sur l'intérêt individuel et privé, et dont les institutions ecclésiastiques ont montré au cours des périodes troublées des IVe- VIe siècles leur capacité à les assumer par le réseau épiscopal, ont perduré. Ils ont de fait contribué à répandre hors du champ religieux les valeurs cardinales de la morale chrétienne. C'est ainsi que l'on a pu dire que, dès sa genèse, le concept de laïcité est aussi étroitement lié au christianisme qu'il est possible. Un des plus grands spécialistes de la question a pu déclarer : « *Louis Blanc l'a [le mouvement laïque] défini dans son Histoire de la Révolution Française lorsqu'il félicite les hérétiques des XIVe et XVe siècles d'avoir élevé le laïque au niveau du prêtre... Né du christianisme, le mouvement laïc le suit comme son ombre. Il colle à lui au moment même où il croit s'en détacher. Il le rappelle, invinciblement, même lorsqu'il prétend le supprimer* »[210].

---

[207] On la trouve dans la première *Lettre aux Corinthiens* de Clément (voir Sources chrétiennes n° 167, p. 125). Sur les interprétations possibles du mot *laïc* dans le contexte exégétique où il est employé par Clément, voir aussi Faivre A. : « Préceptes laïcs et commandements humains, les fondements scripturaires » dans *Revue des sciences religieuses*, 75 n°3, 2001, pp. 288-308.
[208] Le Livre d'Isaïe, XXIX-13,14.
[209] XV-7.
[210] Voir Lagarde G. (de) : *La naissance de l'esprit laïque...*, cité supra, pp. IX et XI.

L'évolution du statut du laïcat dans la société médiévale

Dans ses premiers temps, la communauté chrétienne englobe tous les baptisés. Ce ne fut que bien plus tard que s'opéra un clivage entre les évêques et les prêtres qui forment le corps des clercs, et les laïcs qui participent à la liturgie sans référence à une hiérarchie. Quant au monachisme défini par un mode de vie ascétique, insistant sur les aspects spirituels, il se démarqua très tôt de la vie profane, introduisant la première distinction perceptible dans la communauté chrétienne. La dégradation des conditions de vie à partir du IVe siècle, du fait des désordres dus aux Grandes Invasions, abaissa le niveau culturel de la population, ce qui par contrecoup accentua le caractère élitiste du monde des clercs. Ceci conduisit, au VIe siècle, le pape Grégoire le Grand à instaurer trois ordres : celui des prêtres qu'on appelait aussi recteurs ou docteurs chargés de l'enseignement aux laïcs qui formèrent la deuxième catégorie. L'ordre monastique rassemblait ceux qui vivaient selon des normes particulières, moines, pénitents. Mais cette classification n'avait alors aucun caractère hiérarchique. Notons à ce propos que l'intransigeance dont le Christ avait fait preuve dans son enseignement, fut telle qu'on est allé jusqu'à se poser la question de savoir s'il ne faudrait par y voir une forme extrême de laïcité. C'est une façon de souligner que la réprobation qu'il manifesta à l'égard des clercs de son temps, n'est pas la cause de sa sévérité à leur encontre. Celle-ci est fondée sur le refus de toute discrimination, quelle qu'elle soit et, en l'occurrence, celle qui surviendrait en distinguant les clercs des laïcs[211]. Dans cette perspective, la classification opérée par Grégoire au VIe siècle serait une entorse grave à la doctrine, si le pape n'avait pas précisé que cette classification n'impliquait aucune différence hiérarchique ou autre entre les fidèles.

Une différenciation de fait s'instaura toutefois, en raison des fonctions assumées par ces diverses catégories. L'ordre des évêques et des prêtres, auxquels était dévolue la vie spirituelle et intellectuelle, qui les plaçait dans une position dominante et souvent proche du pouvoir, se distingua des laïcs tournés vers la vie pratique. Les moines constituèrent un monde à part tourné vers l'ascétisme et la réclusion.

La Réforme grégorienne, au milieu du XIe siècle, apporta des changements décisifs dans un contexte de militantisme religieux mis

---

211 Voir Faivre A. : *Les Laïcs aux origines de l'Église*, Le Centurion éd., Paris, 1984.

en œuvre par le pouvoir pontifical. La primauté de l'ordre clérical devint la règle, mettant les laïcs en position subalterne. Cela suscita d'abord une réaction hostile du monde laïc, assimilable à des formes d'anticléricalisme, dont certaines furent mises sur le compte de l'hérésie. Cela entraîna à l'opposé un rapprochement de caractère associatif avec un clergé plus proche de la vie laïque, comme les chanoines réguliers, en vue de rechercher un soutien moral et spirituel. Des pactes de *fraternité* furent conclus, des villages se placèrent sous la tutelle protectrice d'un monastère en échange de donations. Les Ordres militaires créés pour la protection des pèlerins, formèrent des entités intermédiaires entre clercs et laïcs, avec une forte imprégnation pénitentielle, liée à la croisade. Le mouvement des Pénitents, qui prit alors son extension, traduit clairement cette aspiration laïque à ne pas se couper du religieux, donnant naissance à la figure du « Laïc religieux ». Les œuvres de charité participent de cet élan sous des formes souvent très exigeantes. De là proviennent les associations de métier, à l'origine du mouvement mutualiste, un des modèles du mouvement syndical. Au XIVe siècle, l'engouement pour le laïcat religieux se résorba sous l'effet du contrôle plus strict exercé par les autorités religieuses pour ne pas se laisser déborder par des formes de ferveur qui pouvaient leur échapper. Le contexte politique attisa les tensions entre la papauté et les grands États, poussant le clergé à renforcer les moyens de sa suprématie, face à un processus de sécularisation qui orientait le laïcat vers la laïcité. C'était autant de signes annonciateurs de la Réforme, qui se manifestèrent, engendrant en Allemagne une « haine des clercs » (*Pfaffenhass)*[212].

Ces tendances vers la laïcisation de la vie publique ne peuvent s'être pérennisées que du fait du climat intellectuel qui s'était instauré autour d'Aristote entre le XIIe et le XIVe siècle.

D'autres éléments sont à prendre en considération pour éclairer l'insertion de la laïcité dans le complexe sociopolitique et socioculturel européen. En France, l'étatisation de l'administration à laquelle ont travaillé les Capétiens entre Philippe-Auguste et saint Louis en fut un facteur important. Le régime que Frédéric II de Sicile s'est attaché à construire entre Palerme et Naples, est un exemple célèbre de ce que l'on a vu comme le premier type d'« *État administratif* » à vocation laïque, se donnant pour objectif « *la*

---

[212] Sur ces différents aspects, voir Vauchez A. : « Les laïcs au Moyen-âge entre ecclésiologie et histoire », *Études* 1/2005 (T. 402), p. 55-67.

domestication des forces spirituelles ». La création de l'Université de Naples (1229), vouée à la formation de la haute administration de l'État, pourrait être le premier pas vers l'instauration de la Fonction Publique.

Cette évolution suscita en particulier l'émergence des notions d'espace public et de volonté générale, sous l'influence du droit romain[213]. On repère là le clivage entre une société organisée autour de la verticalité des relations vassaliques entre deux individus, et l'horizontalité qui structure socialement la volonté générale au service du bien commun. Cette mutation va de pair avec le renforcement de la dichotomie qui s'observe entre le monde clérical et le monde profane au cours du XIIIe siècle. Le principe de la laïcité ne peut en effet prendre corps que sur la base d'une distinction rigoureuse entre spirituel et temporel, notamment en matière d'autorité. Dès cette époque, la laïcité s'affirme comme une démarche pour tenter de donner au pouvoir temporel sa pleine autonomie par rapport au pouvoir spirituel. Cette distinction avait été initiée par l'Église, ne serait-ce qu'au travers du « privilège du for » qui soustrayait le clerc à la juridiction civile, et à la fiscalité ordinaire. Rien ne pouvait être plus incitatif au renforcement de cette discrimination, au moment où, concomitamment, la littérature satirique, voire pamphlétaire, se déployait contre le clergé, tandis que, dans sa phase théocratique issue de la Réforme Grégorienne, l'Église atteignait une sorte d'apogée, magnifiée par la floraison de ses prestigieuses cathédrales. Les manifestations ouvertement politiques de ces affrontements ne manquent pas, tant en Angleterre qu'en France. Mais c'est en Italie avec Frédéric II qu'ils prennent toute leur virulence symbolique. L'attentat d'Agnani (1303) et ses suites, de même que le procès intenté par Philippe le Bel à l'ordre des Templiers en 1307 ne pouvaient qu'aggraver la scission. Elle est restée durablement dans les mémoires.

Il ressort de ce tour d'horizon qu'on ne peut sans doute pas, à proprement parler, identifier l'émergence d'une laïcité, au sens moderne du mot, c'est-à-dire légalement étayée et inscrite dans les usages socioculturels de la société médiévale et de son évolution, compte tenu des réserves qui ont été formulées à ce propos[214]. On ne

213 Lagarde G. (de) : *La naissance de l'esprit laïque…*, op. cité, pp. 128-147.

214 Il a été, en effet, bien précisé que, même chez les plus acharnés à combattre l'autorité religieuse, les Franciscains Guillaume d'Ockham et Marsile de Padoue, l'objectif n'était pas d'établir une séparation quelconque entre les laïques et les

peut toutefois sous-estimer l'éveil d'une pensée critique à même de montrer ses capacités d'autonomie. Des courants intellectuels se sont dressés sous diverses formes contre un discours dominant qui faisait une part large à l'autorité morale de l'Église. La diffusion de la rationalité, l'ouverture à des horizons nouveaux portant à introduire des repères intellectuels visant à entamer la référence à l'absolu, sont autant de facteurs qui ont diffusé les émanations de ce que l'on a nommé « esprit laïque »[215], expression pertinemment nuancée pour désigner ce qui devait aboutir à une reconnaissance institutionnelle et substantivée du fait laïc.

L'humanisme, une ouverture sur les rapports entre culture, société et politique

La redécouverte de l'Antiquité et de son patrimoine littéraire, qui est le trait auquel on associe traditionnellement ce grand mouvement, eut un effet perturbateur par l'élargissement du champ d'étude qu'offraient les *« studia humanitatis »* dans les programmes jusque là fondés essentiellement sur les Pères de l'Église. Cette irruption des auteurs grecs et latins mis à la portée du public grâce au travail de relecture et de traduction des manuscrits fut considérée par les maîtres de théologie comme détournant les croyants du chemin de la foi au profit de la rhétorique rationaliste et des arts de la vanité et du mensonge, que représentaient la mythologie homérique et la poésie de Virgile. Le sommet de la contestation que l'humanisme érudit était à même de déclencher fut atteint par Laurent Valla qui, outre son pamphlet dénonçant, grammaticalement, la fausseté de l'acte par lequel l'empereur Constantin avait donné au pape le territoire de Rome[216], entreprit une révision de la Vulgate à partir d'une relecture du texte grec[217].

La religion chrétienne serait ainsi au centre d'un processus qui aurait fait passer la société occidentale d'une organisation religieuse à une éthique politico-sociale. Tout cela revient à renforcer le rôle du

---

clercs dont ils affirment qu'ils forment la communauté chrétienne, mais de lutter contre la puissance ecclésiastique et en particulier le pape au profit de l'empereur. Voir Quillet J. : *La philosophie politique...*, op. cité, p.11.

[215] Selon le titre de l'ouvrage de Lagarde G. (de) : *La naissance de l'esprit laïque...*, cité supra.

[216] Voir dans les Textes p. 190.

[217] Revest C. : « La contestation informelle » dans *Structures dynamiques religieuses dans les sociétés de l'Occident latin (1179-1449)* P.U. Rennes, De Cevins M.M. et Matz J.M. (dir.) 2012, pp. 361-372.

christianisme dans le climat moral et intellectuel de cette période de transition qui va de la fin du Moyen Âge aux Temps Modernes à travers l'humanisme et qui prélude à l'avènement de la laïcité fondée sur la séparation du politique et du religieux ainsi que sur le recours à la volonté populaire dans le gouvernement[218].

Des réserves peuvent surgir de cette interprétation. Quand on déclare que la libre pensée, l'individualisme sont des attitudes qui ne découlent d'aucune doctrine particulière[219], tout en conduisant à un processus de sécularisation, on ne peut plus y voir l'influence d'une « doctrine particulière », en l'occurrence le christianisme. On est en plein relativisme sinon en plein aléatoire. Cependant l'argumentation nominaliste, qui traverse toute la période allant du XIIe au XVIe siècle, est soutenue par une chaîne de penseurs dont la plupart sont issus des plus hautes instances ecclésiastiques ou monastiques imprégnées de la doctrine chrétienne dans ses diverses acceptions. On ne peut donc manquer d'y voir la part déterminante qu'elle y a prise dans l'éclosion d'un mouvement de pensée qui vise à se mettre à distance des impératifs religieux. La critique qui résulterait de la difficulté à mettre sur le même plan la notion d'individualisme telle qu'elle s'est développée à l'époque médiévale, et telle qu'elle se présente dans les sociétés modernes, ayant été réduite en se référant à une anthropologie comparative, la rupture nominaliste retrouve sa pertinence dans la montée de l'individualisme dans toutes ses conséquences morales, sociales et politiques[220].

Un certain nombre de jalons permet de suivre le mouvement d'où procède cette longue phase de remise en cause, au cours de laquelle la pensée chrétienne s'est déployée depuis Joachim de Flore, François d'Assise, puis les « Spirituels », diversement désignés, *Zelanti*, *Fraticelli*, dont les Conventuels essayèrent de freiner les élans. Au cours des XIVe et XVe siècles, les aspirations contestatrices se firent plus pressantes sous les effets de la crise de subsistance liée aux calamités, dont les violences de la guerre, brigandages et *condotta*. Flagellants, *Disciplinati*, et autres Pénitents retrouvèrent les accents de

---

218 Voir supra et infra.

219 Voir Durkheim E. : *De la division du travail social*, Paris, PUF, 1986, p. 146, cité par Robert A., *Les débats médiévaux*, cit. supra, p. 712.

220 Cette argumentation repose sur les conclusions tirées des travaux de Louis Dumont dans son étude : *Anthropologie ou Histoire ? La légitimité d'une histoire de la modernité*, cité par A. Robert dans *Les débats médiévaux* cité supra, p. 723, note 24.

ferveur démonstrative et des pratiques quelque peu exhibitionnistes, réveillant les anciennes terreurs millénaristes tant pour apaiser le courroux du ciel que pour exprimer leurs révoltes et leurs aspirations subversives.

Sous des formes plus intellectuelles, les mouvements contestataires issus des élites, toutes formées sur les principes de la scolastique, c'est-à-dire émanant de la sphère religieuse dont dépendait l'université, ne sauraient être considérés comme échappant à cette matrice imprégnée de l'héritage des Pères de l'Église autant que d'Aristote. Ils sont toutefois d'une autre sorte[221]. Dans le foisonnement de l'humanisme et de son prolongement, tout cet héritage, d'obédience ecclésiale, se fortifia dans un débat dont le Jansénisme devait être une étape décisive pour parvenir au seuil de l'ère des Lumières, sans rompre nécessairement avec le christianisme, même si la référence à la foi est souvent malmenée.

Dans les milieux de culture plus orientés vers le profane, cette contestation prit d'autres voies, en s'exprimant jusque dans l'aristocratie par une morale assimilable au *Carpe diem*[222]. Le *Décaméron* de Boccace (1313-1375) en devint un modèle dans le prolongement duquel on a situé les *Cent Nouvelles Nouvelles* et *l'Heptaméron,* à quoi on ne saurait limiter les intentions de Marguerite de Navarre (1492-1549), dont l'œuvre et l'action invitent à l'élévation spirituelle insufflant une sagesse modératrice dans ce climat d'optimisme tiré de la référence à la « loi de nature » venue d'Italie qu'on a identifiée comme un nouveau paganisme.

D'autres acteurs sont intervenus dans une perspective plus politique, de l'Évangélisme d'Érasme à la rigueur morale de Jean Bodin (1530-1596), en vue d'y trouver les principes de vertu nécessaires à un bon gouvernement. Il en est d'autres avec Théodore de Bèze (1519-1605) et La Boétie (1530-1563) à la recherche de plus de liberté. On a vu, dans cette phase initiale de l'humanisme, un élan d'inspiration chrétienne côtoyant une attirance vers le paganisme dans une tentation syncrétique pour instaurer un mode de gouvernement respectueux de la diversité, visant à en finir avec le primat du religieux sur le politique, selon les orientations des milieux pensants

---

221 Voir Érasme, *Éloge de la folie.*

222 Formule extraite d'un vers d'Horace : *Carpe diem quam minimum credula postero,* que l'on traduit : Cueille le jour présent en te préoccupant le moins possible du suivant.

italiens sous l'influence de Machiavel[223]. Cette approche pragmatique, soucieuse d'efficacité, qui prévalait dans les œuvres du Florentin (*Le Prince* ou les *Discours sur Tite-Live*), ménageait une distance par rapport à l'idéalisme humaniste. Si l'on en juge par la propagation des traductions de ces ouvrages en France entre 1571 et 1646[224], le machiavélisme politique rencontrait la plus grande adhésion. Fondé sur la subordination du religieux, il renforçait l'influence de la laïcisation en cours depuis longtemps. Ces prises de position s'accompagnaient d'un effort de lucidité pour éveiller le sens de la responsabilité morale individuelle, comme le réclamait Cardano (1501-1576), un des maillons du courant libertin qui conduit à Gassendi (1592-1655)[225].

Rabelais (1484 ou 1494-1553), sans que l'on puisse voir en lui le pourfendeur du conformisme en matière de religion, comme cela a été montré[226], opère avec malice et truculence une mise à distance critique. Elle donne du climat intellectuel de cette première partie du XVIe siècle, une tonalité aussi enjouée et satirique qu'irrévérencieuse. On peut en suivre le cheminement par Montaigne (1533-1592), dont le scepticisme est le trait majeur de sa sagesse, pour arriver à des formes plus affirmées, entremêlées d'épicurisme. Tout cela débouche sur une mouvance intellectuelle autour d'esprits caustiques comme le mathématicien italien Cardano ou l'allemand Paracelse (1493-1541) qui, entre autres activités, en se réclamant de la loi divine, entreprit d'apporter une contribution pour la reconnaissance dans le corps social des droits de l'individu, fondés non sur des principes d'ordre juridique, mais plutôt d'ordre moral liés à la dignité. Son argumentation s'appuyait ici sur un principe d'égalité et de liberté, mettant en cause la propriété privée comme facteur de domination

---

[223] Pintard R. : *Le Libertinage érudit dans la première moitié du XVIIe siècle*, Paris : Slatkine, 2000, p. 58.

[224] En 1583, l'ouvrage de Machiavel *Le Prince* était traduit en France à deux reprises. De 1572 à 1600, parurent en Français huit éditions des *Discours*. De 1606 à 1646, on en compta 17 associant les deux ouvrages. Les écrits machiavéliens inspirèrent de nombreux auteurs jusqu'à l'entourage de Richelieu qui n'y fut peut-être pas insensible. Voir Pintard R. : *Le Libertinage...*, cité supra p. 58-59.

[225] Rappelons les principaux représentants du courant libertin qui prit naissance au XVIe siècle et se prolongea jusqu'à la fin du XVIIIe : Paracelse (1493-1541), Giordano Bruno (1548-1600), Galileo Galilei (1564-1642).

[226] Voir Febvre L. : *Le problème de l'incroyance au XVIe siècle, la religion de Rabelais*, Albin Michel, 1942.

économique et politique[227]. Il s'opposait ainsi à l'idée selon laquelle ce ne sera que dans l'Au delà que régneront la justice et la concorde. En se référant à l'expression rituelle adressée à Dieu dans la liturgie catholique « *Que ta volonté soit faite sur la terre comme au ciel* », Paracelse s'en prend au discours de Luther qui demande aux paysans de Souabe d'accepter la domination des maîtres de la terre. C'est en cela qu'on peut voir en lui un adepte du millénarisme qui appelle à la réalisation d'un royaume millénaire où le Christ régnerait parmi les justes[228]. De l'intransigeance obstinée dont fait preuve Paracelse, et qui le marginalise quelque peu, on ne doit pas ignorer le sens moral par quoi il se démarque nettement du cynisme machiavélien. D'autant plus que ce médecin pamphlétaire suisse, écologiste avant l'heure, fondamentalement altruiste, ne concède aucune prérogative aux détenteurs du pouvoir politique. Ce faisant, Paracelse prend figure d'anarchiste dévoyant quelque peu la voie démocratique imprégnée de christianisme qu'il esquisse. Sa prise de position au nom de l'Évangile contre le cérémonial dont s'entoure l'Église dans les processions et les pèlerinages en y dénonçant une part d'idolâtrie, le confirme dans cette posture. Cette évolution porte à considérer que le libertinage a pris corps au XVIe siècle sur la base d'une attitude d'ouverture et d'une rigueur méthodologique appliquée à l'observation de la nature par des procédés strictement rationnels sans pour autant chercher à offenser la religion. Cette attitude n'est pas sans rappeler celle des Évangélistes, dont Érasme était la grande figure. On la retrouve chez Galilée (1564-1642)[229].

On peut tirer de cette analyse que l'Humanisme puisse apparaître comme un courant de pensée générateur d'un conflit décisif avec la

---

[227] Fussier J.P : *Les idées éthiques, sociales et politiques de Paracelse (1493-1541) et leur fondement*, APU Strasbourg, 1986, p. 34.

[228] Paracelse viserait là le discours de Luther intitulé : *Exhortation à la paix en réponse aux douze articles des paysans de Souabe* de 1524. Voir Fussier, *Les idées éthiques...*, cité supra, p. 36.

[229] Dans une lettre adressée en 1615 à la grande duchesse de Toscane, Galilée déclare : « *Mais que ce Dieu lui-même, nous ayant dotés de raison et d'intelligence, ait voulu que nous en méprisions l'usage, qu'il ait voulu nous donner, par un autre moyen, les informations que nous pourrions obtenir par elles, que nous devions nier les sens et la raison jusque dans les conclusions naturelles que l'expérience sensible et la démonstration nécessaire viennent présenter à nos yeux et à notre esprit, cela je ne pense pas nécessaire d'y croire.* » D'après *Galilée, penseur libre*, Textes choisis et traduits par R. Zoukermann, Ed. de l'Union rationaliste, Paris, 1968, p. 266.

pensée religieuse pour avoir semé les graines de la discorde, dont la Réforme présentée comme blasphématoire[230] fut la principale conséquence. Tout semble, en effet, opposer l'humanisme aux autorités de l'Église. Toutefois cette vision est bien trop contrastée pour être retenue sans réserve[231]. L'exemple de Pétrarque le montre à souhait qui, entre autres, condamne l'averroïsme au nom du christianisme[232]. La diversité des points de vue est telle qu'on ne saurait avoir une position univoque sur cette question riche de bien des débats, dont le traitement des manuscrits parvenus de l'Antiquité. L'humaniste Laurent Valla s'y est particulièrement distingué sur des critères grammaticaux[233] autant que sur des interprétations hagiographiques ou théologiques relatives à l'immortalité de l'âme. Il a été remarqué par ailleurs que le milieu humaniste fut largement sollicité pour sa compétence technique par la chancellerie pontificale.

Toutes choses qui vérifient concrètement l'osmose entre la sphère religieuse et la sphère laïque, comme il ressort de la traduction des textes patristiques au service de l'institution pontificale ou de la rédaction de pamphlets anticléricaux par des secrétaires apostoliques[234]. Ce qui donne une connotation plus ambiguë aux virulentes critiques à l'adresse des mœurs cléricales qui aboutirent aux récriminations de Luther. Les avancées de la laïcité y trouvèrent de quoi s'affirmer.

Humanisme et liberté

Si l'on peut définir l'humanisme comme une attitude visant à développer une lecture critique des textes dûment authentifiés par une analyse rigoureuse dépouillée de tout préjugé, on comprend qu'il ait contribué à en finir avec une approche routinière des pratiques, tant au

[230] Le terme a été avancé par P. Gilli dans l'introduction au volume *Humanisme et Église en Italie et en France méridionale, (XVe-Milieu XVI_e_ siècle)*, P. Gilli (dir.) EFR, 2004, p.1.

[231] C'est tout l'objet du recueil d'études cité ci-dessus.

[232] Selon la démonstration de P. Gilli cité supra.

[233] Ibidem, p. 8.

[234] Sur tous ces points, voir P. Gilli, « Introduction » cité supra. Trois études de ce recueil font bien ressortir l'arrière-plan de cette polémique : Reltgen-Tallon A. : « L'Observance dominicaine et son opposition à l'Humanisme, l'exemple de Jean Dominici », pp. 42-62 ; Gilli P. : « Les formes de l'anticléricalisme-antimonachisme-antifraternalisme ou antichristianisme », pp. 63-95 ; Caby C. : « L'Humanisme au service de l'Observance, quelques pistes de recherche », pp. 115-148.

niveau intellectuel que spirituel, toutes choses qui renforcent l'exercice de la liberté liée à la conscience. La démarche d'un Lefèvre d'Etaples (1450-1537) en est une illustration qui soutient le lien entre grâce et liberté, surtout si on donne au concept de liberté toute son extension aussi bien dans l'ordre du temporel que du spirituel. De même en est-il avec Érasme, qui se montre plus réticent concernant les pratiques, mais qui donne toute sa place au libre arbitre[235]. Venu de loin, l'attachement du christianisme à la liberté se corrobore au milieu du XVIe siècle sur le mode de la tempérance dans une période de forte agitation, sans perdre de sa conviction, marquant ainsi une étape importante dans un parcours plein d'avenir.

Parmi toutes les motivations qui attirent Érasme (1467-1536) vers l'élaboration d'un humanisme chrétien, il faut mettre au premier plan l'amour de la liberté. Le fil conducteur de sa réflexion relative à ce qu'on retient sous l'expression « *Philosophie du Christ* »[236], se relie au recours au libre arbitre. Alors que Luther considère que l'homme n'agit que par nécessité[237], Érasme estime que l'homme participe à son salut par « *la force de sa volonté* »: ce fut la source d'une âpre polémique[238]. Outre son objectif d'inviter l'Église à se défaire de son formalisme superstitieux et de ses pratiques sclérosées, l'humanisme chrétien d'Érasme se fonde sur deux principes majeurs : Fidélité au modèle que constitue le Verbe Incarné et Liberté à l'égard d'une

---

[235] Voir Crouzet D. : *La genèse de la Réforme Française*, Belin, Paris, 2008, pp. 113-121.

[236] Voir Chantraine G. : *« Mystère » et « Philosophie du Christ » selon Érasme,* Duculot éd., Fembloux, 1971.

[237] Érasme prit l'offensive en publiant en 1524, le *De libero arbitrio* auquel Luther répliqua en 1526 par le *De servo arbitrio* qui donna lieu à de longs affrontements. Voir en ligne *Libre-arbitre (querelle du)*, Banque de données AGON.

[238] C'était déjà le point de vue de Joachim de Flore (voir supra). On perçoit ici que, si ténue soit-elle depuis la diffusion initiale du message évangélique, la part d'initiative humaine n'est pas incompatible avec le projet divin assumé par le Christ, laissant place à la notion de liberté, dont la liberté de conscience est une des modalités. L'engagement d'Érasme, en diverses circonstances, son refus de céder à toutes sortes de pressions, les dangers auxquels il ne pouvait manquer d'être exposé, comme on peut le mesurer par le sort subi par deux de ses plus proches amis, saint Thomas More et l'évêque saint John Fisher, décapités sur l'ordre d'Henri VIII, ainsi que la résistance aux épreuves physiques qu'il a déployée, permettent d'apprécier le contenu de ces notions de volonté et de liberté qui ne se limitent pas pour lui au domaine spirituel. À la proposition qui lui fut faite un jour de lui confier un évêché en Sicile, il aurait répondu « *Je n'échangerai pas ma liberté contre le plus splendide des évêchés* ».

doctrine figée dans un ritualisme routinier. La discipline qu'il propose s'adresse à « *des hommes libres et des chrétiens, c'est-à-dire des hommes doublement libres* »[239].

La subversion libertine

Un courant de pensée à visée subversive, connu sous le nom de libertinage intellectuel, s'est constitué au cours du XVIe siècle. Il s'est progressivement répandu à partir de l'Italie dans la société, à divers niveaux en France et en Europe du nord, à partir de foyers issus du milieu universitaire d'obédience ecclésiale. En France, il a contribué à répandre des germes d'irréligion jusqu'au début du règne de Louis XIII. Sans doute les effets de la Contre-Réforme se sont-ils suffisamment fait sentir pour les dissoudre. Mais on en trouve des traces jusqu'en 1630 et au-delà, sous des formes plus ou moins cryptées mais tenaces, faites de complicités et de dissimulation avec des inflexions diverses où dominent les influences du rationalisme padouan, de l'épicurisme et du scepticisme. Tout fut bon pour entretenir et développer la diffusion de ces tendances[240]. Toutefois, après avoir adopté des postures contestatrices, il fallut à ses militants, en raison de leurs audaces qui les menaient jusqu'à opposer la raison à la foi, et qui n'hésitaient pas à invoquer le paganisme[241], se couler dans une sorte de clandestinité non exempte de complicité avec le discours de l'Église dans lequel on préférait se fondre plutôt que de l'affronter à découvert, ce qui, dans les cas extrêmes, pouvait aller jusqu'au reniement[242]. En France, ce fut la Fronde (1648-1653) qui provoqua un réel déclin du courant libertin de la première manière. Les idées qu'il véhiculait n'en continuèrent pas moins à circuler, mettant à profit la liberté d'expression dont disposaient les imprimeurs hollandais qui jouèrent aux XVIIe et XVIIIe siècles un rôle capital pour contourner la censure. Ceux qu'on appelait alors les « *Rationaux* » retrouvaient par là un second souffle. Le scepticisme en fut le premier support pour se mettre à l'abri de tout dogmatisme. Si la foi ne leur paraissait plus nécessaire pour fonder la morale, elle n'en était pas moins prégnante. Cela les confinait dans une marginalité statique, plutôt que de les inciter au partage de leurs convictions.

---

239 Voir l'*Histoire du christianisme*, Desclée, 1991-2001 T.7, p. 656.

240 On attribue à leurs adeptes le précepte d'Ovide : *Qui bene latuit, bene vixit* (Pour vivre heureux vivons cachés), Pintard R. : *Le Libertinage*..., cité supra, p. 566.

241 Pintard R. : *Le Libertinage*..., cité supra, p. 567

242 Pintard R. : *Le Libertinage*..., cité supra, p. 569.

Après 1660, le vent tourna au détriment de l'Italie en faveur des pays du nord où John Locke (1632-1704) et Spinoza (1632-1677) ouvraient des voies nouvelles à la rationalité. Le rayonnement de Montaigne s'effaçait en faveur de Descartes. En 1671, l'*Arrêt burlesque* de Boileau (1636-1711) ouvrait une polémique qui rejetait la scolastique aristotélicienne et valorisait le cartésianisme en coalition avec les pyrrhoniens (sceptiques), les protestants et les libertins dont Bayle (1647-1706) représente la synthèse[243]. La révocation de l'Édit de Nantes fut sans doute une des conséquences de ce regain subversif. Elle suscita dans les milieux intellectuels, où le protestantisme était bien représenté, une dynamique redoublée. Le temps de l'autoritarisme, dispensateur d'ordre et protecteur face aux ravages des violences qui s'étaient succédé en Europe, de la guerre de Trente Ans aux guerres de Louis XIV, s'estompa peu à peu au tournant du XVIIIe siècle en faveur d'un climat plus favorable à l'épanouissement des aspirations libertaires. On a vu, dans ce revirement, un élan vers le libéralisme contre l'absolutisme et le conformisme religieux en même temps que l'apparition d'un concept appelé à faire date : l'idée de progrès fondée sur la raison. Le libertinage intellectuel eut sa part dans cette vague d'optimisme[244]. La séparation de la raison et de la foi resta le fil conducteur de cette mouvance. Il conduisit à Fontenelle (1657-1757), qui, sans mettre en cause le principe divin, dans la lignée de Gassendi et Descartes, rejetait le poids des traditions, en associant scepticisme et rationalisme. La position de Saint-Évremond (1616-1703) allait dans le même sens, entre scepticisme et épicurisme. Ces dispositions se répandirent un peu partout en Europe sous diverses appellations qui toutes tendent vers le rationalisme. En Italie, Jean Baptiste Vico (1668-1744) concevait une théorie des cycles historiques préfigurant celle d'Auguste Comte et débouchant sur « l*e droit humain dicté par la raison* »[245]. En Espagne, Martin Martinez (1684-1734), aux prises avec les Jésuites, exprimait le libertinage érudit sous la forme d'un scepticisme chrétien formant une étape intermédiaire entre Montaigne et Voltaire pour s'affirmer plus ouvertement aux époques modernes[246]. En Angleterre, Francis Glisson

---

[243] Pintard R. : *Le Libertinage…*, cité supra, p. 570.

[244] Pintard R. : *Le Libertinage…*, cité supra, p. 571.

[245] Vico J.B. : *Principes de la philosophie de l'histoire*, Colin, Paris, 1963, L. IV, chap. I, p.284.

[246] Référence électronique Frédéric Prot, « Le fourvoiement paradoxal du *Magisterio de la fe y de la razón* (1761) du père Calatayud dans sa guerre contre une

(1599? -1677) reprenait certaines de ces thèses. Sa pensée se confond au XVIIIe siècle avec celle des sensualistes, voire des libertins.

C'est ainsi que le libertinage érudit, nourri de la maturation intellectuelle en réaction à la pensée dominante attachée au traditionalisme en matière de religion, en cours depuis le XIIe siècle, poursuivit le débat sur la base de la prise en compte du libre arbitre et de la conscience de la responsabilité individuelle. Le modèle antique de la démocratie en avait posé les premiers fondements. Le message évangélique lui avait ajouté les principes de tolérance. Les évolutions socioculturelles qui s'en étaient suivies, engendrèrent des tensions de nature politique plus que théologique, qui conduisirent à la crise ouverte par le Grand Schisme. Elle déboucha sur la Réforme et au-delà, avec l'émergence de la pensée des Lumières au XVIIIe siècle. L'idéal démocratique y prit son essor pour déployer ses potentialités sous des modalités différentes, en Amérique puis en France. On mesure ainsi la part prise par le courant libertin dans l'émancipation de la pensée critique par rapport au discours religieux et son incidence sur la laïcité[247].

hétérodoxie virale : le "libertinage philosophique" », *Nuevo Mundo Mundos Nuevos* [En ligne] Colloques, mis en ligne le 30 juin 2009, http://nuevomundo.revues.org/56502, DOI : 10.4000/nuevomundo. 56502.

[247] Sur tous ces aspects, voir Pintard R. : *Le Libertinage*..., cité supra.

IV - DES PRÉMICES DU PARLEMENTARISME À LA DÉMOCRATIE MODERNE

LE PARLEMENTARISME À L'ÉPREUVE DU POUVOIR ROYAL

La tradition, incarnée par les grandes figures du pouvoir, de Constantin le Grand (280-337) à Charlemagne (771-814), longtemps reconnue comme indiscutable, sous le regard de la papauté prit au tournant du XIe siècle, avec la Réforme Grégorienne (1075) une orientation paraissant devoir lui donner un ascendant durable. Dans le même temps, dans le contexte de la décomposition de l'empire romain qui avait surtout affecté l'Occident, avait été conduite une expérience politique, où tout ce qui survivait de compétences et d'aptitudes s'était investi dans la mission d'administration de la chose publique par le corps épiscopal et, selon les préceptes évangéliques, avec l'adhésion du peuple. S'introduisait ainsi le principe d'une association entre les deux composantes de la société, le religieux et le civil. Cette organisation retrouva toute sa pertinence dans le cadre du régime communal urbain dont l'Italie du nord a donné le modèle[248]. Celui-ci s'est propagé sous diverses modalités avec comme trait commun le principe d'une participation du peuple aux différents niveaux de la délibération et de la prise de décision relatifs à l'intérêt public.

À partir de 1050, un jaillissement d'innovations va bouleverser tous les schémas établis, en particulier du fait de l'essor de l'enseignement diffusé dans le cadre monastique et cathédral, lié à un souffle de réforme qui a parcouru le monde ecclésial, en particulier monastique, entre le IXe et le Xe siècle, dans une dynamique

[248] Voir supra.

intéressant toute l'Europe[249]. Sur les bases de l'héritage antique et de la tradition chrétienne revue par les Pères de l'Église, une élite intellectuelle s'est formée au sein de laquelle les principes de la rationalité source de l'esprit critique et du libre arbitre ont progressivement émergé au point de provoquer, autour de la question de l'autorité et de la relation entre gouvernants et gouvernés, une effervescence dont le caractère subversif a fluctué en fonction des circonstances.

C'est dans ce contexte que s'est nouée la genèse du parlementarisme, dont les deux principales composantes sont la représentativité du corps électoral et le mode de délégation et d'exercice du pouvoir. Cette mise en œuvre doit être envisagée sous ces deux aspects : le système électoral par lequel s'organise la représentativité de la communauté, et les modalités d'exercice du régime parlementaire.

LES ÉLECTIONS PIERRE DE TOUCHE DE LA DÉMOCRATIE ?

Les élections dans l'Église

Le modèle évangélique initial ne s'y est pas prêté puisque le Christ a choisi et n'a pas fait élire les apôtres, et Matthias fut désigné par tirage au sort[250]. Par la suite on s'en remit au choix par une autorité, un apôtre ou son délégué, et consultation de la communauté pour porter témoignage de la qualité de celui qui a été retenu[251]. C'est au cours du 1er siècle que le principe de l'élection fut adopté[252] avec

---

249 Par leurs contacts avec l'Orient, les pays méditerranéens y ont pris une part rayonnante. Les royaumes de France et d'Angleterre ainsi que les pays germaniques y ont largement participé.

250 *Actes des Apôtres :* I-23.

251 Voir aussi Dauvillier J. : « Les temps apostoliques, 1er siècle », dans *Histoire du droit et des institutions de l'Église en Occident* (Lebras G. dir.), Sirey éd., Paris, 1970, pp.303-304. On peut aussi se reporter à Imbart de la Tour P. : *Les élections épiscopales dans l'Église de France du IXe au XIIe siècle*, Paris, 1891 ; Gryson R. : « Les élections ecclésiastiques au IIIe siècle » dans *Revue d'histoire ecclésiastique*, T. LXVIII, 1973, pp.335-404.

252 Voir le texte : Saint Clément de Rome, p. 171.

D'après une lettre de saint Cyprien (200-258), on sait qu'en Afrique du nord, l'élection de l'évêque se faisait « *plebe presente* » (en présence du peuple). On estimait que le peuple avait une bonne connaissance de l'impétrant et de son entourage d'après Thils G. : « La communauté ecclésiale, sujet d'action et sujet de droit », dans *Revue théologique de Louvain*, 1973, vol. 4-n°4, pp. 443-468.

consultation de la communauté pour tout ce qui la concerne et en particulier pour la désignation de ses ordinants, évêques, prêtres et diacres.

Sur la base de ces principes fondateurs, conformément aux déclarations d'Hippolyte et Clément de Rome héritiers du modèle romain, l'Église médiévale, dès la première phase de son organisation, a restauré dans le droit canon le recours aux élections dans tous les domaines de ses compétences, conformément à la formule : *Quod Omnes Tangit, ab Omnibus approbari debet*[253].

L'intention de faire participer la communauté à la désignation de ses dirigeants relève sans équivoque de la démarche démocratique non pas tant par le fait électoral que par la préoccupation de concrétiser le principe de solidarité et de coresponsabilité, permettant, par ailleurs, la promotion des plus humbles qui pouvaient ainsi accéder aux plus hautes responsabilités avec tous les honneurs qui s'y rapportent non seulement dans le cadre religieux mais aussi dans le cadre civil[254]. Il apparaissait aussi qu'il fallait se prémunir contre les excès d'une démocratie absolutiste fondée sur le principe réducteur de la majorité, découlant de ce qu'on a appelé « le mythe de l'unanimité ». Celui-ci correspondait cependant à une vision idéale de la communauté qui a longtemps prévalu au moins pour les élections pontificales[255].

Une terminologie complexe

Comparer les différentes règles monastiques a permis de préciser le sens du vocabulaire électoral. Utiliser la notion de « majorité » a longtemps été entouré d'ambigüité[256] sous sa forme latine de

---

[253] « Ce qui concerne tout le monde doit être approuvé par tous ». Ce principe tiré du code Justinien a été repris par le pape Boniface VIII (1294-1303) et mis en application dans les ordres religieux pour l'adoption de certaines dispositions. Il a donné lieu à de nombreux commentaires et servi de référence dans le domaine civil. Voir Christin O. : *Vox populi...*, opus cité, p.141.

[254] On a même vu là un lien direct entre les principes d'égalité et de liberté associés à la charité, voir Moulin L. : « Le gouvernement des Communautés religieuses comme type de gouvernement mixte », dans *Revue française de science politique,* 1952, vol. 2, n° 2, pp. 338-339.

[255] Tous les papes ont été élus à l'unanimité, jusqu'à Innocent II élu à la majorité, après au moins deux tours de scrutin en 1130. Cela se reproduisit avec Alexandre II en 1159, puis Innocent III en 1198. Voir *Dictionnaire historique de la papauté,* Levillain Ph. (dir.), Fayard, Paris, 2006 *ad indicem.*

[256] C'est sans doute une des raisons pour lesquelles les gouvernements civils du régime communal ont tranché en faveur du principe de la majorité arithmétique sans tenir compte des aménagements nécessaires dans les cas litigieux. Déjà Pline le

maioritas[257] avec le sens d'accroissement (*incrementum*), d'excellence (*excellentia*), liée à la notion d'ancien ou d'ancêtre (*major*), puis celui de pouvoir suprême (*imperium supremum*) qu'on retrouve avec un sens politique dans le mot majesté (*majestas*). S'est associé à ce terme vers 1250 le sens de préséance (*praesentia*). On en trouve des équivalences dans la règle de saint Colomban sous le terme pluralité (*pluralitas*) plus proche du latin classique. La question de la terminologie n'est pas insignifiante. On a rappelé qu'elle se pose à tous les niveaux des processus électoraux pour interpréter le sens des mots *nominare, creare, instituere, committere* que le Français moderne rend par le terme *voter*, qui apparaît dans ce contexte en 1680 dans le sens de « donner sa voix au chapitre », emprunté au latin ecclésiastique *votare*, avec un sens limité au milieu monastique pour « donner son suffrage pour une affaire qui regarde le couvent ». Ceci confirme, si besoin en était, combien la pratique électorale civique avec tout ce que cela implique en terme de laïcité, doit aux institutions religieuses. Ce n'est qu'en 1704 que le terme « voter », traduisant le verbe anglais « *to vote* », apparaît pour signifier : « *Exprimer son opinion par un vote* » dans un cadre civique[258].

La règle de saint Benoît : de la *sanior pars* à la *numerosior pars*.

On ne s'étonnera pas qu'aucun de ces termes usités, ne figure dans la règle de saint Benoît (480/490- 543 ou 547) qui est pourtant la plus répandue. Très favorable à la règle de l'unanimité, Benoît en a mesuré immédiatement les limites. Sans que l'on puisse considérer qu'il ait fait preuve de défiance à l'égard du recours à la règle de la majorité pour élire le responsable à une charge, on peut supposer qu'il a préféré

Jeune, à propos d'un jugement du sénat qu'il critiquait, avait fait apparaître les contradictions inhérentes au choix du « plus grand nombre », *plurimi*, dans une lettre à Arrien : « *Mais les plus nombreux en ont décidé ainsi. En effet les votes sont comptés et non pesés ; et il ne peut en être autrement dans une assemblée où rien n'est aussi inégal que l'égalité elle-même. Car bien que la sagesse ne soit pas la même, les droits sont les mêmes pour tous.* » Voir Pline le Jeune, *Lettres*, Livre II, lettre 12 à Arrien, page 75, Les Belles Lettres (texte établi par A.-M. Guillemin), Paris 1927.

[257] Moulin L. : « Les origines religieuses des techniques électorales et délibératives modernes » dans *Politix* n° 43, 1998, pp 117-162.

[258] Rigaudière A. : « Voter dans les villes de France au Moyen Âge (XIIIe-XVe s.) », *Comptes rendus des séances de l'Académie des Inscriptions et Belles-Lettres*, Année 2000, Volume 144, Numéro 4, p. 1441.

la tenir à l'écart en proposant de s'en remettre à la notion de « *sanior pars* »[259].

Notons que l'*electio,* telle qu'elle est conçue par saint Benoît dans l'élaboration de sa règle au VIe siècle, consiste en la présentation d'un candidat reconnu pour ses mérites par la congrégation unanime à son ordination par l'évêque. La règle de saint Benoît prévoit que, si pour une raison de désaccord, l'unanimité ne peut pas se faire, ou si le candidat est reconnu indigne, l'évêque, les abbés et même les fidèles du voisinage peuvent invalider le choix et procéder à une *electio* par la partie du collège électoral qui en représente la meilleure part ou *saniore consilio*, formant la partie la plus saine ou la plus sage du collège électoral bien qu'étant la plus petite (*pars congregationis quamvis parva*). Ce qui revient à instaurer une élection au suffrage indirect pour pondérer les effets du suffrage direct[260]. Cette disposition, qui a diversement été interprétée, peut être considérée comme le contraire de l'adage *Vox populi Vox Dei.* En effet, même s'il manifeste une préférence pour l'élection à l'unanimité, Benoît se rend bien compte de ce que cette unanimité n'échappe pas à l'erreur, puisqu'il arrive qu'il faille pondérer ce principe par le recours à la *sanior pars*. L'élection est donc une opération qui dépend uniquement d'une décision humaine soumise à la précarité du jugement commun ou en l'occurrence populaire, à laquelle la *Vox Dei* ne saurait être mêlée.

Par ailleurs, en légitimant la *sanior pars*, l'abbé du Mont-Cassin se rangea au principe de la majorité dont il pondéra ainsi les inconvénients par l'avis du collège des Sages[261]. Ce n'est qu'après la

---

[259] Sur tous ces points, voir Moulin L. : « Les origines religieuses des techniques électorales »..., cité supra p. 119-120, où il est dit que le mot « majorité » dans le sens politique actuel n'apparaît qu'au milieu du XIXe siècle. Sur tous ces aspects, voir *Dictionnaire d'Archéologie et de liturgie,* cité *supra.*
Il convient de rappeler que saint Benoît a été proclamé patron de toute l'Europe (*patronus totius Europae*) le 24 octobre 1964 par le pape Paul VI, avec les qualificatifs de « *messager de la paix, architecte de l'unité, maître de la culture et de la civilisation* ». Voir Dammertz V. : « Saint Benoît père de l'Occident : Benoît-Patron de toute l'Europe », dans *Saint Benoît Père de l'Occident,* Batselier P., Anvers, Fonds Mercator, 1980, pp. 8-10.

[260] Règle de saint Benoît, St Gallen Stiftsbibliothek, Cod. Sang. 914f° 152-157 – St. Benedict Rule, (http//www.e-codices unifr.ch/fr/csg/0914/152/0/Sequence-713).

[261] Voir l'article « Élections abbatiales – Élections épiscopales » dans le *Dictionnaire d'archéologie chrétienne et de liturgie*, cité supra et l'étude de Jacques Gaudemet : « L'Église dans l'empire romain, IVe et Ve siècles » cité supra, T. III, Paris, 1958, pp. 330 et suivantes.

Réforme grégorienne que les modalités électorales prirent des formes canoniques en faveur des chapitres cathédraux qui en acquirent l'exclusivité. Si les trois options, *maior pars, sanior pars* et *unanimitas*, sont reconnues pour valider l'élection, la règle de la *maior pars* est toutefois privilégiée, sans que cela porte atteinte au principe électif de désignation. Cela n'en suscita pas moins de vifs débats à propos de la *sanior pars* dont les critères étaient inévitablement subjectifs, l'*unanimitas* étant, de fait, éliminée. Le Concile de Latran IV, en 1215, en fixa les termes dans le canon 24[262].

Ces dispositions parvinrent donc, sous diverses modalités à ménager une part de médiation et de délibération avant la prise de décision, tout en respectant le principe démocratique. Dans la mesure où la règle de l'unanimité a, en général, prévalu, on a pu considérer que le principe de la *sanior pars* qui a donné cours à d'inépuisables discussions n'avait qu'une valeur théorique. Elle ne ferait que répondre à une exigence d'ordre moral plus qu'à un principe de rigueur juridique. C'est en cela qu'elle s'inscrit dans une approche pratique de la politique. On comprend aussi en quoi cette exigence de pondération laisse planer un certain flou dans l'interprétation, faisant place au débat, au cours duquel les positions s'affinent par le compromis qui ne se résout pas nécessairement par le rapport de force mais par le jeu de concessions mutuelles. Les textes n'en conservent que peu de traces. Les arguties qui ponctuent les articles des IIe, IIIe et IVe conciles du Latran montrent bien que, si la question est embarrassante, elle préoccupe les parties en présence par l'objectif qui les motive de défendre leur cause tout en préservant, d'aussi près que

---

262 « *L'élection doit se faire en présence de tous ceux qui doivent et peuvent commodément y assister. Elle peut se faire en trois manières : par scrutin, par compromis, ou par inspiration. En la première, les votants choisissent trois d'entre eux pour recueillir secrètement les suffrages de chacun en particulier, les rédiger par écrit, et les comparer ensemble, afin que celui qui a pour lui les suffrages du plus grand nombre des votants, soit élu. La seconde manière consiste à donner le pouvoir d'élire, au nom de tous, à quelques personnes capables ; la troisième, à s'accorder tous ensemble, comme par inspiration divine, pour nommer un même sujet. Toute autre forme d'élection est déclarée nulle. Personne ne peut donner son suffrage par procureur, à moins qu'il ne soit absent pour empêchement légitime, et aussitôt que l'élection est faite, on la doit publier solennellement* », dans PELTIER A. Ch., *Dictionnaire universel et complet des conciles tant généraux que particuliers, des principaux synodes diocésains et des autres assemblées ecclésiastiques les plus remarquables,* éditeur : Jacques-Paul Migne, Paris, 1847, tome I, colonnes 1058 à 1079. Voir aussi Christin : *Vox Populi..*, op. cit., p.161-162.

possible, l'équité autant que la démocratie. Ce qui n'empêche pas toujours le conflit ; quand il s'agit d'élections pontificales, cela a abouti parfois à l'élection d'antipapes.

La complexité de la question va jusqu'à distinguer entre la *sanior pars* et la *maior pars* qui correspond à celle qui désigne le plus grand nombre (*pars numerosior*). C'est ainsi qu'au cours du XIIIe siècle, la loi du plus grand nombre représentant la majorité finit par s'imposer. On en arriva à considérer que l'Autorité (*Auctoritas*), qui se définit par cela qu'elle impose son point de vue du fait de sa valeur et du caractère raisonnable de ses propositions, est détenue par le plus grand nombre. Elle englobe nécessairement la *sanior pars* (ce qui revient aussi à la préserver), retrouvant en cela le principe aristotélicien selon lequel l'idée la plus partagée a de bonnes chances d'être celle qui correspond le mieux à la volonté générale. Toutefois pour conforter cette position avec le moins de risque d'erreur, on en est arrivé dans certains cas à s'en remettre à la majorité des deux tiers avec des clauses relatives à la notion de *quorum* qui vise à sanctionner l'absentéisme et à empêcher d'altérer le résultat du vote par le recours à la pratique du vote par procuration.

L'élection du pape est certainement celle qui concentre la plus grande complexité des enjeux que peut susciter une élection. Aux exigences spirituelles qu'elle mobilise par nature, se trouvent associées depuis toujours des implications temporelles et donc politiques, même si la règle du secret s'y est imposée assez tôt[263]. La complexité des règles et des contraintes liées aux interventions directes ou indirectes, dont elle fait l'objet, s'en explique d'autant. Les principes généraux du scrutin furent précisés dans le contexte de la Réforme Grégorienne et de ses prolongements entre 1059 et 1215[264]. La règle de *la maior pars* en fut renforcée, bien qu'en certaines

[263] Par ailleurs, elle suscite les curiosités les plus triviales qui sont sévèrement réprouvées. En 1591, une bulle pontificale frappa d'excommunication toute forme de paris sur ce qui pouvait résulter de l'élection du pape. Voir Christin : *Vox Populi...*, op. cit., p. 189-193.

[264] Les principaux pontificats de cette période furent ceux de Nicolas II, Grégoire VII, Alexandre III, Innocent III et Innocent IV. Voir *Dictionnaire historique de la papauté*, op. cité.

circonstances on recourût à *l'unanimitas* des premiers temps par l'acclamation[265].

Dans le clergé régulier, saint Benoît est toutefois parvenu à généraliser le principe, selon lequel le rôle du chef de la communauté est d'en être le modérateur et non le tyran, selon la formule *Primus inter pares*[266] pour désigner le statut de l'abbé. Il laissait ainsi à chaque membre de la communauté toute sa liberté d'appréciation sur le fonctionnement de celle-ci, au moins à titre consultatif. L'essentiel de cette capacité se concrétise dans la délégation de pouvoir par la communauté à l'abbé. On est donc au cœur du régime représentatif. Cela n'alla pas sans tensions en particulier par rapport à l'autorité de l'évêque qui est chargé de procéder à l'ordination de l'abbé, sans pouvoir intervenir dans sa désignation. Toutes sortes d'aménagements complètent ce dispositif[267].

Dans le clergé séculier dont le diocèse est le cadre, l'élection de l'évêque répond à la même exigence d'approbation par la communauté du choix effectué par le collège épiscopal sur la base de la *Lettre aux Corinthiens* de Clément de Rome[268]. En dépit des fluctuations que subissent les procédures en fonction des circonstances et des intérêts en présence, le principe de l'approbation par la communauté reste la règle.

La minutie sourcilleuse de ces précautions témoigne, à tout le moins, de l'attachement des responsables de l'Église au principe de la démocratie, qui a ainsi imprégné la vie politique des sociétés sur lesquelles elle a exercé son influence depuis le VIe siècle. Il en résulta que, par aménagements successifs, la règle de la majorité que les Cisterciens[269] avaient essayé d'imposer au XIIe siècle, finit, bien plus tard, par l'emporter et aboutir, sous l'influence des idées de J.-J. Rousseau, à l'élaboration du régime parlementaire[270]. Ceci revient à montrer le rôle décisif de l'Institution ecclésiastique et des ordres religieux dans tout ce qui concerne la mise en application des

---

265 Cela se produisit au moins une fois à l'occasion de l'élection de Pie III (Francesco Todeschini Piccolomini, élu le 22 septembre 1503. Il n'aurait régné que 26 jours. Voir *Dictionnaire historique de la papauté*, op. cité, p.1326.

266 « Le premier entre ses égaux. »

267 Voir l'article « Élections abbatiales – Élections épiscopales » cité supra et l'étude de Jacques Gaudemet : « L'Église dans l'empire romain, cité supra.

268 *Dictionnaire d'archéologie chrétienne et de liturgie...*, cité supra p. 2618.

269 L'ordre cistercien a été fondé en 1098.

270 Voir infra.

principes de représentativité et de collégialité. Les progrès accomplis dans les modes de délibération au XIIe siècle dans les communautés religieuses, et en particulier dans l'ordre de Cîteaux, par rapport aux assemblées urbaines italiennes en témoignent sans équivoque[271].

Les points particuliers où s'est exercée cette influence pour entrer dans les pratiques civiles ont été précisément repérés. Ce sont les suivants : le vote secret[272], la majorité qualifiée des 2/3 adoptée dans l'Église en 1179, le recours à un arbitrage extérieur assimilé au principe du compromis instauré par Latran IV qui renvoie au système du podestat étranger dans les communes italiennes. En effet, dans ces dernières, les élections communales se sont heurtées aux tensions suscitées par le recours au seul principe de la majorité, dont la rigueur favorisait des décisions prises avec un faible écart de voix et à l'avantage des clans dominants. Il en résulta des discordes prolongées et parfois violentes[273]. Pour les réduire, on imagina en Italie une institution originale qui subsista un certain temps avant l'instauration de fonctions d'autorité de type dogal : le podestat. Il s'agit d'une personnalité étrangère à la cité appelée à exercer une fonction d'arbitrage, sans être en principe sous l'influence d'un des clans locaux. Cette création répond au besoin toujours latent d'une médiation dans un système de type démocratique fondé sur le compromis, et donc vulnérable aux excès du principe électif[274]. Dans des situations comparables, l'échevinage fait appel à l'évêque pour résoudre un différend.

La notion de *saniorité* consistant à conforter le principe de délibération en vue de faciliter tout ce qui favorise la pondération dans la décision, conformément à la règle bénédictine, qui a irradié toute la conception du gouvernement ecclésiastique, s'est répandue sous des formes diverses dans les gouvernements civils et plus encore dans les démocraties modernes, jusqu'à nos jours. Cette exigence a eu, dans certains cas, des formes correspondant à l'expression fréquemment

---

[271] Sur l'ensemble de la question, voir Moulin L. :« Les origines religieuses des techniques électorales », cité supra, et sur ce point particulier p. 157.

[272] Il apparaît dans les milieux ecclésiastiques en 1215. On le mentionne dans les élections civiles à Pise en 1286. Voir « Les origines religieuses des techniques... », cité supra, p 158.

[273] Voir Heers J. : *Le clan familial au Moyen Âge*, Paris, 1974.

[274] Waley D. : *Les républiques médiévales italiennes*, Hachette, Paris, 1969, pp. 66-74.

usitée de nos jours : « *faire l'avocat du diable* »[275]. Cette influence est évidemment liée à la profonde et longue interpénétration de la vie religieuse et de la vie civile dans les sociétés de culture chrétienne, notamment sur le plan politique où l'Église a exercé une fonction de conseil, d'arbitrage et d'administration au service du pouvoir pendant de nombreux siècles à différents niveaux, ne serait-ce que pour des raisons liées à la compétence et au niveau de culture détenus par le personnel clérical[276]. On a aussi remarqué l'importance du rôle de l'ordre cistercien dans l'élaboration de la Grande Charte d'Angleterre reconnue comme la première mise en forme juridique visant à protéger les libertés individuelles. On y a vu aussi la première action d'envergure pour limiter l'arbitraire du pouvoir absolutiste et même contribuer à la mise en œuvre du régime parlementaire, intégrant le principe de la *saniorité.* Elle aurait été rédigée à l'abbaye cistercienne de Pontigny en 1215[277].

Le caractère démocratique des pratiques électorales aux différents niveaux des institutions ecclésiastiques relevant de l'autorité pontificale et jusqu'à celle-ci, a toujours été reconnu comme ayant servi d'exemple à celles de la société civile[278]. Cela ne s'est évidemment pas passé sans heurt ni conflit. Les solutions qui n'ont

[275] Allusion à une institution vénitienne qui prévoyait la présence dans certains procès d'un contradicteur, appelé *advocatus diaboli* par référence à l'admoniteur des tribunaux ecclésiastiques. Voir Moulin L. : « Les origines religieuses des technique électorales... », cité supra, p. 159.

[276] Le rôle de l'évêque dans la genèse du régime communale en Italie du nord au XIe siècle en est un des aspects les plus manifestes. On en a d'autres pour la Flandre et l'Allemagne des XIVe-XVe siècles. Voir Moulin L. : « Les origines religieuses des techniques électorales… », cité supra, p 161.

[277] Voir Petit-Dutaillis Ch. : *La monarchie féodale en France et en Angleterre (Xe-XIIIe siècles*), Paris, 1935, pp. 405-406 et 416-417.

[278] Voir les études de Léo Moulin : « Le gouvernement des Communauté religieuses comme type de gouvernement mixte », dans *Revue française de science politique*, 1952, vol. 2, n° 2, pp. 335-355 ; Moulin L. : « Les origines religieuses des techniques électorales… », cité supra, pp 117-162. Il faut rappeler que toutes les dispositions prises dans ce domaine se réfèrent au droit canon. Cela n'a pas été exclusif d'interférences donnant au pouvoir royal un droit d'intervention dans les élections épiscopales et abbatiales pour recommander ses candidats, droit obtenu par la Pragmatique sanction de Bourges (1438).

pas manqué d'être recherchées ont varié selon les circonstances et les contextes[279].

Élections et démocratie

On ne saurait mettre en cause le principe démocratique au motif que le système électoral fait l'objet de manipulations à l'avantage d'un pôle d'influence par rapport à d'autres. Si les élections épiscopales ont été modifiées à plusieurs reprises entre le IVe et le XIVe siècle au détriment de l'électorat populaire puis des chapitres canoniaux, au profit des grands pouvoirs, c'est parce qu'elles constituaient des enjeux politiques de grande envergure. La démocratie n'échappe pas à ce type de stratégie, elle peut seulement favoriser le débat contradictoire sur cette question comme sur d'autres[280].

La participation de tous à l'élection épiscopale et les ambigüités qu'elle recèle, sont un autre aspect de la question de savoir en quoi les principes chrétiens ont leur part dans l'avènement de la démocratie par recours au suffrage universel comme un des éléments fondateurs de celle-ci. Si l'on s'en remet à la déclaration de Célestin 1er (422-432) : « *Nullus invitis detur episcopus* »[281], renforcée par le propos de saint Léon le Grand (440 - 461) : « *Qui praefuturus est omnibus, ab omnibus eligatur* »[282], on est porté à considérer que tout le peuple participe à l'élection et à interpréter le principe dans le sens d'une pratique démocratique sans restriction introduite par le modèle ecclésial. Mais il a été souligné que le pape Léon y a ajouté la réserve suivante : « *Docendus est populus non sequendus* »[283], par laquelle la participation du peuple est exclue de l'élection à proprement parler et se limite à l'acclamation de l'élu, pratique qui s'est maintenue au moins pour l'élection pontificale. Cette confusion peut s'expliquer de

---

279 Peltzer J. : « Conflits électoraux et droit canonique. Le problème de la valeur des votes lors des élections épiscopales en Normandie au Moyen Âge central ». Voir http//www. Unicaen ;fr ;mrsh/crahme :revue

280 Voir Rolland Em. : *Les chanoines et les élections épiscopales du XIe au XIVe siècle, étude sur la restauration, l'évolution, la décadence du pouvoir capitulaire, (1080-1350),* Aurillac, 1909.

281 « Un évêque ne doit pas être [investi] contre la volonté générale », rapporté dans le Décret de Gratien (C 13 dist.XLI).

282 « Que celui qui sera placé à la tête de tous soit élu par tous », dans *Epistola X per provinciam viennensem (*Xe lettre à la province de Vienne), Patrologie latine 54-634.

283 *Le peuple doit être instruit et non pas suivi,* Migne P. : Patrologie Latine 67 co 268c. Cette formule est quelquefois attribuée à Célestin.

différentes manières, si l'on tient compte de ce que le principe d'unanimité s'accorde avec celui de l'acclamation. Par ailleurs, les remarques formulées à l'encontre de la participation du peuple[284] sont conformes au principe de la *sanior pars* établi par saint Benoît, qui ne rejette pas celui de la participation de toute la communauté à la désignation de son chef. En faisant la synthèse de toutes ces subtilités, on peut au moins retenir que c'est par une osmose progressive entre le monde ecclésial et le monde laïc que s'est assimilé dans le cadre civil le principe de la participation de tous à la désignation de ceux auxquels est dévolue l'autorité.

Les élections dans la société laïque

Le principe électif appliqué à la monarchie a été mis en évidence depuis longtemps en référence à divers usages et surtout au modèle impérial romain avec la désignation du successeur, soit par filiation, soit par adoption. Quelles qu'en soient les modalités, le cérémonial inclut toujours une représentation du peuple réuni sous des appellations différentes, assemblées, cours, parlements, pour accompagner voire confirmer les décisions du roi prises dans cette circonstance[285]. En dépit de la réalité du principe dynastique qui prévalait à l'époque carolingienne, le recours à la règle électorale n'en a pas moins sanctionné la fondation de la dynastie capétienne en 987[286]. Sans doute peut-on voir dans l'acte par lequel le duc des Francs, Hugues Capet, a été élevé sur le trône de France, une péripétie sans grande importance[287]. Ce n'en fut pas moins une élection dans laquelle l'archevêque Adalbéron pesa de tout son poids, à en juger par le discours qu'il tint devant les barons réunis à Senlis, pour imposer

---

[284] Voir Rolland Em. : *Les chanoines…,* cité supra, p.5.

[285] Marongiu ; « L'Istitituto parlamentare in Italia dalle origine al 1500 », *Études présentées à la commission internationale pour l'histoire des assemblées d'états*, Rome, 1949, pp. 20-45.

[286] Des signes antérieurs à cette date emblématique ont été perçus dans les esquisses de procédures électorales mises en œuvre à la fin du Xe siècle, inspirées par la nécessité d'obtenir la reconnaissance de la légitimité de la dédition du pouvoir royal au prince, en forme d'attestation clairement exprimée sous forme d'élection, au moins oralement, par les élites établies. Voir *L'élection du chef de l'État de Hugues Capet à nos jours, Entretiens d'Auxerre 1987*, publiés par L. Hamont et Guy Lobrichon, Beauchêne ed., 1988, pp. 15-23.

[287] Theis L. : « L'héritage de Charlemagne », *Nouvelle histoire de la France médiévale*, T. 2, Le Seuil, Paris, 1990, p.190-192.

son candidat[288]. Le recours aux élections pour la désignation des grands pouvoirs s'est maintenu bien au-delà. En dépit du caractère formel des Assemblées de 1328, qui approuvèrent l'accès au trône de France de la dynastie des Valois, et du contexte qui ne laissait guère de doute sur ce point, la décision a été considérée comme une élection[289]. Dans le Saint Empire Romain Germanique, la désignation de l'empereur était soumise à l'élection[290]. Par ailleurs on estime à plus de vingt le nombre des princes-évêques élus. À partir du XVIe siècle, l'élection devient la preuve manifeste de l'exigence de liberté d'opinion pour tous ceux qui disposent des droits à y participer, associant le peuple et la noblesse. Ce droit doit s'exercer sur des bases juridiques, des critères de compétence et de moralité[291].

Pour ce qui concerne les périodes situées au-delà du XIIIe siècle, l'accès au suffrage tendit ponctuellement à se restreindre, on a parlé d'*élections confisquées*, ce que dément une étude serrée des textes[292] et ne signifie pas nécessairement que les intérêts du peuple n'étaient pas pris en compte. La quinzaine de cas étudiés entre le XIe et le XIIIe siècle permet d'identifier trois modes d'élection ou d'adhésion à une proposition. Dans les premiers temps, les assemblées étant peu nombreuses, le vote se faisait par acclamation, assimilable au vote à main levée. Dans certains cas, à Pise par exemple, on procédait à la prise de décision au cri de *Fiat ! Fiat !* (Que cela soit !). Très vite toutefois la nécessité s'imposa de recourir au tirage au sort, déjà utilisé

---

[288]Luchaire A. : "Les premiers capétiens (987-1137) », *Histoire de France illustrée*, Lavisse E. (dir.), T. II, 2e partie, p. 146. La répartie d'Adalbert de Périgueux en réponse à la question que lui aurait adressée en 990 Hugues Capet fraîchement élu, rapportée par diverses sources, dont la chronique d'Adémar de Chabane sous la forme : « Qui t'a fait comte, qui t'a fait roi ? », est sans doute d'une authenticité relative mais sa vraisemblance n'a pas été démentie et entretient la mémoire d'un rite électif pour la désignation du roi de France. La désignation en 1328 de Philipe de Valois contre le roi d'Angleterre, Édouard III, qui avait plus de droits généalogiques que lui pour succéder au Capétien Louis X témoigne de la persistance de cet usage à connotation politique reconnue, voir Favier J. : *La Guerre de Cent Ans,* Marabout-Fayard, Paris, 1980.

[289] Voir « XIVe et XVe siècles, Crises et Genèses », Favier J. (dir), *Peuples et Civilisations*, PUF, Paris, 1996, pp. 17-18. Voir aussi Favier J. *La guerre de Cent Ans*, cité supra p. 36.

[290] La rivalité entre François Ier et Charles-Quint pour le titre impérial en reste l'exemple le plus fameux, voir Petri L et Venard M. : *Le monde et son histoire, XIIIe-XVIIe siècles*, Bouquins, Laffont, pp. 463-65.

[291] Christin O. : *Vox populi,* op. cité, pp. 167-178.

[292] Sur tous ces aspects, voir : Christin O. : *Vox populi*, cité supra, pp.14-40.

dans l'Antiquité. À mesure que les assemblées s'accroissaient en nombre avec l'extension des espaces contrôlés, le territoire de la commune était réparti en circonscriptions, dont le représentant était élu directement ou désigné par un élu. Dans le même temps, étaient créés des commissions et des conseils diversifiés, dont les membres étaient recrutés sur le même principe, introduisant parfois une présélection d'un petit groupe, dont un membre était tiré au sort. Pour certaines décisions, on en venait souvent à définir un *quorum* qui pouvait aller jusqu'au tiers des membres. La représentativité était sévèrement contrôlée par des amendes pour absentéisme. Il se pouvait qu'une décision requît les 2/3 des voix. On en vint bientôt au vote secret, non à l'aide d'un bulletin mais par le dépôt de haricots rouges ou blancs dans un sac doublé pour que ne soit pas entendu le bruit du haricot déposé par le votant tenu de mettre sa main dans les deux sacs en même temps. Il arrivait aussi que dans les grands conseils, on exprime son avis en se levant ou en restant assis. Les procès verbaux des séances étaient rédigés par des notaires assermentés, et accessibles au public. Toutes sortes de précautions étaient prises pour assurer l'authenticité de ces procès-verbaux, avec des terminologies *ad hoc*[293]. Ce formalisme n'enlevait rien aux arrière-plans de la mise en place d'un régime assis sur la volonté générale, en fait de manœuvres électoralistes qui se sont perpétuées.

Voter au Moyen Âge[294]

On peut considérer qu'après une longue période de tâtonnements, la société européenne est parvenue à un niveau de maturité qui lui permet d'aborder la question de la prise de décision collective, au moins au niveau local et en particulier urbain, mieux documenté, pour intégrer le processus électoral dans sa gestion. C'est du moins ce qu'on observe avec une grande précision, dans le royaume de France à partir du XIIIe siècle. On peut même estimer que le cadre urbain, qui avait déjà servi de support à l'élaboration du régime communal en Italie, était le mieux adapté à cet effet, ne serait-ce qu'en raison de ses dimensions, conforme en cela aux conditions requises par Aristote

---

[293] Waley D. : *Les républiques médiévales italiennes*, Hachette, Paris, 1969, pp.62-66.

[294] Pour tout développement qui suit, voir Rigaudière A.: « Voter dans les villes de France au Moyen Âge (XIIIe-XVe s.) », *Comptes rendus des séances de l'Académie des Inscriptions et Belles-Lettres*, Année 2000, Volume 144, Numéro 4, pp. 1439-1471. On y retrouvera toutes les références des textes cités.

pour l'instauration de la démocratie. On peut aussi y voir en quoi la proximité de fait et la convivialité dans l'espace urbain entre le monde religieux et le monde laïque ont facilité l'assimilation des modes de gouvernement du premier par le second, et la formation d'un corps électoral stable. Cette exigence s'est immédiatement confrontée aux critères d'accès à celui-ci, ce qui a donné aux juristes un vaste domaine où déployer leur sagacité, notamment sur l'âge auquel on dispose du droit de vote, qui varie entre 17 et 25 ans. Outre que tous s'accordent pour en exclure les femmes et les clercs, on retrouve le serment aux autorités qui renvoie aux pratiques du régime communal italien du XIe siècle. La qualité de résident est impérative, souvent exprimée par le terme « *habitator* » soumis à l'impôt sous réserve de franchise et exempt de condamnation pour forfaiture grave. Il pouvait être fait de cette condition une interprétation plus ou moins large mettant en cause la bonne ou mauvaise renommée, faisant fluctuer les listes électorales pour autant qu'il y en eût, permettant en particulier de résoudre la question du *quorum*, en référence au Code Justinien et aux règles de l'Église. Sur tous ces critères se constitua un corps de « Bourgeois » relevant de l'administration municipale et constituant le Parlement de la cité, distinct des citoyens relevant des agents royaux. Ces règles générales comportent de nombreuses variantes.

L'attention portée au *quorum* et au nombre de conseillers élus lors du vote de l'assemblée générale qui les désigne, a été vue comme une façon de privilégier la *major* et la *sanior pars civium*[295], conformément au principe inspirant le mode d'élection dans l'Église sur la base de la règle de saint Benoît. On vérifie là l'influence majeure exercée par le fondateur de l'ordre des Bénédictins sur les procédures électorales civiles dont on trouve des signes jusqu'au XVIe siècle et sans doute au delà dans le fonctionnement du régime représentatif parlementaire. On en conserve des témoignages à partir du XIIIe siècle. En 1271, le serment d'allégeance du comté de Toulouse au roi de France, Philippe III, est cautionné par 54 citoyens désignés comme les meilleurs de la cité (*majores et meliores de ipsa civitate)*. Cette référence apparaît dans un procès verbal des élections des conseillers de la municipalité de Lyon en 1298 sous la forme : *duas partes civitatis... videlicet de melioribus et sapientibus dicte civitatis civium*, et, dans une formulation similaire, dans un acte de 1353 dans les mêmes circonstances. Une décision concernant la

[295] C'est-à-dire la plus large et la plus compétente partie des citoyens.

fortification de la ville a été prise à Tours en 1359 puis 1369 devant un agent du roi par « *les bourgeois et habitanz de la dite ville ou... la plus grande et la plus saine partie d'yceulx* ». En 1454, une ordonnance de police fut adoptée par la *major e plus sana partida dels habitans manents* (résidents) de Limoux.

Il faut donc considérer que s'agissant de décisions importantes, il est entré dans l'usage de faire appel à la « *sanior pars* » pour les entériner sur la base des conclusions canoniques, qui appellent à s'en remettre à l'autorité et au mérite d'une partie de l'électorat estimée la plus apte à le faire. Cette disposition apparaît explicitement dans une résolution prise en 1418 puis en 1428 par l'assemblée générale réunie par le gouverneur royal de Reims. Cette assemblée, composée de quatre à cinq cents personnes représentait « *la plus saine partie des bourgeois* ».

On a de bonnes raisons de penser que cette élite était composée de la partie la plus fortunée, mais aussi la plus responsable et surtout la plus savante de la cité, à laquelle sont reconnues dans le texte « *les facultés de chevance, les facultés de biens et de scens* », renvoyant aux niveaux de fortune et de compétence. Ce point de vue est confirmé par un acte des archives de Saint-Flour permettant d'établir que cette élite est composée des plus riches, mais aussi des plus *gradués* (diplômés) ayant fait la preuve de leurs compétences dans la gestion des affaires publiques.

Il est important de tenir compte de ce que ces *saniores* n'échappent pas aux modalités les plus rigoureuses des opérations électorales définies par l'autorité municipale et non par le pouvoir royal. La fréquence des consultations électorales était telle que toute la vie locale était sous l'emprise des électeurs. Le contrôle, démocratique dans toutes ses acceptions, et pas seulement par le fait du recours à l'élection, mais aussi au débat, pour emporter la décision, était donc permanent et indiscutable, sur la base d'un système à deux degrés. Le second, celui qui désigne les conseillers de l'autorité municipale est, on le comprendra, bien mieux connu, parce que pourvu d'archives abondantes, le premier, celui qui correspond au corps électoral chargé de désigner les conseillers, moins riche d'archives, est plus difficile à décrypter. Cette assemblée revêt diverses appellations : *Parlamentum, Communitas civium, Universitas civitatis et civium, Consolat General*, Conseil Général. Elle intervient directement pour l'élection des magistrats et pour confirmer l'autorisation d'une levée d'impôts. Elle est consultée sur la base du principe : *Quod omnes tangit, debet ab omnibus approbari*[296].

Ce principe est tellement considéré comme impératif qu'il arrive que, pour être assuré de ce que tous les électeurs soient avisés et se rendent au lieu du scrutin au jour dit, le crieur public reçoive l'ordre de parcourir la ville « *à crier et à corner autour* ». Le fait qu'il soit demandé à l'église paroissiale de faire un rappel « *à son de cloche* », le moment venu, et que bien souvent une église, une chapelle ou un cimetière soient choisis comme « bureau de vote » jusqu'à la fin du XVe siècle, confirme l'association entre le monde clérical et le monde séculier. Toutefois, compte tenu des difficultés pratiques, on tendit de plus en plus à laisser la délibération et la décision au conseil de ville élu. Cela se généralisa à partir du XIIIe siècle et devint la règle au XVIe. Le système représentatif prend alors toute son acception. Le conseil ne manque jamais de faire mention qu'il agit sous mandat de la communauté. Il n'est d'ailleurs pas rare que les temps forts des débats et délibérations du conseil soient signalés « *à son de cloche* » à l'extérieur du lieu où il tient séance, pour informer la population de leurs évolutions. Il pouvait s'ensuivre que ces débats se prolongent dans toute la ville.

Les séances du conseil sont régies par un ordre du jour selon des procédures strictes pour permettre à chacun de venir exposer son point de vue « *ad barram, in banco* » (à la tribune ou de son banc), le tout faisant l'objet d'un procès-verbal conservé dans le Livre des comptes ou le Registre des délibérations de la ville.

Quant au scrutin, il est organisé, dans tous les cas où un choix s'impose, après une délibération. Le recrutement des magistrats fait l'objet d'un protocole particulier. Le vote s'effectue de différentes manières : à main levée, assis ou debout, par un déplacement des électeurs qui se regroupent par option (*pedibus ire in sententiam*). On utilise aussi des fèves, des pièces de monnaie, des *ballottes* (sortes de billes) de diverses couleurs à déposer dans des urnes, ce qui est une façon de respecter le secret du vote.

Pour les charges importantes, la sélection des candidats s'opère par degrés devant des collèges de grands électeurs hiérarchisés. On a parfois recours à l'arbitrage d'une personnalité extérieure ou au tirage au sort, quand on est en présence de candidats considérés comme étant

---

[296] Voir supra.

au même niveau de compétence, ce qui est pratiquement exclu des procédures ecclésiastiques.

Dans les principautés de régime aristocratique qui s'installent entre la fin du XIVe siècle et le début du XVe, les procédures électives se poursuivent sous certaines conditions pour la nomination des officiers, dans des termes qui donnent toutefois la prééminence à la nomination par le prince et à l'influence des clans familiaux dominants, par l'établissement de listes de candidatures sélectives. Mais, pour certaines fonctions au moins, des formes de cooptation sous des modalités électives par le moyen habituel de boules blanches et rouges à déposer dans des sacs sont pratiquées. On observe toutefois des différences sensibles entre les régimes de type princier sur le modèle de Milan ou Ferrare, où la pression des groupes dominants et la part du clientélisme sont déterminants, et ce que l'on continue d'appeler des républiques de type collégial, comme Venise ou Florence, où le jeu électoral est plus ouvert[297].

La règle majoritaire s'impose

Il est fréquent que, dans les textes qui rapportent les résultats d'un scrutin, soient utilisés les termes *unanimiter, consensu omnium, concordia* etc. On a vu là une tendance à s'en remettre à l'unanimité comparable à ce que l'on observe dans le monde religieux. Il faut plutôt y voir une adhésion confuse du peuple par acclamation sous la pression du groupe dominant. Ceci renvoie tout de même à une participation populaire, mais sous une forme dégradée qui en limite la portée et qui confirme la vulnérabilité de la démocratie soumise à la propagande. Cette pratique a longtemps perduré, on la retrouve dans certaines assemblées ou commissions, où les décisions se prennent à main levée, ou par vote bloqué, ce qui consiste à imposer le vote sur un texte dont la légitimité de tous les aspects n'est pas reconnue par tous les votants. Elles n'en sont pas moins considérées comme démocratiques, parce que révélatrices d'un élan manifestant une attention à l'intérêt général de la part d'une population inexpérimentée ou insuffisamment informée, ce qui est un des risques majeurs de la démocratie[298].

---

[297] Voir Lazzarini I. : « La nomination des officiers dans les États italiens du bas Moyen Âge : pour une histoire documentaire des institutions », *Bibliothèque de l'École des chartes*, Vol. 159, 2001, pp. 389-412.

[298] Voir Moulin L. : *Les origines religieuses...*, op. cité supra, pp 120-122. Sur tous ces aspects, voir aussi Christin O. : *Vox populi...*, op. cité supra.

Il convient de distinguer ces situations de celles où l'unanimité est assimilée à la *pluralité*, renvoyant à la notion de *major*[299] *et sanior pars,* qui reste la référence en la matière comme il apparaît dans diverses circonstances : en 1389, on fait appel à la *major et sanior pars* du conseil pour désigner les seize candidats en vue de l'élection des consuls d'une cité ; en 1449, devant les contestations dont son élection a été l'objet, un candidat déclare, pour se légitimer, avoir été élu « *ayant eu la plus grant et saine partie d'yceulx habitans* ». C'est donc bien le principe fondamental instauré par la Règle bénédictine qui a été retenu.

Un texte sans équivoque rend compte de l'adhésion sans réserve à ce principe. Il a été rédigé par l'un des plus grands juristes français du XVe siècle[300], selon qui doivent emporter la décision non pas ceux qui sont les plus nombreux parce qu'ils comptent parmi eux *« une partie des petits et pauvres du peuple* », mais au contraire « *ceux, riches et nobles* [qui sont] *les moins en nombre mais seraient la plus saine partie de la communauté, car en fait de communauté se faut plus prendre à la saine partie qu'à la greigneur (la plus grande) »*[301].

Toutes ces distinctions n'en aboutissent pas moins au renforcement de la règle majoritaire. Bien que largement reconnue, celle-ci est toutefois l'objet de vives critiques qui, à mesure que l'on se rapproche de notre époque, affectent le modèle démocratique. Du fait des principes égalitaires donnés comme critères imprescriptibles de la démocratie, et de la diversification des attentes en rapport avec toutes sortes d'évolutions, il paraît de plus en plus difficile de s'en remettre, dans les États où les rapports de force sont équilibrés, à une règle majoritaire trop rigoureuse. Il n'est pas cependant assuré qu'au lieu d'un déficit de la démocratie, il ne faille voir là, une adhésion plus forte à ses valeurs, qui visent à faire davantage place aux minorités,

---

299 C'est par ce terme que la notion de pluralité s'est transférée dans celle de majorité dans la terminologie moderne. Il apparaît toutefois que le principe de la règle majoritaire tend à s'imposer sur la base du concept de *persona ficta :* personne collective dont la volonté ne se réduit pas à la somme des volontés individuelles des membres qui la composent. C'est précisément cette reconnaissance des intérêts ou de la volonté spécifique de la personne collective qui permet de se passer de l'assentiment de tous et de chacun des membres et donc de s'affranchir de l'exigence d'unanimité. Voir Christin O. : *Vox populi...* ; cité supra, p.141.

300 Jean Boutillier (1340-1395), auteur de la *Somme rurale,* qui rassemble toutes les coutumes et usages législatifs de son temps, voir Rigaudière cité supra.

301 Terme ancien formé sur le mot *grand* sous une flexion superlative signifiant *le plus grand.*

face à ce qu'on va jusqu'à appeler « *la tyrannie de la majorité* »[302]. La contrepartie de cette évolution va dans le sens d'une part plus grande de la responsabilité individuelle, véritable fondement de la démocratie, auquel le christianisme a pris une part décisive, et d'une considération prioritaire de l'intérêt général, telle qu'elle est stipulée dans les actes fondateurs du régime communal des XIe-XIIe siècles.

Le cérémonial électoral

Les constructions institutionnelles et règlementaires ne sont pas les seuls moyens qui ont contribué à concentrer l'attention des autorités, de façon à créer les instruments nécessaires, en termes d'efficacité et de représentativité, à l'avènement de régimes permettant l'application des valeurs, auxquelles on peut reconnaître des origines chrétiennes.

Il a fallu aussi donner à ces organes et à ces instances des formes qui, outre qu'elles défèrent par leur solennité la dimension sacrée des engagements pris par serment, renforcent la cohésion de la communauté dans ses convictions. Selon l'importance de la ville, la consultation se fait par quartiers, avec un nombre de postes électifs défini selon divers critères. Les élections participent de cet ensemble par un cérémonial spécifique. Le dépouillement est public, et la proclamation des résultats se fait en grande solennité devant toute la population. Toutefois les différentes séquences du déroulement du cérémonial : cortèges vers l'hôtel de ville, en présence du peuple rassemblé le long de l'itinéraire, protocole de passation des pouvoirs avec harangue dans la salle des conseils, et autres festivités qui attestent de leur caractère civique, ont une dimension religieuse non dissimulée. Le déplacement obligé des autorités à l'église après le passage à l'hôtel de ville se fait à son de cloche. Tout est mis en œuvre pour donner au rituel civique, qui associe les élites et le peuple, un supplément de spiritualité, avec dans certains cas la célébration d'une messe. Ces événements attestés à travers toute l'Europe atteignent parfois un niveau de faste particulier. La cérémonie de l'union du doge de Venise à la mer lors de la sortie du Bucentaure pour sceller sa prise de pouvoir en est l'exemple le plus spectaculaire. La création de chefs-d'œuvre comme, au XVIIIe siècle, les cantates de Bach (1685-1750) qui accompagnent l'entrée en charge des magistrats à Mülhausen ou à Leipzig, en est un autre. De telles manifestations,

---

[302] Voir sur ce point Christin O. : *Vox populi*, cité supra p. 271. À propos des critiques formulées par Tocqueville et Stuart Mill, voir infra Textes p.197-198.
Le scrutin proportionnel est l'un des moyens permettant de réduire cet inconvénient.

même dans le formalisme de leur apparat, permettent de sceller dans le soubassement populaire les liens d'origine entre le christianisme et la démocratie que confère le principe électoral[303]. Par ailleurs, du fait de leur imprégnation doctrinale, les rituels spécifiques confirment l'enracinement - issu des temps médiévaux - de l'expression de la volonté générale pour en fonder la légitimité. Cela concerne les opérations électorales mises en œuvre pour désigner les autorités et les responsables aux charges afférentes aux diverses structures associatives dans tous les domaines liés aux activités professionnelles ou caritatives et culturelles, confréries, universités, académies. Le déploiement de ces institutions à partir du XVe siècle en atteste sans équivoque. Même s'ils se trouvent concentrés aux mains des élites et des notabilités, ces usages n'en sont pas moins considérés comme investis de l'assentiment de l'ensemble de la collectivité dûment identifiée[304].

Le formalisme empreint de symbolique et de théâtralité, où s'est concrétisée la volonté du peuple pour exalter l'idéal démocratique, s'observe encore dans les lieux où il tend à s'exercer. On peut y lire dans les dispositifs successifs qui y ont été agencés au gré des évolutions territoriales, dont paroisses et diocèses fixèrent longtemps la trame, les évolutions sociopolitiques conduisant des temps anciens, ceux qu'on appelle Ancien Régime, aux démocraties modernes.

Les témoignages archéologiques que nous fournissent les « *agora* » et « *forum* » encore bien visibles, ont produit le modèle que représente en dépit de sa solennité la salle des Menus Plaisirs, où se réunirent à Versailles les État-Généraux de 1789, et qui se précise jusqu'à l'hémicycle du Palais Bourbon à Paris ou sous d'autres modalités en Europe. Dans leur spatialisation même, ne serait-ce que par le vocabulaire issu des termes « Droite » et « Gauche » et leur contenu, ces lieux d'*élection*, nous offrent la synthèse d'un parcours qui prit naissance entre Athènes et Jérusalem dont ils fixent la mémoire

---

303 Christin O. *Vox populi…*, op. cité supra, p. 81-134.

304 Christin O. *Vox populi*, cité supra, p. 67. Cette référence à l'identité renvoie à la cohésion sociale et juridique puisqu'elle sous-tend les droits attachés au statut de citoyens. Elle est parfois problématique, notamment au moment des grandes constructions politiques dans l'Europe médiévale. Voir *Identités Angevines entre Provence et Naples XIIIe –XVe siècle*, sous la direction de Jean-Paul Boyer, Anne Mailloux et Laure Verdon, Le temps de l'Histoire, PUP Aix-en-Provence, 2016.

tumultueuse, pour conduire à l'avènement de la démocratie moderne[305].

LE « *PARLAMENTUM* », MATRICE DU PARLEMENTARISME EN TANT QUE MÉDIATEUR ENTRE LE CORPS SOCIAL ET LE GOUVERNEMENT

Le gouvernement de l'Église

La notion de gouvernement mixte a été définie comme celle qui correspond au plus près aux exigences d'efficacité du gouvernement dans les institutions religieuses, en conformité avec leurs principes spirituels et moraux, fondés sur la modération. Il est apparu aux concepteurs de ce modèle de gouvernement qu'il ne pouvait fonctionner que dans un équilibre aussi subtil que possible entre des instances d'autorité de type autocratique et des instances représentatives des volontés de la communauté, de type démocratique. C'est cette fusion, a priori contradictoire, qui peut réaliser les objectifs du gouvernement[306] fondé sur le principe de la constitution mixte, selon une terminologie récemment formulée, où se retrouve l'idéal politique de modération qui a inspiré la Grèce antique, en particulier le régime athénien de Solon à Périclès, selon la règle de la juste mesure rendue par l'adage inscrit au fronton du temple de Delphes Μηδὲν ἄγαν[307]. Polybe s'en serait inspiré dans ses études des régimes politiques à partir de l'exemple romain. La traduction du « Politique » d'Aristote par Guillaume de Moerbeke en 1260 a donné à cette doctrine une dynamique avec la caution chrétienne de Thomas d'Aquin. Il retrouve par là les réserves formulées par saint Benoît qui privilégie le recours à la *sanior pars*, sans pour autant remettre en cause le principe d'égalité dans la communauté[308]. Il faut tout de même tenir compte de ce que, dans la conception médiévale, la notion d'égalité a un fondement moral et juridique qui procède plus du christianisme que de l'Antiquité, ne serait-ce que du fait de la position

---

[305] Voir Christin O. : *Vox populi...*, cité supra, pp. 219-267.

[306] Moulin L. : « Le gouvernement des Communautés religieuses... », *op. cit.* pp. 335-355.

[307] *(Mèdèn ágan)* lat. *Ne quid nimis.* Rien de trop.

[308] Sur les réserves concernant le principe d'égalité dans la morale politique issue du christianisme et la nécessité de la diversité sociale selon Aristote, voir Guenée B. : *L'Occident aux XIVe et XVe s.*, opus cité. p.106-107.

par rapport à l'esclavage[309]. Sur le plan juridique, le principe d'égalité se formalise sur celui du droit à la justice, dont on attend du pouvoir qu'il lui donne toute sa plénitude, comme en témoigne l'attribut royal de la main de justice, qui apparaît dans le cérémonial du couronnement royal dès le début de la dynastie capétienne. Le principe d'égalité est beaucoup moins perceptible sur le plan social ou celui des compétences. Cela ressort de la règle de saint Benoît et n'est pas démenti par Thomas d'Aquin. Cette conviction de la nécessité d'une hiérarchie sociale et politique est fondée sur une complémentarité, elle-même issue de la diversité de ses composantes, compatible avec la solidarité mutuelle. Elle est exprimée par la métaphore de l'assimilation de l'État au corps humain développée en particulier par Jean de Salisbury[310], dont la source est vraisemblablement l'apologue exposé par Menenius Agrippa Lanatus, selon une tradition rapportée par divers auteurs dont Tite-Live[311]. C'est un *topos* qu'on retrouve dans les textes jusqu'au XVIe siècle, et plus tard repris par La Fontaine dans la fable « *Les membres et l'Estomac* ». Cette notion de solidarité est renforcée dans la morale chrétienne par le refus de toute idée de domination hiérarchique. Le « Lavement des pieds » en est l'expression la plus haute et la plus signifiante[312].

L'exigence de mixité dans le gouvernement s'est imposée avec celle de la gestion des nombreuses communautés qui ont essaimé dans l'espace chrétien. La dimension démocratique qui fait intervenir l'ensemble de la communauté à ses différents niveaux, a été immédiatement reconnue comme prépondérante, mais nécessitant des aménagements pour éviter les dérives totalitaires auxquels est exposée la démocratie par le jeu électoral qui lui est inhérent. La solution adoptée fut de doser les différentes conceptions du pouvoir, celle de la démocratie, celle de l'aristocratie et celle de la monarchie, attendu qu'en tout état de cause, le gouvernement s'exerce selon une double démarche : la délibération et l'exécution de ce qui en découle. Telle est la ligne du « gouvernement mixte » qui implique nécessairement une collaboration des organes de délibération et d'exécution, dans une forme d'interdépendance. On peut voir là les principes de la

[309] Voir supra.
[310] Voir Guenée B. : *L'Occident aux XIVe et XVe s.,* opus cité, p. 106.
[311] *Histoire Romaine,* II-XXXII, Belles Lettres, Paris, 1940, p.48.
[312] Cf. supra avec la référence à Jean, XIII-16.

démocratie moderne, fondée sur la séparation des pouvoirs et le régime représentatif parlementaire. Tout le système hiérarchisé de l'Église repose sur ces principes depuis son origine. Comme tel, il a servi de modèle politique à la société civile, avec plus ou moins de distance, selon les époques, les lieux et les circonstances.

Les organes communs aux différentes formes de gouvernement retenues par les communautés religieuses consistent en assemblées appelées congrégations ou chapitres, dont les membres sont élus aux différents niveaux de responsabilité, ce qui représente la dimension démocratique. La dimension aristocratique ou oligarchique est exprimée par l'élite désignée par élection sur des critères de compétence pour participer aux conseils qui assistent le Supérieur ou abbé. Celui-ci détient un pouvoir de caractère monarchique mais non autocratique, du fait qu'il répond à un objectif commun d'ordre spirituel fondé sur l'adhésion au message évangélique assumé par la communauté base de l'électorat.

L'ensemble de ce système fondé sur un principe de collégialité et de pondération vise à limiter le risque de la démagogie, auquel portent les engouements populaires, voire populistes, par le jeu des corps intermédiaires que sont les conseils, et répond aux principes du gouvernement mixte. C'est lui qui sert de référence à la démocratie parlementaire du gouvernement civil destiné à enrayer les méfaits de la démocratie directe. Au niveau supérieur, outre qu'il n'y a pas de candidature préalable, l'élu n'est désigné que par sa seule compétence, reconnue par ses pairs, et par les règles de scrutin subtilement définies par le droit canon[313], pour des mandats qui sont toujours temporaires et des durées généralement limitées à trois ans.

Même l'ordre des Jésuites dont le règlement est imprégné d'autoritarisme à caractère militaire, ayant à sa tête un général, désigné à vie, est doté de contrepoids. Cette exigence correspond par avance au principe que devait exprimer Montesquieu en déclarant : « *Tout homme qui a du pouvoir est porté à en abuser, il va jusqu'à ce qu'il trouve des limites... La vertu même a besoin de limites... Pour qu'on ne puisse abuser du pouvoir, il faut que par la disposition des choses, le pouvoir arrête le pouvoir* »[314]. La règle élaborée par Ignace

---

[313] Moulin L. : « Le gouvernement des Communautés… », op. cité supra, p.344.

[314] *De l'Esprit des lois,..*, cité infra, Livre XI, chapitre IV, p. 395. Les chapitres III et IV reprennent dans leur substance ce que les autorités religieuses ont conçu dès l'origine (IIIe-IVe siècles) puis perfectionné, sous le nom retenu depuis de « Gouvernement mixte » qui correspond à la démocratie parlementaire.

de Loyola prévoit des instances permettant si nécessaire de destituer le général de l'Ordre. Il est assorti d'un coadjuteur et d'un conseil toujours à même de tempérer les effets de l'autocratie. C'est ce recours à l'équilibre des contraires qui explique la longévité deux fois millénaire du gouvernement de l'Église, en conjurant la vulnérabilité de la démocratie. Cette disposition ne contrevient pas au précepte édicté par le pape saint Léon le Grand (440 - 461) : « *Qui praefuturus est omnibus, ab omnibus eligatur* »[315]. La mise en œuvre de ces principes s'appréhende dans les assemblées qui se tiennent aux différents niveaux des structures du fonctionnement de l'Église.

Le parlementarisme dans le domaine civil

Les débats conciliaires, depuis ceux du Latran entre 1179 et 1215 jusqu'au concile de Constance (1414-1418), dont les développements ont fortement impressionné les milieux politiques européens, ont eu une grande influence sur l'évolution du parlementarisme dans le domaine civil. Aussi peut-on considérer que le gouvernement mixte issu de l'Église est la matrice du parlementarisme civil[316] en tant que médiateur entre le corps social et le gouvernement.

En se reportant au *consilium* figurant parmi les quatre « aides » auxquelles était tenu le vassal selon la procédure du contrat vassalique, fondement de la féodalité dont les origines tirées de l'antrustionisme (compagnonnage mérovingien) se fixent au Xe siècle, on déduit facilement que la notion de conseil et de délibération est directement liée à celle de l'exercice du pouvoir, tant à l'échelle de la seigneurie qu'à celle de l'État princier ou royal, dès qu'ils prennent réalité. Cette tendance à former une assemblée délibérative destinée à porter conseil peut être spontanée de la part de populations qui se

[315] « Que celui qui sera placé à la tête de tous soit élu par tous ». Dans *Epistola X per provinciam viennensem* (X^e^ lettre à la province de Vienne), Patrologie latine 54-634.

[316] En dépit de sa spécificité et des aménagements à tendance autoritaire et aristocratique qu'il a apportés à la règle de saint Benoît dont il est issu, l'ordre de Cluny peut être considéré comme l'exemple le plus pertinent des voies par lesquelles le modèle d'organisation, conçu par celle-ci, s'est propagé en Occident. On estime qu'à son apogée, le nombre de ses monastères s'élevait à 1184 dont 883 pour les provinces françaises, 99 pour l'Allemagne et la Suisse, 44 pour l'Angleterre, 54 pour la Lombardie, 31 pour l'Espagne. Voir Pacaut M. : *L'Ordre de Cluny*, Fayard, Paris, 1986.

trouvent brutalement en état de déshérence du pouvoir[317]. Ce processus est récurrent en fonction du contexte générateur de troubles. La genèse de la Commune italienne en est le modèle[318]. La complexité croissante des nécessités de la gestion de communautés qui, à partir du XIe siècle, amorcent un développement vigoureux, impose vite la création d'un organe assimilable au *consilium*, sans doute en rapport avec l'évolution des mentalités et du débat intellectuel. La question du gouvernement y incita d'autant plus que tout le système socioculturel était dans la plus grande familiarité avec le monde clérical, séculier et régulier, qui maîtrisait depuis longtemps les mécanismes des assemblées représentatives et délibératives sur la base du droit canon et qui avait assimilé et adapté à ses besoins le droit romain et le code Justinien.

Si, en Italie, c'est à l'initiative des évêques, et souvent en réaction contre le pouvoir féodal, que le système représentatif s'organisa dans le régime communal, ce fut souvent du pouvoir féodal que le peuple, en particulier la bourgeoisie urbaine, obtint de prendre part à la délibération. Dès le XIIe siècle, la Provence, les pays ibériques, l'Angleterre et même la France en donnent plusieurs exemples. Par bien des aspects, saint Louis se montra très ouvert à cette démarche. Elle aboutit au cours du XIVe siècle à l'organisation d'États généraux qui marquent une étape importante dans l'histoire du parlementarisme. Les États généraux réunis par Anne Beaujeu en 1484, au décès de Louis XI, ont été vus comme la première assemblée nationale française[319]. Dans le cadre de l'Empire, on connaît les Assemblées générales de printemps réunies par Charlemagne à la veille de lancer de grandes expéditions militaires, mais il existe aussi ce que l'on nomme « diète » au lieu de *parlamentum* dans un contexte plus politique ou diplomatique, voire conciliaire, appelé à un grand avenir. On parle aussi de « cour » dans un contexte plus juridique.

Ces grands rassemblements eurent longtemps un caractère protocolaire, visant à exalter le pouvoir dans sa majesté donnée à contempler en écoutant sa parole. Mais ils durent très vite se tenir pour résoudre des questions d'ordre financier, monétaire et fiscal, ou militaire puis de politique générale. C'est dans ce mouvement que la

---

[317] En 1246, des assemblées de paix, *landsfrieden,* se formèrent à l'improviste en Allemagne lors de l'effondrement de la dynastie Staufen, voir Guenée B. : *L'Occident aux XIVe et XVe s...*, op. cité, p. 246.

[318] Voir supra.

[319] Guénée B. : *L'Occident...*, op. cité, p. 249.

dimension représentative de ces assemblées ou *parlements* commença à prendre le caractère de discussions d'intention plus ou moins revendicative, sous la forme d'États généraux. Ce processus se généralisa sous diverses formes à travers toute l'Europe. Son efficacité n'était pas assurée, elle dépendait beaucoup de la durée qui était en général très courte et de la fréquence des sessions qui étaient plutôt espacées. Une certaine défiance de la part des électeurs envers des institutions, dont ils ne saisissaient pas toujours les tenants et aboutissants, contribua aussi au déclin de ces assemblées. On explique ainsi la montée en puissance de la monarchie absolue, face à la monarchie « limitée » que les instances parlementaires avaient esquissée aux XIVe et XVe siècles[320].

Les assemblées représentatives, telles qu'elles fonctionnent à la fin de la période médiévale peuvent être toutefois considérées comme une forme expérimentale d'apprentissage du parlementarisme. On y a vu des instances de délibération par lesquelles un débat, à l'occasion pugnace, pouvait avoir lieu sur le modèle de ceux qui se tenaient dans les agoras de l'ancienne Grèce, selon des procédures délibératives sanctionnées par le vote. Le résultat de ces échanges fut souvent identifié comme un consensus fondé sur le ralliement de la minorité à la majorité, celle-ci étant l'expression de la volonté du pouvoir. Cela donnerait à penser qu'on ne pourrait y voir un processus de caractère pleinement démocratique, puisque la liberté d'expression reconnue aux deux parties n'y suffisait pas à renverser la décision au profit de ceux sur lesquels elle pesait, même si cette ouverture à la négociation offrait l'amorce d'« *un formidable laboratoire de la modernité politique* ». Il reste que si, par ces modes de négociations, la minorité obtenait, en échange d'un ralliement à la majorité, des contreparties relatives à ses doléances aboutissant à *« un authentique acte ou contrat de réciprocité* », sur la base d'une « *réciprocité antagoniste* », les conditions de la démocratie y étaient, pour le moins, près d'être remplies. Toutes les réserves qui tendent à limiter la nature de ce dialogue, n'en contribuent pas moins à perfectionner la maturité politique de l'ensemble de la communauté concernée et en particulier de ceux qui subissent les effets du pouvoir. Envisagée sous cet angle, on peut considérer cette période des XIVe-XVe siècles, dont les prémices sont à rechercher au XIIIe sinon au XIIe siècle, comme une phase d'initiation à la démocratie moderne, par la formation de

[320] Sur tous ces aspects voir Guenée B. : *L'Occident...*, op. cité, pp. 245-63.

groupes de réflexion - on a parlé de « *forums constituants* » - propres à devenir des instances de médiation génératrices d'élites assimilant progressivement une culture parlementariste. Le XVe siècle donne plusieurs exemples de cette évolution en Europe. Elle marque une étape importante dans l'avènement de la démocratie moderne tout en modulant sensiblement le concept de monarchie absolue[321].

L'idée d'un gouvernement idéal fondé sur l'équilibre des pouvoirs a circulé, à travers les différents systèmes proposés, de Pierre d'Auvergne, commentateur d'Aristote, connu entre 1270 et 1303, Marsile de Padoue (1284-1342), Guillaume d'Ockham, Jean Buridan à Nicolas Oresme. Elle parvient à Machiavel (1469-1527), témoignant ainsi de la diversité des conceptions politiques auxquelles elle peut se prêter, de la monarchie modérée par des instances de réflexion à des régimes de type aristocratique fondés sur la promotion d'une élite d'origine populaire, dont le dogat vénitien serait une option[322]. Machiavel va même jusqu'à esquisser la règle de la séparation des pouvoirs, à laquelle Montesquieu devait attacher son nom, en préconisant que les lois soient conçues et approuvées par le peuple, mais appliquées par le prince. Cette conception d'ensemble a tous les traits caractéristiques d'une souveraineté populaire nationale, dont la première cible est l'ingérence pontificale. Il faut y voir aussi les remous du conflit séculaire entre guelfisme et gibelinisme que l'on peut considérer comme générateur des partis politiques en Europe. Cette bipartition conflictuelle ravive le débat entre ceux qui soutiennent l'idée d'un recours à l'arbitrage voire la tutelle pontificale, les Guelfes, et ceux qui la rejettent au profit du pouvoir temporel, fondé sur l'idée nationale, les Gibelins. Ces derniers tendent vers la laïcité[323], alors que leurs adversaires tendent vers son contraire.

Entre ces deux extrêmes, toute une gamme de nuances se confronte entre les intransigeants comme Dante ou Marsile de Padoue, et les modérés dont fait partie Guillaume d'Ockham, favorable à une part de

---

[321] Voir Hébert M. : *Parlementer : assemblées représentatives et échange politique en Europe occidentale à la fin du Moyen Âge*, Éd. de Boccard, Paris, 2014, pp. 584-90. Voir aussi Marongiu A. : *Il Parlamento in Italia nel Medio Evo e nell'età moderna : contributo alla storia delle istituzioni parlamentari dell'Europa*, Giuffrè ed., Milan, 1962.

[322] Voir Blythe J.M. : *Le gouvernement idéal et la constitution mixte au Moyen Âge*, Academic Presse, Fribourg, -Le Cerf, Paris, 2005. Voir aussi Textes p. 190-191.

[323] Lagarde G. (de) : *La naissance de l'esprit laïque...*, op. cité, vol. 1, p.99.

souveraineté des conseillers, en l'occurrence le concile, auprès du pape. Les débats souvent tranchés[324] issus de cette bipolarisation ont certainement contribué à fixer les comportements politiques sur lesquels devaient s'articuler plus tard les clivages Droite-Gauche. Il s'est donc formé en Europe entre le XIIe et le XVe siècle une problématique née des interférences entre foi et raison appliquée à la question du gouvernement des hommes, qui met au premier plan la dimension de l'individu dans la société et ne fut sans doute pas sans rapport avec la naissance de l'Humanisme, en tant qu'exaltation des valeurs humaines fondées sur la sagesse fruit du savoir.

Autres formes de médiation dans la relation entre gouvernants et gouvernés

Il est significatif d'observer qu'à partir du XIIe siècle où prend naissance tout ce qui devait conduire à l'Humanisme savant du XVIe siècle, se répand l'adage attribué à Jean de Salisbury dans le *Policratus* (I-IV) : *Rex illiteratus est quasi asinus coronatus* (« un roi ignorant est, pour ainsi dire, un âne couronné »). On comprend ainsi la promotion des hommes de savoir dans l'entourage des Princes et surtout l'obsession de la culture qui s'empare de certains d'entre eux, Alphonse X de Castille, Charles V de France ou Robert de Naples au point de s'être vus attribuer le qualificatif de « Sage ». On a vu là une évolution politique fondée sur l'argumentation visant à convaincre plutôt qu'à imposer, laissant place à la délibération, au débat qui prend toute son importance dans la fonction de conseillers et dans la prise en compte des instances parlementaires avec lesquelles le roi est appelé à dialoguer, comme le souligne l'expérience de Charles V (1364-1380) aux prises avec le parlement autour de la crise ouverte par la Grande Ordonnance de 1356-57[325]. De même en est-il avec la stratégie de Robert le Sage, affublé par Dante du sobriquet de « roi sermonneur », obstiné à convaincre par le discours. Bien que profondément attaché à la théologie de Thomas d'Aquin, peu porté au compromis en matière d'autorité, le roi Robert de Naples, face aux désordres qui frappaient

---

324 Voir Pacaut M. : *La Théocratie, l'Église et le pouvoir au Moyen Âge*, Aubier éd., Paris, 1957.

325 Coville A : « Les premiers Valois et la guerre de Cent Ans », dans *Histoire de France illustrée* (Lavisse E., dir), T. IV, 1ere partie, Hachette, Paris, 1911, pp. 125-127 et Cazelles R. : *Étienne Marcel, champion de l'unité française*, Paris Tallandier, 1984, pp.167-173.

l'Italie du Nord de la Lombardie à la Toscane où il se sentait une responsabilité d'arbitre et de protecteur, n'eut de cesse de mettre en garde les cités-États contre les dangers du régime communal issu de la volonté du peuple et de prôner les bienfaits de la monarchie pour assurer le bien commun[326]. Il se référait en cela au commentaire d'Aristote par Thomas d'Aquin[327].

Il faut aussi se dégager de l'idée que le pouvoir sépare ceux qui le détiennent de ceux qui en dépendent. Tout en restant au niveau des élites, sans pour autant que le peuple dans ses différentes acceptions en soit complètement tenu à l'écart, on observe la préoccupation des détenteurs du pouvoir de « garder le contact » avec la population qui, de différentes manières, n'est pas aussi ignorante de la chose publique qu'on a tendance à le penser. Les enquêtes royales qui commencent en Angleterre avec le *Domes day Book* ou en France avec Philippe Auguste puis Louis IX ou encore dans le Royaume de Naples et ses dépendances[328] le font apparaître. Ce dialogue entre les parties prenantes autour de la question du gouvernement peut prendre des aspects plus concrets, voire plus festifs, en forme de propagande ou d'évergétisme. Ainsi les banquets offerts à la foule pour marquer de grands événements ou associer les élites à un grand projet comme le Banquet du Faisan, donné à Lille par le duc de Bourgogne en 1454 pour lancer un projet de croisade, qui tourna court[329]. Le rituel des Entrées royales en début de règne est une autre façon d'entretenir le lien entre le peuple et la personne du roi[330].

Ce sont là des signes d'intégration du corps social à l'intérêt public qui rendent sensibles aux valeurs conduisant à la démocratie, avec tous les arrière-plans qui lui viennent du christianisme, en fait de sollicitude humanitaire et de générosité. Les manifestations de cette convivialité s'articulent sur une collaboration entre le pouvoir et les

---

[326] Voir Jehel G. : *Les Angevins de Naples...*, op. cité, pp. 224-230.

[327] Boyer. J.. : « La prédication de Robert de Sicile (1309-1343) et les communes d'Italie. Le cas de Gênes », dans *Prêcher la paix et discipliner la société, XIIIe-XVe siècles*, Dessi R.M. (dir.) CNRS, 2005, pp. 383-411.

[328] Jehel G. : *Les Angevins de Naples...*, op. cité, pp. 224-230.

[328] Boyer. J.. : *La prédication de Robert de Sicile ...*, op. cité.

[328] Boyer. J.. : *La prédication de Robert de Sicile ...*, op. cité, p. 383-411.

[329] Voir *Le banquet du Faisan*, Caron M.Th. Clauzel D. (dir.), PU Artois-Arras, 1997.

[330] Guenée B. et Lehoux Fr. : *Entrées royales françaises de 1328 à 1515*, éd. CNRS, Paris, 1968.

instances administratives ou professionnelles, dont les signes ne manquent pas dans la documentation[331].

C'est sans doute sur cette base que s'explique la relation complexe avec le pouvoir royal, en France tout du moins, auquel reste attachée la symbolique du sacre de Reims revêtu de cette aura providentielle, qui, malgré les péripéties de l'Histoire, s'est maintenue dans la conscience nationale, peut-être associée à la mystique du Christ-Roi. Dans un texte du XVe siècle, on peut lire : *N'a jamais été vu en France que le seigneur souverain n'ait esté finablement maistre et seigneur de celui qui est dessoubz de lui »*[332]. La devise inscrite en Français *Dieu et mon droit* sur les armes du royaume d'Angleterre, va dans le même sens, tout en soulignant sans ambigüité ce qui dans l'exercice du pouvoir relève du divin et de l'initiative royale.

Cela n'évinçait pas pour autant le principe de médiation. On a mis en évidence le recours à une nouvelle pratique du contrat[333], sous l'expression de *contrat d'alliance,* visant à renforcer le lien politique entre le pouvoir et les élites, en tenant compte d'un élargissement social de la conscience politique sous forme de réseaux allant jusqu'à intervenir dans le jeu politique et l'action gouvernementale. Ce processus étudié dans le monde ibérique à la fin du XVe siècle s'observe également en France et en Angleterre. Agissant comme vecteur de l'opinion publique avec pour effet d'aller vers une pratique politique partagée, il a eu une incidence sur les relations entre gouvernants et gouvernés. Sans que l'on puisse sans doute aller vers la notion de groupes de pression, on peut y voir l'amorce d'un modèle social à connotation politique, qui se concrétisa plus tard par l'éclosion de salons ou de clubs, qui dépassèrent largement une forme de sociabilité pour prendre part aux évolutions par lesquelles le jeu démocratique prit son ampleur à travers controverses et débats, libelles et pamphlets de plus en plus opératoires[334].

Il apparaît que, bien qu'assimilé à une personne répondant ainsi au concept de monarchie, le pouvoir royal doit beaucoup de son prestige

---

331 Santamaria J-B. « Gouverner par la table: société politique, dépenses de bouche et pratiques du pouvoir en Artois à l'avènement de Marguerite de France (1361-1362) », dans *Gouverner les hommes, gouverner les âmes*, op. cit., pp. 191-202.

332 D'après Guenée B. : *L'Occident aux XIVe et XVe s...*, opus cité, p. 159.

333 Voir supra.

334 « Du contrat d'alliance au contrat politique, culture et société politique dans la péninsule ibérique à la fin du Moyen Âge », Foronda Fr et Carrasco Manchado A. I. (dir.), *Études médiévales ibériques*, éd. Méridiennes, Toulouse 2007.

au nombre de ses familiers, conseillers ou officiers que rassemble sa cour ou sa *maison*. Cet ensemble constitue en effet une entité animée de courants d'influence gravitant autour du roi en cercles concentriques et cherchant à peser sur les tractations qui entourent la prise de décision. Cette tendance ne cesse de s'amplifier en allant vers les temps modernes[335].

Des dispositifs visant à instaurer des formes de médiation se sont mis en place dans le monde rural, qui n'a pas échappé au vent de liberté qui a soufflé sur l'Europe au-delà même de l'Italie. À partir du XIe siècle, on voit se multiplier les parlements de villages qui s'attachent à faire reconnaître leur autonomie et leurs usages sous des formes diverses, *firmae*, *consuetudines*, c'est-à-dire coutumes. De là procéda le droit coutumier qui devint une composante majeure de la législation ordinaire, avec laquelle il rivalisa et à laquelle il fit souvent obstacle pour la défense collective des acquis[336]. C'était une autre façon d'agir sur le mode de la médiation. Les chartes de franchises qui se multiplièrent dans des contextes différents et avec des finalités spécifiques à partir du XIIe siècle se présentent comme autant de pactes entre le détenteur du pouvoir et ceux qui sont dans sa dépendance, esquissant une constitutionnalisation de la relation entre gouvernants et gouvernés. Cette démarche va dans le sens d'un esprit de concorde, conforme à l'action menée par l'Église, en particulier dans les institutions de paix. Il repose sur le principe du compromis visant à instaurer des normes dans une réciprocité de type contractuel, conforme au principe de partage de responsabilités prenant en compte des intérêts respectifs reconnus dans des textes à caractère législatif, préfigurant le modèle constitutionnel appelé à devenir un des critères de la démocratie. C'est sans doute là que se formèrent les réserves appelées à germer plus tard[337].

On peut associer à cette démarche tout ce qui a conduit à l'élaboration du droit d'asile dont l'Église a été l'initiatrice. Bien que

---

[335] Voir : *Les entourages princiers à la fin du Moyen Âge, une approche quantitative*, études rassemblées par Alexandra Beauchamp, Casa de Velazquez Madrid 2013. Voir en particulier, l'article de Raphaëlle Shott : « Les conseillers nordiques de la reine Marguerite, effectifs, stratégies royales et genèse de l'Union de Kalmar (1375-1397) », pp. 59-76.

[336] Fossier R. : *La société médiévale*, Paris, 1991, pp. 228-238. En pays ibérique, on parle de *Fuero*, voir Gerbet M.Cl. : *L'Espagne au Moyen Âge, VIIIe-XVe siècle*, A. Colin, Paris, 1992, p. 393.

[337] Voir infra.

son principe fût reconnu aux époques bien antérieures à l'apparition du christianisme, ce n'est qu'avec celui-ci que le droit d'asile prit une forme juridique et institutionnelle à partir du VIe siècle, quand les évêques se mirent à intercéder en faveur de ceux qui tombaient sous le coup de l'autorité, pour les protéger. On a vu là une influence du droit romain qui servait de référence au clergé. Mais c'est surtout le devoir de charité qui inspira ce mouvement. La doctrine fut fixée par les Pères de l'Église, avec une attention particulière portée par saint Augustin à la question. Les règles se précisèrent sous le règne de Charlemagne pour essayer de trouver un équilibre entre le châtiment et le droit d'asile. Celui-ci finit par s'assimiler à l'immunité dont jouissait le monde clérical. Le droit d'asile fut consolidé par le droit canon qui en fixa les normes en termes de lieux protégés, de sanctions et d'exclusion. Entre le XIIe et le XIIIe siècle, des aménagements fondés sur le code Justinien furent longuement discutés. L'opposition entre les canonistes et les juristes civils ne tarda pas à se manifester. Les agents du roi détournèrent la difficulté en obtenant que les parlements exercent le contrôle le plus strict sur les modalités d'application du droit d'asile qui passa ainsi dans le ressort de la justice civile. L'ordonnance de Villers-Cotterêts de 1559 réduisit considérablement l'exercice de ce droit dont on dit qu'il fut vidé de son contenu. Néanmoins l'Église continua à agir pour préserver un équilibre entre charité et justice. Pris en charge par différentes instances dépendant des institutions issues de la démocratie et sous diverses modalités, le droit d'asile relève toujours de l'héritage chrétien[338].

DE LA *LANDSGEMEINDE* À JEAN-JACQUES ROUSSEAU

Au terme de cette analyse, il apparaît que, dans l'Europe du XVe siècle, le mode de gouvernement représentatif sous sa forme parlementaire était assimilé. Il fonctionnait, dans le cadre municipal urbain et rural, selon des normes proches de celles des temps

338 Voir Descloux A. : *Naissance du droit d'asile dans les Églises, « Ad ecclesiam confugere »*, De Boccard, Paris, 1994 et Espinas G. : « Une histoire juridique du droit d'asile », dans *Annales d'histoire sociale*, 3e année, n° 3-4, pp. 167-170.

modernes et contemporains, relativement homogènes, en tenant compte des inévitables particularismes locaux.

Dans la mesure où le grand basculement de la démocratie s'est opéré dans le royaume de France à la fin du XVIIIe siècle, la question se pose de savoir pourquoi ces formes de gouvernement ne s'y sont pas généralisées plus tôt. Certes le parlementarisme fut une réalité de grande envergure dans la vie politique de la France des Bourbons. Cela transparaît à l'évidence, face aux menées du pouvoir central, dans le maintien obstiné de la pratique électorale revendiquée dans les déclarations lancées dans les assemblées urbaines se réclamant de la démocratie athénienne, des comices romains et même, semble-t-il, des communes italiennes. Sans doute leurs applications se retrouvèrent-elles à partir du XVIe siècle réduites à des procédures purement formelles où l'électorat populaire n'avait aucune part. Elles n'en témoignent pas moins de la persistance au niveau local, si oligarchique soit-il, des rivalités et des enjeux liés aux processus électoraux.

Tout cela est à mettre au compte de la forte imprégnation de la culture antique des élites, particulièrement dans les milieux juridiques très attentifs aux questions institutionnelles. Un engagement civique en découla qui déborda parfois au delà de la notabilité. Dans les textes du XIIe siècle à Pise ou à Gênes, on trouve dans les professions de foi des candidats des expressions qui renvoient aux critères de l'aptitude au gouvernement. De même à Rodez, on fait appel aux « plus utiles à la cause publique », à Saint-Malo ou à Nantes, c'est aux « plus suffisants et capables », à Nuremberg aux « honnêtes et bons », à Genève aux « capables et vertueux »[339]. La France était donc bien présente dans ce concert. Mais les vicissitudes de son histoire, qui engendrèrent au XVIIe siècle l'épisode de la Fronde (1648-1653)[340], apportent un éclairage significatif sur la problématique visée qui, en tout état de cause, met en évidence la vigueur du parlementarisme, révélatrice de la puissance d'une élite héritière par bien des aspects du patrimoine culturel accumulé depuis le XIIe siècle[341].

[339] Christin O. : *Vox populi*, cité supra, p.20-36.

[340] On a présenté l'année 1648 comme une année révolutionnaire, voir Méthivier H., *La Fronde*, PUF, Paris, 198, p.110. On a vu dans le comportement des magistrats du Parlement de Paris une action de grève pour protéger la loi contre les violences du pouvoir royal, voir Ranum O.A., *La Fronde*, Paris, Le Seuil, 1995, p.13.

[341] Voir Rubel A. : « Une question d'honneur. La Fronde entre éthique de la noblesse et littérature », Revue *Dix septième siècle* (2012), pp. 83-108.

Cela tient certainement à l'évolution synchrone de celle du parlementarisme, opérée par la monarchie française depuis au moins le règne de Philippe-Auguste (1179-1223) avec une double exigence : réaliser l'unité territoriale du royaume dans sa plus large extension, avec toute la prudence nécessaire à l'instar de saint Louis, et renforcer la centralisation du pouvoir jusqu'aux limites du possible. Cela permet de comprendre pourquoi le choc de la Fronde a tourné à l'avantage du pouvoir royal[342]. Alors qu'en Europe l'évolution des grands espaces politiques, empire germanique, péninsule italienne, monde ibérique, espace britannique, est parvenue à maintenir, sous des modalités différentes et avec des alternances de phases plus ou moins heurtées, une coexistence des deux approches du gouvernement, parlementarisme et monarchie, l'enracinement du principe centralisateur conduisit en France à un affrontement qui, à partir du XVIe siècle, fut une entrave lourde à toute évolution du même type. Cela tient sans doute à la persistance de la figure royale auréolée d'un charisme providentiel très vivace au XVe siècle et dont le peuple français ne s'est sans doute jamais complètement départi.

Pourtant, au soir du règne du « Roi-Soleil », les élites urbaines prirent position contre la mise en vente des charges proposée par Louis XIV en 1692, pour maintenir les élections dans de nombreuses villes du royaume, à Millau, Dieppe, Rouen, Nantes, Lyon, Marseille[343]. Preuve éclatante de la résistance du principe électif. Si cela ne suffit pas à renverser le cours des choses, il y avait là de quoi entretenir les braises sous la cendre.

C'est donc par des voies détournées que, sur les bases d'une culture héritée de l'Antiquité gréco-latine et du christianisme, synthétisée par le grand brassage intellectuel et pragmatique de la période allant du XIIe-au XVe siècle que l'avènement de la démocratie parlementaire fit, un jour, irruption entre Versailles et Paris pour retentir avec fracas à travers toute l'Europe.

---

[342] Cela ne doit pas cependant donner à penser qu'il y aurait eu à l'époque médiévale une rupture radicale entre le pouvoir royal et ce que l'on appelle aujourd'hui « le pays réel ». Les enquêtes royales et les manifestations diverses, protocolaires ou festives, qui entretiennent les liens entre gouvernants et gouvernés (voir supra), attestent du contraire. Il faut attendre les prises de position de Fénelon (voir infra) pour mesurer l'abîme qui sépare le roi de son peuple.

[343] Christin O : *Vox populi...*, cité supra.

Il faut pour comprendre cela porter son attention sur le transfert des usages parlementaires depuis le régime communal mis en place en Italie du nord du XIe au XIIe siècle par les voies alpines à partir du XIIIe siècle. On y a vu l'origine de la *Landsgemeinde* en Suisse.

VERS L'INSTITUTIONNALISATION DU PARLEMENTARISME

Du régime communal italien à la *Landsgemeinde* suisse

Un signe révélateur de la persistance des modes d'organisation fondés sur le recours à une assemblée populaire[344] pour la prise des décisions intéressant la communauté nous est fourni par l'institution de la *Landsgemeinde*, née en Suisse entre 1275 et 1291. On y a vu le premier exemple de démocratie directe en milieu rural qui conduisit à la Confédération Helvétique, dont les premières formes apparurent au XIVe siècle. Ces assemblées populaires avaient pour modèle l'organisation des communautés des vallées alpines italiennes, notamment dans la région de Brescia et de Trente, attachées à leur autonomie et à un système de gouvernement strictement démocratique. C'est cette volonté d'autonomie des communautés rurales appliquée à lutter contre les pouvoirs seigneuriaux qui s'est affirmée dans les vallées alpines tournées vers la Suisse sous l'appellation de *Landsgemeinde*. Cette institution résulte d'une lente évolution à partir du canton d'Uri où le régime d'assemblée arrive à maturité dans la seconde moitié du XIVe siècle avec un Conseil des Soixante et un Tribunal des Quinze. Il s'agit d'un mode d'organisation empreint de solennité par lequel les communautés villageoises, dans le cadre des cantons, se réunissent en assemblées citoyennes pour élire leurs représentants, aux fins de délibérer sur la gestion des affaires publiques. Cette institution dont les origines remontent à la fin du

---

[344] Il importe de bien prendre en considération que le régime communal fondé sur un modèle social lié pour l'essentiel à l'émergence d'une bourgeoisie urbaine, dont l'essor ne s'est pas démenti même au-delà du XVe siècle, a été un thème de combat soutenu par des personnalités de grande envergure au XIVe siècle, dont le franciscain Marsile de Padoue qui en fit son cheval de bataille à connotation gibeline et nationaliste dans son principal ouvrage, le *Defensor Pacis*, paru en 1324. On a remarqué à ce propos que l'engagement de cet intellectuel dans le camp impérial n'avait rien qui puisse le rapprocher de l'aristocratie militaire. Il voyait en la personne de l'empereur l'héritier du Principat d'Auguste, incarnation de la *Res Publica*, et de la volonté du peuple romain. Voir Quillet J. : *La philosophie politique…*, op. cité, p.17.

XIIIe siècle ne subsiste aujourd'hui que dans les cantons d'Appenzell Rhodes-Intérieures, Glaris, et dans quelques régions d'importance subalterne. L'expression *Landsgemeinde* est également attribuée à quelques instances représentatives de communautés ne disposant pas d'autonomie politique. Dans les textes anciens, dont certains remontent à 1275, on recourt pour désigner le peuple à des expressions proches de celles usitées dans les chartes des Communes italiennes : *Fideles, universi homines, universitas.* Ces termes sont transposés aujourd'hui sous la forme *Gemeinde der Leute des Tals*, pour désigner les *communautés des gens de la vallée*. A partir du XVIe siècle, le terme de *Landsgemeinde* se généralise pour désigner l'autorité suprême des cantons campagnards. D'autres appellations sont utilisées selon les contextes régionaux : *Talgemeinde* (Urseren, Hasli, Haut-Simmental), *Landsgemeinde* (Toggenbourg), *Teding* (Engelberg), *parlamento* (Léventine), *cumin, tschendada, Landsgemeinde* ou *Bsatzig* (juridictions grisonnes), *Zendengemeinden* (dizains du Valais)[345]. Ce type d'organisation s'est propagé dans le même objectif contre les Habsbourg. D'autres se dressèrent avec plus ou moins de réussite contre les Visconti, notamment dans le Valcamonica[346]. Le rôle d'initiateur de l'expérience du régime communal à la vie parlementaire, mis en place en Italie du nord entre le Xe et le XIIe siècle avec le concours des autorités épiscopales, s'en trouve clairement confirmé[347]. Les principes de gouvernement démocratique du régime représentatif, fondés sur l'assise populaire, perdurèrent ainsi sous diverses formes jusqu'au XVIIIe siècle.

Les implications sociopolitiques de la Réforme

Les transformations qui s'opérèrent en Europe à partir du XIVe siècle et qui prirent une importance notable dès le début du XVe, eurent une influence décisive par tout ce que recouvre le terme

---

345 *Voir Dictionnaire historique de la Suisse Italianité - Lozza*, vol. 7, Hauterive, Éditions Gilles Attinger, 2008, 856 p., éd. en ligne http://www.hls-dhs-dss.ch/textes/d/D10239.php article « Uri » de Ralph Aschwanden, et Article « Landsgemeinde » de Hans Stadler ;voir aussi Aubert J. Berne: *Petite histoire constitutionnelle de la Suisse*, Berne, Francke 1974.

346 Voir Valletti-Bonini, I. : *La communità di valle in epoca signorile, l'evoluzione della communità del Valcamonica, secolo XIV-XV*, Vita e Pensiero, Milan, 1976. Bognetti G.P. : *Studi sulle origini del commune rurale*, Vita e Pensiero, Milan, 1978.

347 Voir supra : R. Celli : *Pour l'histoire des origines du pouvoir populaire*..., op. cité.

« Humanisme », notamment sur le plan religieux. Les facteurs économiques qui retentirent sur l'expansion urbaine, particulièrement en Italie du Nord et dans l'espace compris entre Londres et les pays rhénans, y tinrent une bonne place, mais c'est surtout sur le plan intellectuel que l'humanisme a donné toute sa mesure. Or on estime, avec raison, que les transformations sociales, en particulier l'émergence d'une catégorie nouvelle qu'on désigne par le nom de *bourgeoisie*, en raison de son origine urbaine, furent les conditions de son épanouissement. On lui reconnaît en particulier d'avoir été l'agent de l'affirmation d'un courant qui existait depuis longtemps sous des formes plus ou moins bien cernées[348], mais qui prit à partir du XVIe siècle une identité plus affirmée sous l'appellation de *laïcité*[349].

Les bouleversements qui ont précédé cette évolution, essentiellement dus au Grand Schisme (1378-1449), eurent pour effet de permettre au pouvoir temporel de prendre un ascendant décisif sur le pouvoir spirituel, favorisant l'éclosion de mouvements subversifs à l'encontre du pouvoir pontifical. En même temps, l'Humanisme amorçait son épanouissement porteur d'un retour à l'Évangile incarné par Érasme (1467-1536). C'est dans ce contexte que la Réforme prit une expression institutionnelle.

La genèse et la mise en place de l'anglicanisme en furent la première manifestation dans l'ordre politique. Elle se présenta sous la forme d'une épreuve de force entre le pouvoir temporel et le pouvoir spirituel, qui avait connu un précédent retentissant dans le Royaume d'Angleterre au XIIe siècle. En témoigne le « meurtre dans la cathédrale » de l'archevêque de Cantorbéry, Thomas Beckett, en 1170. En dépit de son amitié avec Jean de Salisbury qui lui avait dédié son *Polycratus*, le prélat avait tenu tête au roi Henry II, qui voulait soumettre à son assentiment la désignation des détenteurs des hautes charges ecclésiastiques[350]. L'*Acte de suprématie* de 1534 puis l'*Acte des six articles* de 1539 répondent au même objectif, à l'initiative du roi Henry VIII. Faisant preuve d'une violence encore plus sanguinaire que son lointain prédécesseur[351], celui-ci fonde l'Église anglicane que l'on situe dans la mouvance humaniste entre l'Évangélisme érasmien,

[348] Voir supra.
[349] Sur le processus de laïcisation et ses effets, voir Delumeau J. et Wanegfelen T. : *Naissance et affirmation de la Réforme*, PUF. Paris, 1965, pp.13-28.
[350] Voir *Histoire du christianisme*, cité supra, vol V., p.255.
[351] Voir *Histoire Universelle*, Encyclopédie de la Pléiade, Gallimard, Paris, 1958, vol. III, p. 35.

auquel appartenait Thomas More, et un courant césaropapiste soutenu par Thomas Cromwell (1485-1540), qui avait pourtant longtemps adhéré au point de vue de More. Il n'en fut pas moins supplicié plus cruellement encore que son ancien ami[352].

Ce mouvement de contestation du pouvoir pontifical se prolongea par la Réforme de Luther (1483-1546), puis Calvin (1509-1564). La fougue du premier suffit à déclencher un conflit latent sur la nécessaire séparation des pouvoirs temporel et spirituel en réactualisant la théorie des deux glaives formulée par saint Bernard[353]. Il revint à Calvin, imprégné de culture juridique, de donner une assise institutionnelle à la Réforme initiée par Luther, avec pour objectif d'en finir avec le « piétisme individuel »[354] susceptible de favoriser le désordre qu'il exécrait. Très marqué par la lecture de Platon (*Les Lois* et *La République*), il trouva en Suisse Romande, quand il s'y réfugia, une ambiance sociopolitique portée à l'action collective, sous le contrôle de « L'autorité publique ». Cette donnée institutionnelle conforme aux principes des *Landsgemeinden,* dont la Suisse s'était imprégnée, a pu accentuer la tendance à l'organisation de structures délibératives, favorisant la discussion au sein de colloques et d'assemblées, considérés comme représentatifs[355]. Telle nous apparaît

---

352 Voir Moreau J. P. : *Henri VIII et le schisme anglican*, PUF. Paris, 1994 ; Boquet G. et Gruter E. : *Les îles britanniques au XVIe siècle, l'âge des grandes mutations*, A. Colin, Paris, 1994, pp. 114-128.

353 Voir Luther M. : *De l'autorité temporelle et des limites de l'obéissance qu'on lui doit*, texte daté de 1523 dans Œuvres, ed. Labor et fides, Genève, 1958, pp. 15-23.

354 Cette expression relevée par E.G. Leonard dans son *Histoire du Protestantisme*, pourrait viser le renouveau de la forme individuelle de la foi qui s'exprime au XVe siècle dans la *devotio moderna* à quoi Luther aurait été sensible. Le projet de Calvin étant d'orienter la Réforme vers une pratique associative, on aurait là la double polarité individualiste et collective qui serait l'une des conditions par lesquelles le protestantisme aurait à voir avec la démocratie. Voir à ce propos Kalberg S. : *L'éthique protestante et l'esprit de la démocratie, Max Weber et la culture américaine,* Le bord de l'eau ed., Lormont, 2014. Il y est mis en évidence que le sens de l'individualisme et de l'engagement envers la communauté qui caractérise le calvinisme, explique son influence sur la culture politique américaine et son inclination vers la démocratie.

355 D'importants travaux ont mis en évidence le rôle des assemblées communales tant rurales qu'urbaines dans l'implantation de la Réforme, en Allemagne et en Autriche à partir de la Suisse sur le modèle médiéval. Certains auteurs sont allés jusqu'à soutenir que la structure communale a été le centre de gravité de l'organisation des pouvoirs publics en Europe centrale tant sur le plan sociologique

la situation de Genève quand Calvin y fait ses premières expériences. La *disputatio* était une sorte de débat contradictoire en langue vulgaire entre pasteurs en présence de l'assemblée des fidèles, ce à quoi la société genevoise était habituée. La dispute de Lausanne en 1536, particulièrement mouvementée, est une des plus connues[356].

Toutefois, si on peut considérer que Calvin eut recours au régime d'assemblée avec lequel la société suisse était familiarisée sur le modèle des *Landsgemeinden,* qui lui permettait de faire passer plus efficacement son message, il se sentait peu d'attirance pour la démocratie. Il s'efforça d'en convaincre le roi de France, François Ier, l'assurant de sa soumission à sa personne, et de son désir de n'avoir aucune intention subversive, notamment par la dédicace de son maître livre, l'*Institution de la religion chrétienne* :

> Au roi de France très chrétien
> François de ce nom
> Son prince et souverain seigneur
> Jean Calvin
> Paix et salut en notre seigneur Jésus-Christ.

Par ailleurs, il travailla activement à s'appuyer sur des élites savantes pour établir son autorité. Il apparut très vite que cette stratégie avait pour objectif d'imposer des normes par l'intermédiaire de délégués, en usant de procédures inquisitoriales et disciplinaires. Celles-ci ne sont pas sans évoquer ce qui advint bien souvent, par la suite, des régimes dits « démocratiques » d'essence collectiviste, eux aussi se réclamant de principes tirés de la morale chrétienne. L'idée de partage, où la notion d'égalité mutée en égalitarisme prend le dessus, met alors directement en péril d'autres de ces principes fondés sur le respect des libertés de conscience et de l'exercice du libre arbitre individuel. Là est bien le gros écueil de ces principes qui fut plus tard relevé par des auteurs comme Stuart Mill ou Tocqueville.

À la différence des assemblées délibératives tenues à l'initiative des évêques dans les cités italiennes de régime communal des XIe-XIIe siècles, c'était d'ecclésiologie que l'on débattait dans les assemblées

---

que théologique, en même temps que la charnière entre le Moyen Âge tardif et les temps modernes. Voir Blicke P. : *Gemeinde-reformation, Die Menschen des Jahrunderst auf dem Wegzum Heil*, Munich, Oldenburg, 1987; *Landsgemeinde und kirch im Zeitalter der Konfessionen*, Kümin B. (dir), Kronos Verlag, Zürich, 2004.

[356] Sur tous ces aspects, voir Leonard E.G. : *Histoire du protestantisme*, PUF, Paris, 1961, T. I, pp. 258-286.

pastorales genevoises et non de la gestion des affaires de la cité ou de décisions de politique générale traitant de la défense de ses intérêts. Calvin insiste vigoureusement sur son refus de voir évoquer ces questions d'ordre profane dans ces assemblées. Il tient à ce que soit bien établie l'indifférence de son Église à la nature du régime. Il n'en manifeste pas moins une vive réprobation à l'égard de la démocratie, suspectée de conduire à l'anarchie, et une préférence pour l'aristocratie. Il reste pourtant très attaché pour le fonctionnement de son Église au régime représentatif. C'est ce qui apparaît dans les *Ordonnances Ecclésiastiques* de 1541 qui mettaient en place à Genève un système de représentation des laïcs issus de la population, pouvant lui donner une forme démocratique. Toutefois le choix se limitant aux notables, ce mode de recrutement revêtit plutôt un caractère aristocratique[357]. On peut en déduire que le critère de représentativité auquel adhéra Calvin, procède bien, dans la forme, des principes du régime communal des cités italiennes des XIe-XIIe siècles repris par la *Landsgemeinde,* mais non dans le contenu.

Cependant quelques indices permettent de percevoir, dans cette volonté de la Réforme d'associer le peuple aux décisions des instances, un ferment de démocratie ecclésiastique[358]. Le plus significatif nous est fourni par la démarche de Pierre Ramus. Figure bien connue de la Réforme dans les milieux universitaires, il s'est déclaré en 1572 favorable à la modification des règles en cours afin que, dans les consistoires et autres assemblées, les décisions soient prises par le peuple des croyants. Cette proposition provoqua une vive réaction des autorités réformatrices. Pierre Bayle (1647-1706), qui rapporte les faits et les commente, fait clairement apparaître l'engagement de Ramus en faveur de la démocratisation des procédures dans le cadre de l'Église Réformée. Toutefois il concède que « *Ramus n'était pas assez fou pour demander l'abolition de la discipline : il attaquait seulement la juridiction des consistoires et des synodes ; il prétendait que le peuple devait juger de la doctrine, choisir les ministres, et absoudre. On soupçonne qu'il voulait cela afin de renouveler dans l'Église le pouvoir des démagogues d'Athènes ou celui des tribuns de Rome* »[359]. Après la révocation de l'Édit de

---

[357] Voir Leonard E.G. : *Histoire du protestantisme,* cité supra, T.I, p. 295.

[358] Sur tous ces aspects, voir *Protestantisme et démocratie*, par H. Bost, *ww.asmp.fr/travaux/communications/2010_06_21_**bost**.ht*

[359] Bayle P. : *Dictionnaire historique et critique*, Slatkine ed. Genève, 1995, Vol.4, p. 29.

Nantes, Bayle s'est fait le porte-parole *« des droits de la conscience errante »*[360], pour se mettre à l'écart du débat politique, alors que son collègue Jurieu soutenait une doctrine tendant à valoriser le rôle du peuple, retrouvant ainsi la tentation démocratique que Bayle renvoyait à la démagogie.

Tout porte donc à penser que, si le calvinisme s'est tenu à distance de toutes tendances démocratiques, celles-ci se sont tout de même insinuées, témoignant de la filiation latente entre morale chrétienne et démocratie. C'est un peu dans ces termes que se formulent certaines conclusions[361].

On notera toutefois que le débat s'est prolongé avec les critiques vigoureusement exprimées par le pasteur de Lausanne, Antoine Court[362], sur les causes de l'expansion du calvinisme. Il s'en prend d'abord à Montesquieu, selon qui cette expansion s'explique par la théorie des climats[363]. À cette critique, il associe Voltaire qui rend l'émergence de la Réforme responsable des guerres de religion et s'autorise à suspecter le paléo-christianisme clandestin d'avoir eu quelques responsabilités subversives quand il déclare : *Ce n'est pas le seul fanatisme qui est en cause [dans les guerres de religion]. ...Ne pourrait-on pas trouver l'origine de cette nouvelle peste qui a ravagé la terre, dans l'esprit républicain qui anima les premières églises ? Les assemblées secrètes, qui bravaient d'abord dans des caves et dans des grottes l'autorité des empereurs romains, formèrent peu à peu un État dans l'État. C'était une république cachée au milieu de l'Empire ».* Voltaire attribue à Luther, Zwingle et Calvin d'avoir détruit l'autorité épiscopale, particulièrement dans les pays du nord,

---

[360] Voir Bayle P. : *Commentaire philosophique sur ces paroles de Jésus-Christ, "Contrains-les d'entrer"; ou Traité de la tolérance universelle,* Adamant Media Corporation ed. (2001) La première édition fut publiée à Rotterdam en 1713.

[361] Voir à titre d'exemple, cité d'après ASMP - *Protestantisme et démocratie*, par Hubert Bost cité *supra : Kingdon R.M. : « Pouvons-nous conclure que Calvin et le calvinisme ont créé à eux seuls la démocratie et qu'ils furent à l'origine des révolutions démocratiques modernes telles que la Révolution française ? Non certes. En revanche, nous pouvons dire avec assurance que le calvinisme a marqué une étape décisive de l'évolution de la chrétienté vers la démocratie en créant un gouvernement représentatif* » dans « Calvin et la démocratie » dans Viallanex P. éd. *Réforme et Révolution aux origines de la démocratie moderne*, Paris-Montpellier, Réforme-Presse du Languedoc, 1990, p. 54.

[362] Voir *Protestantisme et démocratie*, par H. Bost cité supra.

[363] *De l'Esprit des lois*, Pléiade Gallimard éd., présentation Roger Caillois, Paris, 1951, XXIV-V.

plus enclins à l'indépendance, mais aussi dans une Suisse qui dit-il, « *n'eut pas de peine* [à recevoir la Réforme] *parce qu'elle était république* ». Quand il ajoute plus loin : « *Genève devint populaire en devenant calviniste* »[364], il faudrait se demander s'il ne conviendrait pas de renverser la proposition, en considérant que c'est la nature à tendance parlementaire issue de la *Landsgemeinde* qui favorisa la diffusion de la Réforme en Suisse et à Genève.

Le peuple souverain s'avance

C'est en effet autour de cette approche du concept de peuple que l'on peut suivre les évolutions sociopolitiques qui découlent de ces débats.

C'est du moins ce que suggère l'intervention de Rousseau dans cette problématique qui procède de deux vocables fondateurs *dèmos* (en grec : δῆμος[365]) dans une association ambigüe[366] avec le vocable *kratos* (en grec : κράτος), et *populus* dans une association non moins ambigüe avec le terme *senatus* dans la formule consacrée, emblématique de la civilisation romaine, *Senatus Populusque Romanus.*

Ces deux expressions ont traversé les siècles en privilégiant la forme *populus* tirée du latin, langue mère de l'Europe, dans des acceptions politiques valorisantes, s'agissant des textes constitutionnels des républiques italiennes des Xe-XIIIe siècles. En allant vers l'époque moderne, la sémantique de *populus* s'altère au profit de la notion de *plebs*. Quand on parle du *bon peuple,* on exprime de la condescendance, voire du paternalisme, plus que de la considération ou de la déférence. Certaines acceptions du terme *peuple* traduit du latin *populus* permettent d'en juger :

Quand Pascal écrit : « *Il est dangereux de dire au peuple que les lois ne sont pas justes car il n'y obéit qu'à cause qu'il les croit justes. C'est pourquoi il faut lui dire, en même temps, qu'il faut le faire parce qu'elles sont la loi ; comme il faut obéir aux supérieurs, non pas*

---

[364] *Le Siècle de Louis XIV*, Gallimard éd. La Pléiade, Paris, 1987, chap. XXXV, pp. 1041-42.

[365] Voir Mossé Cl. : *Dictionnaire de la civilisation grecque*, Complexes, 1992.

[366] Sur cette ambigüité dans les différentes acceptions que recouvre le mot selon les époques, voir Mossé Cl. : *Dictionnaire...*, op. cité supra, p. 155.

parce qu'ils sont justes, mais parce qu'ils sont supérieurs. Par là voilà toute sédition prévenue »[367].

Pascal reconnaît au peuple une forme de naïveté passive, au mieux un certain bon sens, pour autant qu'il se conforme à l'ordre hiérarchique, mais non sans méfiance, car le peuple est vulnérable, sensible aux appels à la révolte par manque de discernement. Il précise ce point de vue avec son acuité coutumière en ajoutant : « *Nous avons montré ensuite que toutes ses opinions sont très saines, et qu'ainsi, toutes ces vanités étant très bien fondées, le peuple n'est pas si vain qu'on le dit, et ainsi nous avons détruit l'opinion qui détruisait celle du peuple. Mais il faut détruire maintenant cette dernière proposition et montrer qu'il demeure toujours vrai que le peuple est vain, quoique ses opinions soient saines, parce qu'il n'en sent pas la vérité où elle est et que la mettant où elle n'est pas, ses opinions sont toujours très fausses et très malsaines* »[368].

On ne saurait s'étonner que Bossuet dénonce les outrances de la Réforme « *où chacun s'est rendu l'arbitre de sa croyance* », conduisant ainsi à l'athéisme[369]. On comprend pourquoi, porté par un élan oratoire où il embrasse toute la dimension spirituelle et politique de son courroux, il épargne le peuple en le dégageant de toute responsabilité quand il déclare : « *On énerve la religion, quand on la change et on lui ôte un certain poids qui, seul, est capable de tenir les peuples* »[370]. La Bruyère parle des « *sots préjugés du peuple* ». Dans le dictionnaire de Furetière (édition 1727), le peuple est défini par opposition aux « *nobles, riches ou éclairés* » ainsi qu'aux *« sages »,* aux *« habiles* ». Il correspond plus au mot latin *plebs* qu'à celui de *populus*.

Les points de vue avaient toutefois commencé à se modifier avec Fénelon qui s'attache à souligner le mépris dont le peuple est l'objet, ce sur quoi il insiste auprès des élites. Dans l'un de ses *Dialogues,* en réponse à un propos du roi de France, François Ier, se flattant d'avoir été le père des Lettres, il fait dire à Louis XII : « *J'aimerais encore mieux que vous eussiez été le père du peuple* »[371]. Dans *La lettre à Louis XIV,* il s'exprime en ces termes : « *Le peuple même, (il faut tout*

---

[367] Pascal : *Œuvres complètes*, La Pléiade, Gallimard, Paris, 2001, vol. II, p. 563.

[368] Ibidem p. 569. Les fragments 87 et 88 qui suivent développent ce propos.

[369] Bossuet : *Oraison funèbre d'Henriette de France,* dans *Œuvres oratoires* de Bossuet, Desclée et De Brouwer éd. Paris, 1922, T. V, p. 529.

[370] Ibidem, p. 532.

[371] Fénelon : *Œuvres*, Pléiade, Gallimard, Paris, 1997, T.I, p. 463.

dire) qui vous a tant aimé, qui a eu tant de confiance en vous, commence à perdre l'amitié, la confiance et même le respect... Il est plein d'aigreur et de désespoir... la sédition s'allume peu à peu de toutes parts »[372]. Il en ressort que, depuis la fin du XVIe siècle, la condition du peuple, en France au moins, est de plus en plus dans une situation de subordination. Au XVIIe siècle, cette position lui est, pour certains, consubstantielle. D'autres considèrent qu'elle peut s'atténuer par l'éducation. Fénelon y insiste beaucoup. Pourtant, on prête au Cardinal de Retz d'avoir déclaré dans ses *Mémoires* : « *Il y a mille fois plus de solidité dans le peuple que dans le Cabinet* »[373]. On mesure par là le rôle de l'*Encyclopédie* de Diderot et D'Alembert, qui résume cette évolution dans l'article consacré au mot « Peuple » dans le Tome XII : « *Autrefois en France, le peuple était regardé comme la partie la plus utile, la plus précieuse & par conséquent la plus respectable de la nation. Alors, on croyait que le peuple pouvait occuper une place dans les états-généraux, & les parlements du royaume ne faisaient qu'une raison de celle du peuple et de la leur. Les idées ont changé...* » De fait, c'est surtout sous l'angle des aptitudes dans les différents domaines de la production que le peuple est décrit dans cet article. Il y est aussi question de sa position de subordination qui est vivement décriée : « *A l'égard de l'obéissance, c'est une injustice de calomnier ainsi une multitude infinie d'innocents...* ». Il n'y a pas trace de ses capacités politiques. Il faut se tourner vers Montesquieu pour que le peuple retrouve sa place comme acteur potentiel de la vie politique, mais surtout par référence à l'Antiquité[374] et dans le cadre d'un régime représentatif : « *Le peuple est admirable pour choisir ceux à qui il doit confier quelques parties de son autorité* »[375]. Par son insistance sur l'éducation, Montesquieu prolonge les recommandations de Fénelon : « *Les lois de l'éducation sont les premières que nous recevons... Si le peuple en général a un principe, les parties qui le composent, c'est-à-dire la famille, l'auront aussi... Les lois de l'éducation seront différentes dans chaque espèce de gouvernement. Dans la monarchie, elles auront pour objet l'honneur, dans la république la vertu*[376]*, dans le despotisme la crainte* »[377].

---

[372] Ibidem, p. 547.

[373] Dictionnaire Littré *ad vocem*.

[374] *De l'Esprit des lois*, Pléiade Gallimard éd., présentation Roger Caillois, Paris, 1951, Livre II, 2.

[375] Ibidem, p. 240.

[376] En dépit des réserves formulées par Aristote, voir infra.

C'est à Jean-Jacques Rousseau qu'il revint de définir le statut du peuple dans l'ordre politique en posant le principe de l'inaliénabilité de la souveraineté du peuple. La démarche qu'il décrit dans le premier chapitre du livre II du *Contrat Social*[378] témoigne d'une analyse fondée sur une approche initiale de caractère social. Il retrouve en cela l'argumentation aristotélicienne qui développe l'idée selon laquelle les différentes composantes du corps social forment un ensemble qui, par sa diversité même, mérite de se voir attribuer la souveraineté[379].

On peut y retrouver la conviction d'une pensée fondée sur l'observation minutieuse d'un environnement qui pourrait être, parmi d'autres, la société suisse et en particulier genevoise, imprégnée des structures à vocation sociopolitique issues de la *Landsgemeinde.* L'expression a pris une dimension grandiose sinon universelle, sacralisée par le poème de Marie-Joseph de Chénier mis en musique par Etienne Nicolas Méhul sous la forme :

Tremblez, ennemis de la France,
Rois ivres de sang et d'orgueil.
Le Peuple souverain s'avance,
Tyrans, descendez au cercueil[380].

De la foi à l'éthique entre XVIIe et XVIIIe siècle

Parallèlement à cette évolution du regard sur le peuple, un glissement de la foi vers l'éthique a été perçu entre le XVIIe et le XVIIIe siècle dans les sociétés occidentales où ce qui relève de la croyance au sens religieux du terme n'est plus la référence systématique. La scission provoquée par la Réforme a favorisé, dans

---

377 *De l'Esprit des lois*, op. cité, p. 262.

378 Rousseau J.J. : *Du contrat social*, 1018, présentation Guillemin H., Paris, 1963, pp. 69-70. Voir aussi Textes p. 193-194.

379 *Le Politique*, T.II, L.III-10, II. Texte établi et traduit par Jean Aubonnet, Paris, Belles-Lettres, 2002, pp. 74-75. Ne peut-on par ailleurs voir affleurer dans ce texte une conception prémonitoire des principes évangéliques ouverts sur un universalisme associant l'humanité tout entière pour œuvrer au bien commun. La métaphore du *repas à frais communs* utilisée par Aristote y inciterait. De même l'idée de ne pas limiter à la vertu les critères d'accès à l'exercice des responsabilités collectives est perceptible dans des propos tels que : *La majorité, en effet, dont chaque membre n'est pas un homme vertueux, peut cependant, par l'union de tous être meilleure que cette élite, non pas individuellement mais collectivement.*

380 Voir Dominé J.F. : « Le chant du départ de Marie-Josèphe Chénier et Étienne Méhul », dans *Annales historiques de la Révolution française,* No. 329 (Juillet/septembre 2002), pp. 89- 100.

l'espace social, des transformations qui ont déplacé le pôle de référence majeur jusque là installé dans la théologie vers d'autres horizons liés au savoir, à la prise en compte de l'individu dans le groupe, privilégiant la morale sur la foi. Le mot de Rousseau déclarant « Le dogme n'est rien, la morale est tout »[381] est une façon de souligner en quoi l'éthique se substitue à la théologie. Ceci aboutit progressivement à l'instauration du primat de la loi civile.

À ces transformations internes à l'Europe s'ajoute la révélation des mondes nouveaux qui introduisent une relativisation des références donnant ainsi davantage prise au scepticisme et aux déviances que la théologie s'était attachée à juguler. Sous les apparences d'une monarchie à la française attachée à préserver l'autorité par l'ordre politique, c'est cette crise de la diversité qui chemine à travers tout le XVIIe siècle. La parution en 1686 de l'œuvre de Fontenelle, *Les Entretiens sur la pluralité des mondes*, en est un des symptômes. La rationalité présente depuis toujours dans les arcanes de la pensée va se révéler comme l'alternative propre à redonner un centre de gravité à la nébuleuse des incertitudes qui hantent la société et son encadrement politique et dont la recrudescence des pratiques de la sorcellerie et de l'occultisme au XVIIe siècle renvoie l'écho. Toutefois la notion de raison d'État pervertit quelque peu le principe rationnel en récupérant celui d'autorité jusque là détenu par l'Église. Ce que montre le gallicanisme[382]. Ainsi les forces explosives qui s'étaient multipliées au XVIe siècle ont été capturées par la monarchie jusqu'au milieu du XVIIIe siècle avec toutefois la persistance d'un « *sens chrétien* » dans les comportements sociopolitiques qui tendent à la laïcisation[383]. Là se trouve un point de divergence entre la rigueur janséniste et la souplesse jésuite, plus encline aux accommodements avec le siècle. Un glissement s'opère entre les valeurs et les comportements issus du christianisme vers la société civile, dans laquelle persistent des

---

[381] Voir Masson P.M. : *La religion de Jean- Jacques Rousseau*, Slatkinen, Reprint Genève, 1970, p. 48.

[382] Sur tous ces aspects, voir De Certeau M. : *L'écriture de l'histoire*, Gallimard, Paris, 1975, pp.154-155.

[383] De Certeau M. p. 172-173. L'auteur précise cette fragilité hésitante mais toujours sous-jacente de la conscience chrétienne dans un contexte de plus en plus distant de la référence religieuse en citant Montesquieu à propos des chrétiens dont il dit qu'ils « ne sont pas plus fermes dans leur incrédulité que dans leur foi ; ils vivent dans un flux et un reflux qui les porte sans cesse de l'une à l'autre ». La réprobation des violences des dragonnades, auxquelles il est fait allusion ici, témoigne de cette attitude critique qui habite le christianisme.

enclaves « spirituelles » où se maintient à travers l'Europe un « radicalisme chrétien » à même d'inspirer des foyers de résistance politique plus que religieuse à caractère subversif à l'égard de l'autoritarisme du pouvoir en place[384]. Même épuré de ses contenus proprement religieux, le christianisme a continué à servir de socle et de référence, tant dans l'élaboration d'une « religion civile » que dans celui du savoir scientifique. Dans ce contexte, la question de l'origine chrétienne de la science moderne a été posée[385].

Que les principes sur lesquels s'appuie la mouvance « éclairée » pour activer, au XVIIIe siècle, la transition de « la chrétienté à l'Europe moderne » aient opéré par le truchement des « structures religieuses » qui avaient façonné la société d'Ancien Régime[386], n'est peut-être pas ce qu'il y a de plus important à retenir[387]. C'est au niveau des valeurs morales, liées à l'égalité en droit, au respect de la conscience[388] individuelle et à tout ce qui s'y rapporte dans l'ordre politique, que s'observe l'émergence d'un courant de pensée issu du message évangélique originel. Diversement interprété et remanié au cours des siècles qui ont vu éclore les débats intellectuels et plus précisément théologico-politiques, ce message s'est formalisé en systèmes de pensée qui l'ont dispersé au-delà même de la Réforme. C'est au sein de cette pluralité, méticuleusement décrite[389], dont le rationalisme pourrait être le dénominateur commun, en même temps que l'instrument d'un nouveau prosélytisme, qu'il faut chercher les signes d'une référence à la démocratie et à son objectif universaliste, qui restent encore pour longtemps le fait des nouvelles élites. Pourtant les tenants de la tradition sont loin d'être évincés, même si 1750 marque à cet égard, une rupture sensible[390].

---

[384] De Certeau, p. 176-181.
[385] De Certeau, p. 191.
[386] De Certeau, p. 192.
[387] Ce transfert rappelle celui qui avait eu lieu avec le principe de centralisation retenu par l'institution pontificale, inspiré de l'empire romain.
[388] Au sens où l'entend Rousseau quand il s'écrie « *Conscience, Conscience, instinct divin, immortelle et céleste voix* » (*Émile ou de l'éducation,* IV).
[389] De Certeau, pp. 193-195.
[390] De Certeau, p. 207.

Les travaux qui ont été menés sur les origines de la démocratie[391] donnent la regrettable impression d'avoir court-circuité la longue période comprise entre le VIe et le XVe siècle, au cours de laquelle l'idée démocratique s'est déployée dans la partie vive des forces sociales et politiques au sein de la vie municipale. Même le détour par les circuits alpins, où s'étaient ancrées en milieu rural les pratiques parlementaires pour se propager jusqu'en Suisse, semble avoir échappé à l'attention des observateurs, ou été jugé trop peu significatif pour qu'on y prenne garde. Or la Suisse est la patrie de Jean-Jacques Rousseau, inspirateur de Kant et de Robespierre. On a cherché un modèle révolutionnaire dans l'exemple romain qu'aurait incarné Gracchus Babeuf se réclamant des Gracques, mais, étant donné le rôle que l'on accorde à Jean-Jacques Rousseau dans la genèse de la Révolution de 1789, ne conviendrait-il pas plutôt de s'interroger sur les sources médiévales de sa doctrine ?

Des études précises ont montré l'attachement profond de Rousseau aux coutumes et institutions suisses qu'il a observées avec le regard d'entomologiste et de botaniste qu'il savait porter à son environnement, et qui ont nourri ses réflexions politiques avec cette puissance ruminante qui le caractérise tellement[392]. Tous ceux qui se sont intéressés à Rousseau ont été frappés par l'originalité de sa pensée qui, bien que nourrie de Platon, d'Aristote et des grands stoïciens, ne semble tirer sa substance que de sa propre réflexion formée à partir de son expérience personnelle. Rousseau ne se réclame de personne, tout ce qu'il exprime procède de ce qu'il a vécu, ressenti et observé par lui-même. Nul mieux que lui-même ne pouvait analyser ce trait de caractère, comme il l'a fait dans sa *Lettre à M. de Malesherbes*. Ce point a été mis en évidence dans une étude remarquable[393]. Ceci tend à rendre crédible l'idée difficilement vérifiable de l'attention portée par Rousseau au fonctionnement de la démocratie directe en Suisse, d'où il pourrait avoir tiré sa doctrine. On

[391] Par exemple ceux de J. de Romilly, *Actualité de la démocratie athénienne* : entretiens avec Fabrice Amedeo, Bourin éd., Paris, 2006, ou de Pierre Manent : *Naissances de la politique moderne : Machiavel, Hobbes, Rousseau*, Paris, Payot, 1977 et *Enquête sur la démocratie : études de philosophie politique*, Paris, Gallimard 2007.

[392] Voir Jost F. : *J.J. Rousseau Suisse*, Fribourg 1961.

[393] Cassirer E. : *Le problème Jean Jacques Rousseau*, Fayard-Pluriel, Paris, 1932-2012, pp. 21-24.

peut comprendre qu'il ait été très sensible à la conception de la démocratie pratiquée dans les villages qui perpétuaient les pratiques remontant à ces assemblées populaires, elles-mêmes inspirées des principes de la commune italienne fondés sur le rapport étroit entre le peuple et le gouvernement[394].

Il n'est donc pas impossible que Rousseau ait eu directement ou indirectement connaissance de la *Landsgemeinde*, comme cela a été suggéré[395]. L'influence de l'exemple suisse sur Rousseau a été suffisamment mise en évidence pour que, par lui, on saisisse clairement ce qui relie la démocratie médiévale à la démocratie moderne, tant dans ses contenus politiques que dans ses fondements chrétiens[396].

Si, par ailleurs, on considère l'expansion du calvinisme qui n'a cessé de se renforcer jusqu'au XVIIIe siècle et l'influence qu'il a exercée sur les modes d'organisation par le recours au système représentatif mis en œuvre dans son fonctionnement, on peut comprendre qu'il ait pu contribuer à la formation de l'idéal politique de Jean-Jacques Rousseau, revenu à la religion protestante pour recevoir le titre de « citoyen de Genève » dont il se pare dans l'intitulé de son *Discours sur l'origine et les fondements de l'inégalité parmi les hommes par Jean-Jacques Rousseau citoyen de Genève*[397]. En dépit de certaines réserves, il apparaît, à le lire, que les relations entre Rousseau et le milieu genevois ont au moins stimulé sa réflexion[398].

---

[394] On trouvera dans l'étude précitée de R. Celli, *Pour l'histoire des origines*..., cité *supra*, un corpus bibliographique consistant sur tous ces aspects, p. 4 et 5. Notons aussi que le terme d'*assemblée des fidèles* qui revient souvent dans les textes pour désigner la communauté chrétienne et qui traduit parfois le latin *plebs*, invite à poser la question de savoir quels sont les membres qui composent cette assemblée. Si, comme tout porte à le penser, il s'agit de baptisés, cette assemblée comprend aussi bien les femmes que les esclaves. Même si ces catégories ne jouent sans doute pas de rôle décisif dans les débats, elles n'en sont pas exclues et ne font l'objet d'aucune discrimination de principe. N'y a-t-il pas là de quoi distinguer la démocratie chrétienne de la démocratie athénienne ?

[395] Ibidem, p. 31, note 14.

[396] Il convient toutefois d'observer que, si c'est bien de la *Landsgemeinde* que peut être rapproché le principe de souveraineté du peuple, ce n'est pas de cette institution, qui applique strictement la démocratie directe, que Rousseau tient celui de la démocratie représentative dont il a pressenti qu'elle seule pouvait conjurer les dangers de la démocratie directe.

[397] Voir *Les Confessions* I-VIII, O.C. T. I, Gallimard Pléiade, p. 392.

[398] Sur l'évolution de la pensée politique de Rousseau en relation avec ses retrouvailles genevoises, voir *Confessions*, cité supra, p. 394 et note 10, p. 1459.

L'auteur y donne nettement sa préférence pour la démocratie représentative dans laquelle le peuple n'intervient que pour donner ses suffrages à des représentants reconnus pour leur compétence[399]. On peut voir là une défiance à l'égard de toutes tendances à la démagogie. En cela le rapprochement avec les positions calvinistes se justifie.

La forte empreinte du calvinisme sur l'éducation de Rousseau a été bien souvent mentionnée. Mais son séjour à Genève entre 1754 et 1755 a contribué sans doute à étayer ses convictions. Les dissensions avec la société genevoise apparurent seulement plus tard avec pour principale cause la diffusion du *Contrat Social* en 1762. L'attention portée à tout ce qui touche à la religion dans les œuvres qui suivent cette période, confirme bien[400] que le christianisme ne saurait être absent de tout ce à quoi Rousseau s'applique. Il en fut ainsi des principes qui présidèrent à ses préoccupations politiques, dont le *Contrat Social* est la pièce maîtresse. Les *Lettres sur la montagne* qu'il rédigea pour riposter à ses détracteurs genevois en donnent beaucoup d'autres témoignages[401]. Le soutien apporté par Rousseau au principe de la délégation des pouvoirs du peuple à des autorités élues sur des critères de compétence serait donc à mettre en rapport avec le fonctionnement d'institutions calvinistes.

Ne faudrait-il pas plutôt considérer que la genèse de la réflexion de Rousseau pour aboutir au modèle auquel il est parvenu, résulterait d'une double démarche, l'une fondée sur son expérience propre, et l'autre sur l'observation de la persistance de pratiques issues des temps médiévaux ? Le vocabulaire, utilisé dans la rédaction des textes médiévaux qui nous renseignent sur les formes et les principes des statuts urbains des villes italiennes du XIIe siècle (*Breve consulum* ou

---

Quelles que soient les réserves que l'on puisse formuler, la dédicace qu'il rédige à l'intention de la République de Genève en introduction au *Discours sur l'origine de l'inégalité*, (Idées, Gallimard, 1965, p.17) ne saurait se réduire à une déférence convenue. Par ailleurs, on observera que, dans ce contexte, Rousseau ne manque pas d'évoquer l'application qu'il porte à la lecture de l'Évangile qu'il met en lien avec les dissensions qui l'éloignèrent des Encyclopédistes, voir *Confessions* T. I-VIII, p. 392.

399 *Discours*, Idées, Gallimard, 1965, op. cité, p. 22.

400 Leonard E.G. : *Histoire du protestantisme*, PUF, Paris, 1961, T.III, p. 122-126.

401 Tel ce propos « Reconnaissant dans l'Évangile l'autorité divine, nous croyons Jésus-Christ revêtu de cette autorité. Nous reconnaissons une vertu plus qu'humaine dans sa conduite et une sagesse plus qu'humaine dans ses leçons ». Cité par Léonard p. 126.

Breve Populi)[402], renvoie avec suffisamment de précision à l'idéal démocratique, tel qu'il émerge dès les premières phases de la Révolution de 1789, par son insistance sur la désignation du peuple comme instance délibérative. La relation entre la notion de *concordia,* sur laquelle les évêques avaient fondé leur démarche, et l'idée du rapport direct entre le peuple et le gouvernement, qui inspire *Le Contrat Social*, va dans le même sens. Selon ce principe, le peuple reste dépositaire du pouvoir dont il donne mandat à ses représentants[403]. C'est exactement ce que l'on trouve dans des statuts urbains, comme celui de Gênes de 1143[404].

[402] Voir supra et ci-après dans les annexes documentaires.

[403] Il n'est pas indifférent de rappeler que la pensée politique de Rousseau a eu une incidence indubitable sur celle de Kant. Voir à ce sujet Alquié F. : *Leçons sur Kant, la morale de Kant*, La Table Ronde, Paris, 2005, p.21-22. Sur les idées politiques de Kant, qui convergent assez largement vers le régime représentatif de type parlementaire et républicain, voir : Vlachos G. *: La pensée politique de Kant*, P. U. F. Paris, 1962.

[404] Voir Celli R. : *Pour l'histoire des origines...*, cité supra, p. 32, note 14. Voir également les Textes cités infra pp. 178-182.

CONCLUSIONS

UNE MORALE EN DEVENIR

Au terme de cette étude, il apparaît tout d'abord que les règles de fonctionnement de la communauté ecclésiale ont, depuis toujours, conservé la capacité d'évoluer, selon les circonstances et les contextes, qui ont nécessité d'en modifier les applications. Dans la longue durée, cela eut diverses conséquences sur les rapports entre le clergé et la société laïque. Ces évolutions ont pu aller jusqu'à des changements potentiellement « coperniciens » dans l'ecclésiologie, sur la base des dispositions conciliaires stipulées dans Vatican II, chapitre II *De populo Dei*[405]. Elles sont du reste ancrées dans la tradition au moins depuis le temps où s'était introduite la référence à la coutume, en s'appuyant sur le décret de Gratien, rédigé entre 1140 et 1150, selon qui « *les lois sont renforcées quand elles sont approuvées par les mœurs* »[406]. Cette proposition a fait l'objet d'un commentaire de Benoît XIV (1675-1758), à partir d'un texte de Thomas d'Aquin pour rendre l'idée selon laquelle la coutume peut se substituer à la loi, pour autant qu'elle soit rationnelle et légitimement prescrite. Ce qui revient à donner valeur de droit à l'usage, à condition d'être avalisé par l'autorité ecclésiale. On note à ce propos que la communauté des fidèles ne peut pas légaliser la coutume de sa propre initiative.

---

[405] Voir Thils G. : « La communauté ecclésiale, sujet d'action et sujet de droit », dans *Revue théologique de Louvain*, 1973, vol.4, n°4, pp. 443-468, en particulier p.444.

[406] *Leges ... firmantur cum moribus utentium approbantur* (décret I, dist.IV, c3) d'après Thils G. : « La communauté ecclésiale... », op. cité supra, p.462.

Liberté, responsabilité : une dualité structurante

Tout cela n'en va pas moins dans le sens d'une adaptation aux mœurs qui évoluent dans le temps, en tenant compte, avec plus ou moins de rigueur, de la notion de « personne humaine » renvoyant à celle d'individu dans son appartenance à la « communauté », soulignant ainsi la responsabilité que chacun y détient[407]. La pensée chrétienne explique, au moins partiellement, ici, sa capacité à s'adapter aux évolutions de la société. Le concile de Vatican II en témoigne.

C'est ainsi, par ailleurs, que s'est perpétué sous différentes formes le lien entre la doctrine chrétienne et la démocratie[408], sur la base de l'évolution des rapports entre le cadre institutionnel ecclésial et la communauté des fidèles, thème récurrent du message évangélique qui donne toute sa place à la communauté[409]. Tout un courant de pensée, de saint Augustin jusqu'au IXe siècle, est à l'origine de ce retour à l'*Évangile* pour associer les laïques aux ministres du culte, en particulier sous la forme du diaconat dans le cadre de l'*Universitas fidelium* (communauté des fidèles). Celle-ci accède ainsi au statut de « vrais sujets d'action »[410]. Toutes choses qui valorisent l'individu auquel est conférée une « autorité spirituelle », qui n'est pas « purement dérivée, reçue de la hiérarchie ». Ce qui relève encore du message de Vatican II[411].

Cette coresponsabilisation est fondée sur le principe de la désignation par le peuple, selon le précepte d'Hippolyte de Rome qui a évolué vers la pratique élective[412]. Cette problématique portant sur

---

[407] Voir Thils G., op. cité supra, p. 462-467.

[408] Voir Ratzinger J. : *La démocratisation dans l'Église*, Paris, 1972, pp. 45-46, cité d'après Thils G., cité supra, p. 449.

[409] Voir Matthieu, 18 16-17, où il est dit à propos de la rémission des péchés que le pénitent peut s'adresser à ses frères en la communauté pour aller vers l'absolution qui reste toutefois du ressort du prêtre : « Si [ton frère] ne t'écoute pas, prends encore avec toi un ou deux autres, pour que *toute l'affaire soit décidée sur la parole de deux ou trois témoins*. Et s'il refuse d'écouter même la communauté, qu'il soit pour toi comme le païen et le publicain ».

[410] Thils G. : « La communauté ecclésiale... », op. cité supra, p. 460.

[411] Voir Thils G. : « La communauté ecclésiale... », op. cité supra, pp. 456-457.

[412] Voir : *Hippolyte de Rome, la tradition apostolique*, trad. B. Bott, Le Cerf ed., Paris, 1946, pp. 26-27, cité par Thils supra p. 458.

une osmose entre les composantes de la communauté ecclésiale et leurs prolongements dans la société laïque est toujours d'actualité[413].

Le débat et la réflexion critique autour du message évangélique se sont poursuivis sans désemparer sur deux points majeurs : d'une part la distinction drastique entre l'esprit et la lettre, d'autre part le principe d'équilibre entre Autorité et Liberté sur la base du suffrage, qui n'exclut pas le conflit. Celui-ci s'est structuré d'abord, au XIIe siècle, dans le milieu intellectuel et universitaire dans le domaine théologique. Il s'est ensuite étendu sur des modalités contestatrices issues de flambées révolutionnaires qui favorisèrent, sous la tutelle épiscopale, l'esquisse du régime parlementaire, dont les cités-états d'Italie du nord ont construit les premières expériences. Les turbulences sociales attisées par l'essor de l'économie urbaine, combinées à la recrudescence des mouvements hérétiques, ont ouvert la voie à une contestation multiforme que la crise du Grand Schisme a aggravée. Le parlementarisme y trouva de quoi renforcer ses rouages sur le modèle des institutions ecclésiastiques. Il a suffisamment résisté à la reprise en main de l'autorité par les pouvoirs monarchiques et la Contre-Réforme, pour retrouver toute sa vigueur dans le contexte de l'idéologie des « Lumières » et de l'ouverture vers la démocratie par la Révolution de 1789.

Une présence cryptée

Si l'on s'avance vers nos époques contemporaines, on constate que la pensée chrétienne a continué à nourrir la réflexion dans des contextes toujours plus conflictuels, sans pour autant cesser d'affirmer ce que lui doit la démocratie. Selon Tocqueville (1805-1859), le christianisme est le fondement de la morale moderne. Il a rassemblé tous les apports qui vont dans le sens de la justice et de la vertu, qui sont un héritage gréco-latin, mais il les élargit par la transcendance, l'universalisme, et l'élan d'une spiritualité nouvelle[414]. Henri Bergson (1859-1941) déclare : « *La démocratie est d'essence évangélique, elle a pour moteur l'amour* ». Il ajoute à propos des formes antiques de la démocratie : « *Ce furent de fausses démocraties que celle des cités antiques, bâties sur l'esclavage* ». Il considère que la démocratie est là

[413] Voir Thils G. : « La communauté ecclésiale... », op. cité supra, p.460.

[414] Voir sur ces points un résumé des idées de Tocqueville dans *Notes sur le Coran et autres textes sur les religions*, présenté par Jean Louis Benoît, éditions Bayard, 2007.

pour corriger les erreurs de la nature pour laquelle « l'amour évangélique n'est pas la loi » et ajoute : « La démocratie est un grand effort en sens inverse de la nature ». Selon Bergson, c'est dans la *Déclaration américaine d'indépendance* de 1776, inspiratrice de la *Déclaration des droits de l'homme* de 1791, qu'on trouve les premières traces du message évangélique ayant eu une incidence politique d'envergure. Il rappelle également qu'il faut tenir compte de la dimension religieuse de la pensée de Rousseau et de Kant, en soulignant vigoureusement « le fond religieux chez Kant et chez Rousseau ensemble ». Il ajoute : « on sait ce que Kant doit à son piétisme, Rousseau à un protestantisme et un catholicisme qui ont interféré ensemble »[415]. Pour Jacques Maritain (1882-1973), « La démocratie est effort pour redresser la nature, un effort lié au développement de la raison et de la justice, qui doit s'accomplir dans l'histoire sous l'influence du ferment chrétien. » [416].

Ceci n'a altéré en rien la pulsion contestatrice qui habite le christianisme depuis ses origines et a irrigué toute l'époque médiévale.

La critique interne connut d'autres rebondissements au XIXe siècle[417]. La carrière de Lamennais en est une bonne illustration. Les principes qu'il tire de l'Évangile en déclarant « Le vrai christianisme, c'est l'Évangile interprété par les peuples »[418], le dit assez. Il saute le pas en publiant en 1834 un pamphlet frémissant sur un ton révolutionnaire intitulé *Paroles d'un croyant*. On pourrait définir ce livre comme une entreprise de mobilisation politique au nom des valeurs chrétiennes : Justice, Équité, Solidarité, dont l'auteur estimait qu'elles avaient été bafouées par la collusion de l'Église et de l'État pendant la Monarchie de Juillet en France. C'est dans cette œuvre qu'il exprime le mieux son intuition visionnaire concernant en particulier la dimension démocratique de la doctrine chrétienne. Elle fait de lui, par des formules où il en appelle à l'union des peuples contre l'oppression, le précurseur du Manifeste du Parti Communiste

---

[415] *Les deux sources de la morale et de la religion*, Paris, 1932, p. 151-152.

[416] *Christianisme et démocratie,* P. Hartmann Ed. Paris, 1945, p. 61.

[417] Ce qui s'est produit au XVIIIe siècle avec les Encyclopédistes est d'une autre nature, puisque l'objectif était non pas de réformer la religion et ses institutions de l'intérieur, mais de chercher à l'éliminer comme ce fut le cas au plus fort de la période révolutionnaire, à la fin de l'année 1793, avec la déchristianisation pour mot d'ordre.

[418] Boulier J. : « Monsieur Féli et le christianisme éternel » dans *Europe*, N.S Centenaire de la mort de Lamennais, n°98-99, février mars, 1954, pp. 62-63.

de Karl Marx, publié en 1848[419]. L'influence de Lamennais s'étendit jusqu'au porte-parole de la théologie de la libération au Brésil dans les années 1960-70, Dom Helder Camara, marqué par la pensée de Jacques Maritain. Fortement impliquée politiquement, cette doctrine, en ravivant les violents débats, où s'affrontèrent les défenseurs des pauvres contre la hiérarchie, relança le défi lancé à l'Église sur le sens de sa mission[420].

Se poser en s'opposant

Ainsi, ne serait-ce que par le jeu des forces internes qui n'ont cessé de susciter la controverse et de stimuler un débat permanent, une forte proportion de la mouvance catholique a témoigné, tant sur le plan moral que sur le plan social, de son attachement à ses fondements évangéliques qui portent à entretenir la vigilance de la conscience, la mise en question de l'ordre établi, autant d'éléments constitutifs de la démocratie. Cela va jusqu'à inscrire la dynamique chrétienne dans la dialectique qui invite à se poser en s'opposant. Ce qui est aussi une façon de retrouver la convergence entre la pensée grecque et le message chrétien autour de la démocratie. En s'opposant à l'ancienne loi en proposant une loi nouvelle, le Christ n'a-t-il pas agi en initiateur de la contestation ? En chassant les marchands du Temple, n'a-t-il pas donné l'exemple d'une démarche révolutionnaire que suivirent ceux qui se réclamaient de Jésus, « le pauvre sans-culotte », en 1793, selon les mots du Père Duchenne, pour appeler à la destruction des églises ?

UNE MISE À DISTANCE NÉCESSAIRE

Les catholiques et la démocratie

Une question reste posée dans notre actualité : pourquoi les catholiques ont-ils hésité plus d'un siècle avant d'adhérer au modèle de la république démocratique et laïque, et pourquoi, bien qu'ayant

---

419 Comment ne pas rapprocher cette phrase : « Tandis que vous serez désunis, et que chacun ne songera qu'à soi, vous n'avez rien à espérer que souffrance, et malheur, et oppression », (voir Textes p. 196) du fameux « Prolétaires de tous les pays unissez-vous » qui conclut le manifeste de Marx ? Voir aussi dans le n° d'*Europe* cité supra, l'article « Communisme et religion », pp. 116-132.

420 Riquet M. : « Théologie de la libération et crise du sacerdoce » dans *Revue des deux mondes*, octobre 1984, pp. 96-105.

des racines chrétiennes, la société européenne et particulièrement la société française ont-elles, de nos jours, déserté les églises ? Rappelons qu'à plusieurs reprises dans son histoire, l'Église catholique a connu cette désaffection, d'abord dans les périodes de formation et d'implantation du christianisme qui se prolongèrent pendant plusieurs siècles en Europe, puis dans les moments de crise qui n'ont pas manqué aux XVIIe et XVIIIe siècles. Mais, pour répondre à cette question, il faut surtout réaliser que la démocratie moderne a, dans ses origines, le christianisme comme gène fondateur. La devise « Liberté Égalité[421] Fraternité » est un résumé du message chrétien. Obscurcie par des conflits essentiellement politiques qui ont jalonné l'histoire de l'Europe, l'identité chrétienne de la démocratie est restée longtemps enfouie sous la trame des péripéties qui forment l'écume de l'histoire. L'anticléricalisme qui a fait rage, à certains moments, notamment au XIXe siècle, a été confondu avec l'antichristianisme et l'est sans doute encore, dans bien des milieux. Ainsi, de nos jours, le Français moyen, imprégné de l'idéal démocratique, ne voit plus l'utilité de fréquenter l'église parce que le message chrétien est intégré aux mœurs civiques, auxquelles il adhère spontanément.

Un regard critique sur la démocratie

Le fait de mettre en évidence la façon dont le christianisme a remodelé la conception de la démocratie à partir de l'exemple grec qui reste, en dépit des critiques formulées à son endroit, la référence de base[422], ne constitue pas pour autant une apologie sans réserves de la démocratie. Le christianisme, ayant exercé une influence déterminante partout où il a fait souche et en particulier en Europe, a contribué à l'assimilation des valeurs de la démocratie, dont on rappellera une fois encore l'aspect le plus remarquable, qui est le respect de l'individu en tant que personne disposant d'une capacité d'analyse et de jugement, lui permettant de définir sa conduite dans la société où il est inséré, avec tout ce qui en découle, libre arbitre, attitude vigilante à l'égard du pouvoir et de la hiérarchie. Tout ce qui, par ailleurs, constitue l'essence du christianisme et relève de la foi se situe hors du domaine

[421] Sur des débordements du principe d'égalité, voir Schnapper D. : *La démocratie providentielle. Essai sur l'égalité contemporaine*, Gallimard, Paris 2002.
[422] Mossé Cl. : *Dictionnaire de la civilisation grecque*, Éditions Complexe, Paris, 1998, pp. 150-152.

de la démocratie qui ne couvre que le champ civique bipolaire en distinguant l'espace public et l'espace privé. Le christianisme a ainsi contribué à enraciner l'idée de la distinction entre le spirituel et le matériel. Bien qu'étant avant tout fondé sur l'Incarnation du Verbe, préservant le lien irréductible entre le corps et l'esprit, le christianisme est la source du principe de la séparation du politique et du religieux, par lequel a cheminé le mouvement d'idées et s'est élaborée la laïcité. Sur la base de notions d'ordre moral plus que politique, il a posé le cadre de ce qui devint au cours des siècles la démocratie, telle qu'elle se présente aujourd'hui.

Il n'empêche que d'autres apports ont contribué à en façonner les modalités. Les influences germaniques et scandinaves y ont pris une part importante, sur le substrat antique, grec et romain, qui en constitue l'armature dans le domaine juridique et législatif. Entre le Ve et le VIe siècle, à la faveur du grand mouvement de populations connu sous le nom de Grandes Invasions, puis avec l'arrivée des Normands ou *Nordmen*, un grand brassage s'est opéré. Les pratiques juridiques orales et coutumières, les modes d'organisation collective, les institutions de type parlementaire, qui sont aujourd'hui au cœur de la démocratie, sont venues compléter les modèles issus des systèmes d'assemblée d'origine grecque et latine[423]. L'*Althing* islandais, propagé sous diverses formes par les Normands, en est un bon exemple. La loi Gombette, introduite par les Burgondes en 502, le Bréviaire d'Alaric (*Lex Romana Wisigothorum*) de 506, l'*Edictum* lombard de Rotharis de 643 ont formé un enchevêtrement de pratiques, dont certaines ont subsisté avec des incidences politiques et sociales, en particulier sur le statut des femmes dans le cadre familial[424].

Tout cela a fortement imprégné l'espace européen où le christianisme sous diverses formes s'est développé. Il convient ici de bien souligner que la plupart de ces peuples sont ariens, donc issus de la doctrine d'Arius, considérée comme hérétique parce qu'elle ne reconnaît pas dans la Trinité la nature divine du Christ[425]. Les Ariens n'en sont pas moins considérés comme chrétiens, ce dont témoignent

---

[423] *Agora, ecclesia, forum, comices* etc. sont les termes de référence de ces institutions.

[424] Jehel S. et G. : *De l'Antiquité au Moyen Âge*, cité supra, pp. 52-55.

[425] Voir supra.

les liens complexes qui s'établirent entre ces obédiences tant dans l'Italie lombarde que dans l'Espagne wisigothique[426].

Mais la démocratie comporte des aspects pratiques dont la mise en œuvre prête le flanc à bien des écueils. C'est d'abord celui de l'identifier au recours au vote pour une prise de décision. Il y a là une confusion courante qui pervertit la nature de la démocratie. Elle a été vigoureusement critiquée par Tocqueville, qui n'en avait pas moins apprécié les aspects bénéfiques. Devant l'urgence de légitimer une décision, on s'en remet nécessairement à l'avis du plus grand nombre, qui n'est pas forcément le meilleur, mais est celui qui donne, à tort plus qu'à raison, le sentiment d'une plus grande proximité avec le vrai et le juste, au nom de la notion de partage ou de consensus, permettant de surmonter ou d'occulter le conflit sur la base du fait majoritaire. A ce propos, Tocqueville a parlé d'*omnipotence* de la majorité en déclarant que « *l'empire moral de la majorité se fonde en partie sur cette idée qu'il y a plus de lumière et de sagesse dans beaucoup d'hommes réunis que dans un seul* ». Il souligne le postulat fondateur de la démocratie qui fait toute sa vulnérabilité. Il s'attache ainsi à mettre en lumière le risque que fait courir un système qui, reposant sur l'élection, porte à abuser de *la tyrannie de la majorité*[427], en dépit des préceptes inspirés de la référence à la *sanior pars*. Celle-ci induit en effet la procédure du vote à plusieurs degrés, aboutissant à la démocratie parlementaire, donc représentative. Les risques ainsi encourus, de la démagogie à la dictature, n'en subsistent pas moins. Ces maux ne peuvent être enrayés que par l'élargissement de l'accès au savoir, préconisé par Stuart Mill[428]. Les équivoques et les opacités ne sont pas dissipées pour autant. Il ne faut pas se fourvoyer sur la nature de la démocratie, qui ne relève que de la responsabilité individuelle déléguée à des représentants considérés comme qualifiés par le truchement du suffrage universel.

Ainsi, compte tenu des exigences morales, individuelles et collectives, auxquelles est soumis ce régime, il ne peut que tendre asymptotiquement vers l'idéal démocratique. Se pourrait-il qu'il

---

[426] Voir Gerbet M. Cl. : *L'Espagne au Moyen Âge, VIII*e*-XV*e *s*., éd. A. Colin, Paris 1992, p. 7-45 ; Jehel G. et Racinet Ph. : *Le christianisme, Début du VII*e *siècle-Milieu du XI*e *siècle,* Éditions du Temps, 1997, pp. 64-73.

[427] Tocqueville A. de : *De la démocratie en Amérique*, Garnier-Flammarion, 1981, T I, p. 343 et ss.

[428] Stuart Mill J. : *Considérations sur le gouvernement représentatif*, Gallimard Paris, 2009.

puisse se réaliser sans une assise spirituelle dont le christianisme serait le vecteur ? Il suffit pour en juger de comparer une carte des États considérés comme répondant aux critères de la démocratie avec une carte situant les espaces qui sont, de longue date, imprégnés de christianisme[429].

[429] On se reportera à ce propos aux cartes suivantes : Carte des religions du monde www.mapsof world.com/world-religion-map.htm La démocratie dans le monde en 2009 : http//www.geotheque .org J.B. BOURON, 2009.

BIBLIOGRAPHIE

En dépit de son âge, la meilleure synthèse disponible sur la période médiévale est encore le livre de Robert Lopez : *Naissance de l'Europe*, A. Colin, coll. Destins du monde, V^e-XIVe siècle, Paris, 1962.
Pour toutes précisions, voir : Le *Dictionnaire du Moyen* Âge, Claude Gauvard, Alain de Libera, Michel Zink (dir.), PUF ; Paris, 2002.

Sur la démocratie en général, les références de base restent Platon et Aristote, mais le débat s'est poursuivi bien au delà.
Claude Lefort, *L'Invention démocratique*, Paris, Fayard, 1981.
Bernard Manin, *Principes du gouvernement représentatif*, Calmann-Lévy, Paris, 1995.
Pierre Rosanvallon, *La Démocratie inachevée*, Folio Histoire, Paris, 2000.

Aujourd'hui la démocratie est devenue un modèle controversé :

Marcel Gauchet, *La Démocratie contre elle-même*, Gallimard, 2002.
Jacques Rancière, *La Haine de la Démocratie*, La Fabrique, 2005.

TEXTES À L'APPUI[430]

Le pouvoir délibérant selon Aristote

Aristote désigne ici la pièce maîtresse de la démocratie athénienne : l'*Ecclésia* dont la *Boulè* est l'émanation. C'est dans ce chapitre[431] qu'il identifie et définit les trois pouvoirs qui régissent la démocratie : le pouvoir délibérant, le pouvoir exécutif, le pouvoir judiciaire.

Le corps délibératif décide souverainement de la guerre et de la paix, des alliances et de leur rupture, des lois, de la peine de mort, de l'exil et de la confiscation des biens, du choix des magistrats et de la reddition de leurs comptes. Ces décisions, en vérité, doivent être laissées forcément, soit toutes à tous les citoyens, soit toutes à des citoyens déterminés [...] ou bien les unes à certains, les autres à d'autres, soit certaines d'entre elles à tous et certaines autres à des citoyens déterminés. La compétence universelle de « tous les citoyens » est caractéristique d'une démocratie.

LES FONDEMENTS CHRÉTIENS

Le christianisme change les conditions du gouvernement
Fustel de Coulanges (1830-1889)

Dans ce chapitre, où il tire un bilan de son étude sur la cité antique, l'auteur fait ressortir avec une précision et une acuité d'une pertinence rare ce par quoi l'influence du christianisme a constitué une étape décisive dans l'ordre politique. D'une part, le christianisme rejetait le ritualisme sourcilleux dans lequel la religion enserrait le corps social tant dans le domaine public que dans le domaine privé, en proclamant la séparation entre le religieux et le politique. D'autre part, il ouvrait la

---

[430] Citer un extrait de texte présente le gros écueil d'en trahir le sens en le sortant de son contexte. C'est aussi une façon d'étoffer une argumentation en l'appuyant sur des références reconnues. Il est toujours possible de se reporter à l'œuvre d'où est tiré un extrait.

[431] Aristote : *Politique*, texte établi et traduit par J. Aubonnet, L.IV, 14, T. II, éd. Belles Lettres, Paris, 2002, p.178.

voie à un universalisme qui contrastait vigoureusement avec le particularisme orgueilleux dans lequel se drapait la cité antique. On peut y voir surtout une explicitation éloquente du verset : *Rendez donc à César ce qui est à César et à Dieu ce qui est à Dieu* (Matt.22-21).

La victoire du christianisme marque la fin de la société antique. Avec la religion nouvelle s'achève cette transformation sociale que nous avons vu commencer six ou sept siècles avant elle. [...]

Avec le christianisme, non seulement le sentiment religieux fut ravivé, il prit encore une expression plus haute et moins matérielle. [...]

...Au lieu qu'autrefois la religion, chez les peuples de la Grèce et de l'Italie, n'était guère autre chose qu'un ensemble de pratiques, une série de rites que l'on répétait sans y voir aucun sens,... la religion fut un ensemble de dogmes et un grand objet proposé à la foi. [...]

Dès son début, il [le christianisme] appelait à lui l'humanité entière. Jésus disait à ses disciples : « *Allez et instruisez tous les peuples* ». [...]

Pour ce qui est du gouvernement de l'État, on peut dire que le Christianisme l'a transformé dans son essence, précisément par ce qu'il ne s'en est pas occupé. [...] Mais voici que Jésus brise cette alliance que le paganisme et l'empire voulaient renouer. Il proclame que la religion n'est plus l'État et qu'obéir à César n'est plus la même chose qu'obéir à Dieu.

Le stoïcisme avait marqué déjà cette séparation..., il avait fondé la liberté intérieure. Mais de ce qui n'était que l'effort d'énergie d'une secte courageuse, le christianisme fit la règle universelle. [...]

Si maintenant on se rappelle ce qui a été dit plus haut sur l'omnipotence de l'État chez les anciens,... on verra que ce principe nouveau a été la source d'où a pu venir la liberté de l'individu[432].

---

[432] *La cité antique*, Librairie Hachette, Paris, 1927, pp. 456-464.

Saint Clément de Rome, 4e évêque de Rome (88-97 ap. J.C.)

La désignation des évêques par élection[433]

Ce texte sert de référence à la procédure élective pour la désignation des évêques. Il prévoit que l'évêque soit choisi par un collège et présenté à « *l'assentiment de toute l'Église* », c'est-à-dire la communauté des fidèles comprenant les laïques.

1. Nos Apôtres aussi ont su qu'il y aurait des contestations au sujet de la dignité de l'épiscopat.
2. C'est pourquoi, sachant très bien ce qui allait advenir, ils instituèrent les ministres que nous avons dits et posèrent ensuite la règle qu'à léur mort, d'autres hommes éprouvés succéderaient à leurs fonctions.
3. Ceux qui ont ainsi reçu leur charge des Apôtres, ou, [...], d'autres personnages éminents, avec l'assentiment de toute l'Église, s'ils ont servi le troupeau du Christ d'une façon irréprochable, en toute humilité, sans trouble ni mesquinerie, si tous ont rendu un bon témoignage depuis longtemps, nous pensons que ce serait contraire à la justice de les rejeter de leur ministère.
4. Et ce ne serait pas une petite faute de déposer de l'épiscopat des hommes qui présentent à Dieu les offrandes avec une piété irréprochable.
5. Heureux les presbytres qui ont déjà parcouru leur carrière ! [...] Elle s'est déroulée jusqu'au bout et a rapporté son fruit. Ils n'auront plus à craindre qu'on vienne les chasser du poste qui leur a été assigné.
6. Car nous voyons que vous avez retiré à plus d'un bon presbytre un ministère qu'il exerçait d'une manière irréprochable et qui lui valait l'estime de tous.

---

433 Extrait de la 1ère *Lettre aux Corinthiens* de saint Clément de Rome, chapitre XLIV, d'après Faivre A. : *Chrétiens et Églises : des identités en construction. Acteurs, structures, frontières du champ religieux chrétien*, Paris, Cerf-Histoire, 2011, pp. 383 et ss.

Le Libre Arbitre selon saint Augustin (354-430)

Pour saint Augustin la notion de libre arbitre est liée à la notion de volonté et renvoie à celle de la grâce et la question centrale du mal dans le christianisme. Celui qui agit mal le fait par ignorance mais n'en est pas moins responsable pour avoir exercé sa volonté en refusant de savoir.

Là où, n'est-ce pas, il est dit « ne veuille pas ceci, ne veuille pas cela » et où l'action de la volonté est exigée, dans les commandements divins, pour faire ou ne pas faire quelque chose, le libre arbitre est suffisamment mis en lumière. Donc que personne ne mette Dieu en cause dans son cœur, mais que chacun, lorsqu'il pèche, en prenne la responsabilité, et quand il agit selon Dieu qu'il n'en dépossède pas sa volonté propre[434]. [...]

C'est une chose de ne pas avoir su, c'en est une autre de ne pas avoir voulu savoir. La volonté est inculpée chez celui dont l'Écriture dit : « Il n'a pas voulu avoir l'intelligence de faire le bien ». Mais encore cette ignorance qui n'est pas celle des hommes qui ne veulent pas savoir, mais celle de ceux qui tout simplement ne savent pas, n'excuse personne. [...]

Celui en tout cas à qui l'on dit « ne veuille pas être vaincu », on convient sans aucun doute du libre arbitre de sa volonté. Car vouloir et ne pas vouloir sont le propre de la volonté[435].

Lettres du pape Grégoire Ier le Grand (590-604)

Par ses origines aristocratiques, sa culture, sa carrière civile et son expérience politique, Grégoire le Grand s'imposa comme l'aboutissement de la conception de la mission apostolique issue du paulinisme. Il exerça les charges de préfet de la ville de Rome à partir de 572 et, après avoir adopté la vie monastique, il fut désigné pour représenter le pape à Constantinople avec le titre d'apocrisiaire (nonce pontifical) jusqu'en 585. À son retour à Rome, menacée par l'invasion lombarde, il fut appelé auprès du pape Pélage II. À la mort de celui-ci, emporté par la peste en 590, il fut élu pape à l'unanimité du clergé et du peuple, contre sa volonté. Les 857 lettres[436], qui nous sont parvenues, constituent le témoignage le plus éloquent de ce qu'a été le rôle de l'épiscopat pour assurer la continuité de l'État, entre l'effondrement de l'administration impériale romaine en Occident et son lent rétablissement au cours

---

[434] Saint Augustin, *Œuvres...*, cité supra, p. 886.

[435] Ib. p. 887.

[436] Grégoire le Grand, *Registre des lettres*, Introduction et notes par Marc Reydellet, traduction Pierre Minard et Marc Reydellet, coll. Sources chrétiennes, Éditions du Cerf, N° 370 (1991) et 520 (2008).

des temps carolingiens. Douloureusement partagé entre son inclination pour la méditation et le sens de sa responsabilité, dont il ne cesse de faire état avec une grande sincérité dans sa correspondance, il fait de ce dernier l'instrument d'une pédagogie efficace pour diffuser les principes de son gouvernement. Tout en y révélant sa forte imprégnation évangélique, il s'applique, avec sollicitude et minutie, à fournir les conseils et les moyens de résoudre les difficultés d'ordre économique, social et juridique, en ces temps d'insécurité et de précarité dans le vaste espace géopolitique dont il a la charge, avec le souci permanent de ne faillir en aucun cas à ses missions spirituelles et séculières sans jamais les confondre.

Au Préteur de Sicile pour lui demander son aide pour un envoi de blé[437].

À propos du blé dont vous m'écrivez, le magnifique Citonatus affirme très différemment qu'il en a été envoyé seulement la quantité requise pour remplir le grenier public à proportion des dépenses de l'indiction[438] précédente. Prenez soin de cela, parce que, s'il n'en est pas suffisamment envoyé ici, ce n'est pas un homme quelconque mais tout le peuple qui est mis à mort.

Rome face au danger d'invasion lombarde[439]

Quand vous aussi, lié par votre charge honorable, vous vous verrez retenu à Rome, vous connaîtrez de quel chagrin, de quelle amertume je souffre.

. [...] À l'arrivée du magnifique seigneur Maurentius, le Chartulaire[440], travaillez en accord avec lui, je vous prie, pour ce dont la ville de Rome a bien besoin ; car à l'extérieur nous sommes sans arrêt accablés par le glaive des ennemis et le péril intérieur des séditions militaires nous menace plus fortement encore.

[437] Grégoire le Grand, à Justin préteur de Sicile, (sept. 590), *Registre...* cité supra, vol. 370, p. 73.
[438] Mode de calcul permettant de définir l'année fiscale.
[439] Grégoire le Grand, à Paul le Scolastique, (septembre 590), *Registre...*, cité supra, vol. 370, p. 75.
[440] Fonction militaire.

L'évêque aux avant-postes de la défense des territoires[441]

...Comme donc à cause des malheurs de l'invasion, il n'est possible à personne d'habiter ni dans ta cité ni dans ton Église. [...] Nous t'instituons. [...] évêque titulaire de l'Église de Terracine, t'avertissant d'avoir ainsi [...] à prendre soin des âmes des populations qui résident là-bas, de telle sorte que les pièges de l'ennemi rusé et pervers ne puissent nuire. [...] au troupeau qui t'est confié.

Appel à l'élection d'un évêque[442]

Exhorte donc le clergé et le peuple à n'avoir aucun désaccord pour l'élection d'un évêque mais à élire en plein accord un évêque tel que ses actes soient dignes de louange.

Le fardeau de l'État[443]

Il est évident que vous ne m'aimez pas comme vous-même, vous qui avez voulu que je reçoive cette lourde charge que vous n'aviez pas voulu vous voir imposer. Mais voici que tout indigne et malade que je suis, j'ai reçu ce vieux navire, tout brisé, qui fait eau de toute part ; et dans la grosse tempête qui le secoue chaque jour, ses planches pourries ont des craquements de naufrage.

Entre charges pastorales et charges temporelles[444]

Je suis surpris de voir que vous avez abandonné la bienveillance que vous me manifestiez naguère, par suite de ma situation actuelle dans la charge pastorale. Sous couleur d'épiscopat, j'y suis ramené dans le monde ; j'y suis asservi à tant de soucis séculiers que je ne me

---

441 Grégoire le Grand, à Agnellus, évêque de Fondi, qui maintenant a été installé à Terracine, (novembre 592) *Registre...*, cité supra. Vol. 520, p. 103.

442 Grégoire le Grand, à Magnus, prêtre de l'Église de Milan (mars 593), *Registre* .., cité supra, Vol. 520, p.131.

443 Grégoire le Grand, à Jean de Constantinople, (octobre 590), *Registre* ..., cité supra, vol. 370, p. 77.

444 Grégoire le Grand, à Théoctiste, sœur de l'empereur Maurice, (octobre 590), *Registre* ..., cité supra, vol. 370, p. 79.

souviens pas y avoir jamais été soumis en si grand nombre dans ma vie laïque. J'ai perdu les joies profondes de mon repos. [...]

Et voici qu'il m'est dit : « Retourne chez toi et annonce tout ce que le Seigneur a fait pour toi ». Mais au milieu de tant de soucis du monde, qui pourrait annoncer les merveilles de Dieu ?[445]. [...]

Donc, une fois reçu le fardeau de la charge pastorale, lorsque je considère tout cela et beaucoup d'autres choses, je vois ce que je ne puis être, surtout parce qu'en cette situation, quiconque a le nom de pasteur a le poids très lourd des soucis extérieurs, au point que souvent il ne sait plus s'il remplit l'office d'un pasteur ou celui d'un chef temporel[446].

Litige sur un bien foncier[447]

....Nous voulons donc qu'allant à la cité de Palerme, tu examines attentivement cette affaire, en partant de ce principe que le droit de propriété demeure acquis au possesseur selon la possession exercée jusqu'alors. De la sorte, si tu constates que le dit monastère [...] a possédé les terres au sujet desquelles une réclamation s'est élevée, sans contestation depuis quarante ans, ne tolère désormais aucune injuste accusation, même si l'Église romaine devait en être affectée. [...] Si par contre les agents de l'Église devaient apporter la preuve que le droit de propriété n'a pas été incontesté, [...] que des arbitres soient choisis et que le litige soit apaisé dans le calme et la légalité.

Charité et action sociale[448]

Il appartient à la charge épiscopale que soit procurée assistance aux veuves et aux femmes qui ont perdu le soutien d'un mari. Privées en ce monde d'une condition vraiment humaine, qu'elles puissent de la sorte, sous la protection de l'évêque, y trouver un remède. C'est ainsi que Luminosa, femme honorable, veuve du clarissime Zemarcus,

---

[445] Ibidem. p. 83.

[446] Grégoire le Grand, au clergé de l'Église de Milan (février 591), *Registre* ..., cité supra, vol.370, p. 151.

[447] Grégoire le Grand, au sous-diacre Pierre, (octobre 590) *Registre* ..., cité supra, vol. 370, p. 95.

[448] Grégoire le Grand, à l'évêque de Centumcellae, (déc.590), *Registre* ..., cité supra, vol. 370, p.103.

tribun, s'est confiée après Dieu, à notre protection ; nous vous demandons de lui venir en aide. […]

Lors de ton départ, […] nous t'avons mandé […] d'avoir à t'occuper du soin des pauvres et si tu en connaissais en cet endroit qui soient dans le besoin, de me les indiquer par retour du courrier[449].

Il appartient à notre charge de venir en aide à ceux qui ont perdu leurs parents. […] Il appert qu'Urbicus, votre père […] était à son décès débiteur d'une somme non négligeable […] en faveur de l'Église. […] Nous vous permettons […] dans un souci de bonté de détenir et posséder la fortune de ce même père pour servir à vos besoins avec l'assurance que personne ne vous inquiétera[450].

Convertir avec douceur[451]

Le juif Joseph […] nous a fait savoir ceci : Les juifs qui habitent au castrum de Terracine avaient coutume de se réunir dans un certain local pour célébrer leurs fêtes. Ta Fraternité les ayant chassés, ils avaient émigré ailleurs […]. Ils se plaignent vivement d'avoir été de nouveau chassés. Que ta Fraternité s'abstienne de ce genre de querelle. […] Eux, en effet, qui sont en désaccord avec la religion chrétienne, c'est par la douceur et la bonté […] qu'il faut les amener à s'agréger à l'unité de la foi […] ; il faut donc qu'ils en arrivent à venir volontiers vous écouter.

Contre la hausse excessive du prix du blé, les dysfonctionnements de son marché et les abus de la fiscalité[452]

Nous avons appris que les paysans de l'Église étaient gravement lésés en ce qui concerne le prix des céréales. […] Nous voulons qu'en tous temps, qu'il y ait plus ou moins de blé, l'on maintienne le prix d'achat, en tenant compte des prix officiels. Quant au blé qui périt par naufrage, nous voulons qu'il soit compté dans la quantité globale de

[449] Grégoire le Grand, au sous-diacre Anthime, (mars 591), *Registre…*, cité supra, vol. 370, p. 187

[450] Grégoire le Grand, à Pascal, Domitien et Castorius, fils d'Urbicus, défenseur de Tibur (février 593), *Registre...*, cité supra, vol. 520, p.119.

[451] Grégoire le Grand, à Pierre évêque de Terracine, (mars 591), *Registre...*, cité supra, vol. 370, p.181-183.

[452] Grégoire le Grand, à Pierre, sous-diacre de Sicile, *Registre* (mai 591)…, cité supra, vol. 370, p. 203.

telle façon […] qu'il n'y ait de ta part aucune négligence dans l'envoi, afin que le retard ne soit pas l'occasion d'une perte due à votre faute. Il nous est apparu également comme très injuste et inique qu'on exige des paysans de l'Église le *sextariaticum*[453] et qu'on les force ainsi à livrer une quantité supérieure. […] C'est pourquoi nous ordonnons qu'on ne devra jamais accepter des paysans de l'Église du blé en boisseaux de plus de dix-huit setiers.

Nous avons appris également qu'il se pratiquait dans certains domaines de l'Église une levée d'impôt extrêmement injuste, au point qu'on exige […] la livre à soixante-treize sous et demi, ce qu'il est honteux de dire. […] Mais on dit de plus qu'il est exigé davantage en vertu d'une habitude qui dure depuis de nombreuses années.

LES EXPÉRIENCES DE DÉMOCRATIE DIRECTE AU XIIE SIÈCLE

Les évolutions sociopolitiques qui ont eu lieu à partir de la fin du Xe siècle de Milan à Pise, mettant en évidence l'affaiblissement des structures féodales, ont abouti à donner un rôle prépondérant aux assemblées populaires dans le cadre urbain. Elles sont formées de tous ceux auxquels est reconnu le statut de citoyen (*civis*), quelle que soit leur position sociale. L'acte qui consacre cette appartenance est le serment, qu'il soit individuel ou collectif. L'assemblée populaire, quelle que soit sa dénomination, est, dès lors, l'instance qui donne aux décisions leur légitimité et leur force exécutoire. Elle tient donc lieu, sous la forme la plus manifeste de la démocratie directe, d'assemblée parlementaire souveraine à laquelle chaque citoyen, ou *habitator*, qu'il appartienne ou non à la noblesse, déclare nominalement son adhésion aux décisions de l'assemblée, qu'il s'agisse d'affaires intérieures ou de caractère international, aussi bien que de sujets relatifs à l'organisation des armées et aux opérations militaires. Tout ce qui est inscrit dans le cadre territorial de la Commune régie par l'Assemblée reçoit l'appellation de Patrie. Tout ce qui en est exclu est réputé étranger. Les accords entre cités, sous formes de traités ou conventions, les déclarations de guerres font partie de l'ordre du jour. Les décisions délibérées font donc l'objet d'un vote, par acclamation ou à main levée ou par d'autres voies. La documentation relative à ces activités est de caractère administratif ou juridique avec bien souvent de longues listes de témoins cosignataires. On en trouve de nombreux échos dans les chroniques urbaines qui à partir du XIe siècle prennent progressivement la forme d'une manifestation concrète mais aussi symbolique de la mémoire civique. Cette institution parlementaire porte à Gênes le nom de Commune qui dispose du soutien d'une association d'hommes libres appelée *Compagna* dont l'étymologie implique la notion de solidarité,

---

[453] Supplément d'impôt perçu par les collecteurs selon certains usages.

d'intérêt commun sinon d'intérêt public fondé sur les principes d'utilité (*utilitas*) et d'adaptation (*idoneitas*)[454]. Le fonctionnement de cette institution dans un cadre urbain appelé à prendre une extension internationale de premier plan a produit une documentation archivistique parmi les plus importantes, quantitativement et qualitativement, qui nous soient parvenues[455].

Le peuple génois réuni en assemblée plénière dispose de compétences d'ordre international

En 1123, au retour d'une délégation envoyée à Rome qu'il avait dirigée, Caffaro fit état devant le parlement en assemblée plénière *(parlamento pleno)* de tous les avantages qu'il avait obtenus[456].

Le peuple de Gênes, après en avoir délibéré, décide d'entreprendre une expédition navale contre Almeria (1147)[457]

Dès qu'ils furent élus, les consuls réunirent le parlement et décidèrent de jurer la paix en dépit des discordes. Aussitôt, inspirés par le Saint Esprit, tous ceux qui étaient opposés à la volonté des consuls et de l'archevêque, se réconcilièrent et s'embrassèrent les uns les autres. Les femmes et les hommes se réjouissaient beaucoup. Ils s'exhortaient mutuellement. Ils s'accordèrent avec enthousiasme pour que les consuls reçoivent la solde (*stipendium*) de l'armée[458].

---

[454] Voir G. Fasoli et Fr. Bocchi : *La città medievale italiana*, Florence, 1973-2007.

[455] Tous les textes ci-dessous ont été traduits du latin par l'auteur.

[456] D'après Imperiale di Sant'Angelo C. et Belgrano L.T. : *Annali genovesi di Caffaro e continuatori*, Rome, 1890-1929, vol.1, p. 19. Cette notation dans la première grande chronique génoise est un des signes de ce que le peuple génois réuni en assemblée plénière étend sa compétence et son autorité aux questions internationales. Il s'agit ici d'un arbitrage rendu à Rome entre Gênes et Pise.

[457] D'après : Imperiale di Sant'Angelo C. et Belgrano L.T. : *Annali genovesi ...*, vol.1, p.80.

[458] Ce texte est extrait d'un récit intitulé « Histoire de la prise d'Almeria et de Tortosa », émirats andalus contre lesquels Gênes était en guerre.

Serment d'adhésion à la Commune de Gênes du Marquis de Ponzone en 1135[459]

À partir de ce jour, moi Aleramo, Marquis, deviendrai citoyen et habitant de Gênes ainsi que mon fils, selon la volonté de la majorité des consuls de la Commune de Gênes et je respecterai le serment que je serai tenu de prononcer devant la *Compagna* de la Commune de Gênes, comme y a été tenu le peuple génois ainsi que les citoyens qui ont juré devant cette *Compagna*, comme cela a été fait antérieurement. Je tiendrai pour le service de la Commune de Gênes tous les biens et places-fortes (*castella*) que je possède ou possèderai. Si les consuls de Gênes font appel à moi, j'irai guerroyer là où et contre ceux contre lesquels il me le sera demandé par la majorité d'entre eux. Si la Commune et les consuls me demandent de combattre un ennemi, je me présenterai pour cela, moi ou mon fils, avec l'aide de deux chevaliers… Je n'entreprendrai aucune action, à la vente ou à l'achat, ni ne contracterai aucun engagement sans l'aval de la majorité des Consuls… Je respecterai ce serment, mais n'y serai pas tenu en cas de guerre contre la cité d'Aqui[460].

Moi, Lantelnus, notaire du sacré palais[461], j'ai établi plusieurs exemplaires de ce parchemin à la demande de sire (*dominus*) Obertus Aurie agissant au nom de la Commune de Gênes, sans rien modifier sinon lettre, syllabe, alinéa ou point sans que cela en change le sens. Ceci a été corroboré par ordre de Pegoloto Ugezone de Girardino au nom de la puissance publique[462].

---

[459] D'après *Codice diplomatico della Repubblica di Genova*, Imperiale di Sant'Angelo C. *(ed.)*, F.S.I , Rome, 1936, I, pp. 90-91. Ponzone est une commune italienne de la province d'Alexandrie dans la région du Piémont en Italie.

[460] Localité située à proximité d'Alexandrie de Piémont.

[461] Habilité par l'autorité impériale. On pourrait dire assermenté.

[462] Dans la charte suivante, datée de la même année, le peuple de Gênes s'engage à donner la citoyenneté génoise aux descendants du marquis après son décès comme à tous ceux qui ont juré la *Compagna*, à condition qu'ils le demandent.

Le peuple de Novi[463] proclame son adhésion par serment à la Commune de Gênes (1135) en réunion plénière dans la basilique Saint-Nicolas

Le peuple tout entier (*Huniversus*) de Novi, riches, médiocres (de moyenne condition) et pauvres, chevaliers et piétons, se réunirent dans la basilique de Saint-Nicolas, ...et reçurent la délégation du peuple génois avec grand enthousiasme et leur confirmèrent l'accord conclu entre eux depuis longtemps[464]...

Décision arrêtée lors d'une séance de l'assemblée communale de Plaisance en 1135

Les habitants de la cité de Plaisance et de ses faubourgs définissent les conditions régissant les concessions foncières obtenues dans la ville pour l'habitat et l'exploitation.

Ceci a été décidé par le peuple de Plaisance qui l'a confirmé par serment en assemblée plénière[465].

Élargissement du Conseil de la cité de Plaisance pour la prise d'une décision importante[466] (1144)

Dans le palais épiscopal, en réunion plénière, en présence d'un grand nombre d'hommes qui ne faisaient pas partie des conseillers, avec l'approbation de tous, les consuls de la cité... ajoutèrent à une décision du peuple précédemment formulée par écrit et décidèrent ce qui suit : Si un homme s'est engagé à donner de bonne foi un domaine issu d'une dot à un prix inférieur à sa valeur, l'épouse ni personne d'autre ne peut intervenir ultérieurement pour l'empêcher...

---

[463] Novi Ligure est une localité proche d'Alexandrie de Piémont.

[464] Cet accord porte sur la cession d'un château et d'une église sur la base d'une alliance militaire. Les noms des représentants du peuple figurent au bas du document comme cosignataires.

[465] D'après Solmi A. : « Le leggi più antiche del commune di Piacenza », dans *Archivio Storico Italiano*, 1915, p. 55-56.

[466] D'après Solmi A. : « Le leggi piu antiche... », op.cit., p. 56.

Serment d'adhésion à la Commune de Gênes (1142)[467]

(Pendant la période consulaire en cours) Ierhaldus et Arnaldus de Turri et le fils de ce dernier ont prononcé le serment suivant : Moi, pour toujours (*in perpetuum*), sans fraude ni mauvaise intention, j'observerai tout ce qui me sera ou m'aura été prescrit par les consuls qui sont ou seront en fonction ou par leurs mandataires.

Serment d'adhésion du citoyen de plein droit au consulat, élu à la tête de la *compagna* (commune) de la cité de Gênes en 1157[468]

Au nom de la Sainte Trinité et de la concorde universelle. À compter de la prochaine fête de la Purification de Marie (2 février), je jure en l'honneur de Dieu [d'adhérer à] la commune pour quatre ans.

Au cours de cette année seront en charge quatre consuls pour la Commune et huit pour les plaids (justice) publiquement élus par le parlement et jureront le consulat. Au terme de cette année, d'autres consuls [seront désignés] conformément à l'accord établi par la majorité des consuls de la commune et des plaids et la majorité des conseillers qui participent au conseil, sur le nombre, la durée [du mandat] et les modalités de leur élection.

Tout ce qu'auront établi et décrété les consuls, élus selon les règles, sur les réclamations qui leur auront été présentées, je l'observerai et l'appliquerai, et ce de Porto Venere à Monaco[469]. Et s'il est porté à ma connaissance qu'un consul de Gênes pour cause de justice ou de réparation décide d'entrer en guerre, je l'aiderai de bonne foi et sans mauvaise intention jusqu'à la conclusion de cette guerre. Quand j'entendrai la cloche sonner pour se rendre au parlement ou le crieur pour rassembler le peuple à travers la ville, où que je sois sur le territoire qui dépend de la ville, je me rendrai au parlement pour écouter les décisions des consuls, à moins que je ne sois pas autorisé à rester auprès des consuls qui auront fait rassembler le parlement, sauf si j'en suis empêché par Dieu, ou en cas de danger de mort ou de capture, de maladie ou de blessure.

……………………………………………………………………

[467] *Codice diplomatico…*, cité supra, I, pp. 139-140.

[468] *Codice diplomatico*, cité supra, I, pp. 350-359.

[469] Localités qui définissent le territoire sur lequel la Commune de Gênes exerce son autorité.

Sur ce qui est de la compétence des consuls je m'en tiendrai à leur décision, de même que sur ce qui concerne les consuls des plaids, comme il est dit dans la charte. Quand je servirai dans l'armée, je serai tenu au serment de la commune, dans les mêmes conditions que celles qui ont cours dans les affaires civiles. J'observerai de bonne foi ce qui est écrit ci-dessus, sans mauvaise intention, conformément aux décisions des consuls, notre usage étant sauf, à moins que je ne le puisse pas par un juste empêchement.

Le comte de Lavagna[470] prête serment devant la *Compagna* de Gênes (1138)[471]

Moi, résident (*habitator*) de la cité de Gênes, selon l'usage et la coutume observés par les autres citoyens de cette terre, par la volonté de la majorité des consuls de la Commune de Gênes, …j'agirai sans fraude ni mauvaise intention. Et le serment de cette *Compagna* une fois échu, je serai tenu de le renouveler devant les autres Compagnons que la Commune constituera, comme il est dans les statuts (*breve*) de ces Compagnons, à la suite de quoi, incontinent, je me porterai candidat au consulat de la Commune de Gênes où je résiderai, n'ayant ni fortune ni château, ni terre, ni rien qui assure ma sécurité, toutes choses qu'il me faudra acquérir[472]…

Décision prise au nom du Peuple de Gênes, 1139[473]

Le peuple de Gênes s'engage à aider la famille Grimaldi à conserver à Campiglia la possession paisible de ses biens fonciers qui ne font pas partie de ceux qui ont été cédés à la Commune de Gênes… La commune de Gênes respectera toutes ces dispositions. (Suivent les noms de 22 témoins qui appartiennent vraisemblablement à la *Compagna* et donnent une idée de son effectif).

---

[470] Localité proche de Gênes sur la côte ouest (*Riviera Ponente*).
[471] *Codice diplomatico…*, cité supra, p. 107.
[472] Ce serment a été prêté par plusieurs autres en même temps que par l'impétrant.
[473] D'après *Codice diplomatico…*, cité supra, p. 120.

Arbitrage rendu par Daibertus, évêque de Pise, en 1162[474]

Cette charte extraite des Statuts de Pise montre l'évêque intervenant à la tête du conseil urbain, revêtu de l'autorité publique reconnue par serment, sur des questions d'ordre moral et politique[475], qui impliquent le cadre matériel de vie et les activités de la population. Les décisions ont pour objectif de maintenir la paix et la concorde dans la cité.

Moi, Daibertus, évêque de Pise, entouré de mes adjoints, hommes valides et sages, Petrus Vicomes, Rolandus et Stephanus Guinezone, Marinianus et Albertus, considérant que pèse sur la ville de Pise l'antique fléau de l'orgueil, que celui-ci entraîne chaque jour d'innombrables homicides, parjures, mariages incestueux par consanguinité, principalement à la suite de la destruction de maisons et de bien d'autres maux, avec l'assentiment des susdits, j'estime et avec toute la population de Pise et ses environs, Borgo et Quinzica, au nom du serment que vous avez fait[476], je recommande fermement que personne ne puisse élever une maison à la hauteur de la tour de Stephanus, fils de Balduinus, et de celle de Lambertus, et à ceux qui habitent Quinzica, je recommande de ne pas construire ou restaurer une tour plus haute que celle de Guinizonus, fils de Gontolinus. Tel est ce à quoi il ne faut pas contrevenir, avec malice sur une terre tenue en alleu ou possédée en bien propre, excepté aux deux entrées du pont. Et sur les terres d'Église personne ne doit élever une maison au-delà de la hauteur légale.

...Et que personne ne s'empare de la maison d'un autre malgré lui, ou ne l'abime avec une mauvaise intention, si ce n'est peut-être avec l'accord du conseil de la cité ou de la majeure partie des hommes de bien et sages, à l'exclusion d'un accord particulier.

En cas de contradiction avec ce qui précède, une plainte sera déposée devant l'assemblée communale de la cité. Le contrevenant sera astreint à des réparations et à diverses amendes.

---

474 D'après « *Statuti inediti della città di Pisa dal XII al XIV secolo, raccolti ed illustrati* per cura del Prof. F. Bonaini », Florence, 1864, pp. 16-18.

475 Le milieu du XIe siècle voit s'ouvrir dans les cités de régime communal, en Italie du nord surtout, des conflits entre clans familiaux mettant en péril l'ordre public tant par les comportements que par les ambitions politiques qu'ils sous-tendent. Voir Heers J. : *Le clan familial au Moyen Âge*, Paris, 1974.

476 Il est précisé plus bas dans le texte que les citoyens accèdent au droit de prêter serment à l'âge de quinze ans révolus.

Il est prévu par ailleurs que le campanile de Saint-Michel soit à la même hauteur que les tours et que personne ne puisse y accéder sauf peut-être pour des raisons d'utilité publique *(pro utilitate civitatis)*.

Par ailleurs le conseil sous l'autorité de l'évêque ordonne qu'aucune marchandise ne soit vendue au-delà du cens prévu.

Nous voulons de plus que vous sachiez que celui qui, gonflé d'orgueil, porterait atteinte à la paix et la concorde et ne respecterait pas les serments sera excommunié, mis à l'écart par précaution et considéré comme hérétique[477]...

LE DÉBAT D'IDÉES XIIE - XIXE SIÈCLE

L'éthique selon Abélard (1079-1142)[478]

On trouvera dans ce texte une argumentation selon laquelle ce n'est pas l'interdit qui découle de la loi mais la prise de conscience de sa responsabilité, qui doit déterminer la conduite individuelle. On retrouve là les fondements de la démocratie, inspirés des principes évangéliques.

On se demandera peut-être si ces persécuteurs des martyrs ou du Christ ont péché, en agissant de la façon qu'ils croyaient conforme à la volonté divine, ou si, au contraire, ils auraient pu, sans péché, s'abstenir de remplir ce qu'ils croyaient être leur devoir. La réponse nécessaire se tire de la définition que nous avons donnée plus haut du péché comme un mépris de Dieu, c'est-à-dire comme un consentement à l'acte [...]défendu. Ainsi, ils n'ont point péché en agissant comme ils l'ont fait, car ni l'ignorance, ni l'absence même de cette foi qui, seule, peut sauver, n'est jamais un péché. Si des hommes ignorent le Christ et à cause de cette ignorance, rejettent la foi chrétienne, parce qu'ils la croient contraire à Dieu, en quoi méprisent-ils Dieu [...] ? C'est l'Apôtre qui le dit : « Si notre cœur ne nous

[477] Allusion directe aux hérésies dont la plus répandue de la Lombardie à la Toscane est la *pataria* considérée comme subversive tant sur le plan moral que pour l'ordre public.

[478] Tiré de *Patrimoine littéraire européen*, De Boeck Université, Bruxelles, 1993, T. 4b, pp. 169-170.

réprimande pas, nous méritons la confiance de Dieu[479] ». *C'est-à-dire : Dès lors que nous n'agissons pas contre notre conscience, nous ne devons pas craindre d'être coupables aux yeux de Dieu*[480]. Mais si l'ignorance de ces hommes ne doit pas leur être imputée à péché, comment se fait-il alors que le Seigneur lui-même ait prié pour ceux qui le crucifiaient, disant : « Père pardonne leur, car ils ne savent pas ce qu'ils font [481] » [...] ? Il semble qu'il n'y ait pas lieu de pardonner, là où il n'y a pas eu faute. Ce qu'on appelle pardonner, c'est généralement remettre le châtiment qu'a mérité la faute. Or ici, Étienne parle évidemment du péché d'ignorance.

La lecture selon Jean de Salisbury (1115/1120-1180)

Dans cet extrait du *Policratus* qui est la plus connue de ses œuvres, l'auteur ne se contente pas de faire partager son enthousiasme pour tout ce qui enrichit le savoir, se posant ainsi en précurseur de Rabelais et de Montaigne, il attire l'attention sur l'exigence de précision que requiert le maniement des mots et se place dans la lignée directe du débat sur le nominalisme ouvert par son maître Abélard.

Celui qui aspire à la philosophie, doit s'appliquer à la lecture, à la doctrine, à la méditation et à l'exercice des bonnes œuvres... Toutefois le verbe lire est équivoque puisqu'il désigne autant l'activité du maître et de l'écolier que l'étude personnelle des textes. L'enseignement du maître au disciple sera nommé, selon le mot de Quintilien, prélecture, alors que l'analyse de l'étudiant doit être appelée simplement lecture[482].

[479] Jean III, 21.
[480] En italiques dans le texte.
[481] Luc XXIII, 34.
[482] *Patrimoine Littéraire Européen*, De Boeck Université, Bruxelles, 1993, p.233

La chanson des pucelles

La chanson des pucelles d'après le texte *Yvain ou le chevalier au lion* de Chrétien de Troyes, édition Mario Roques, Champion Paris éditeur 1960, vers 5292- 5317.

Toujours draps de soie tisserons
Mais jamais n'en serons mieux vêtues ;
Toujours serons pauvres et nues
Et toujours faim et soif aurons.
Jamais assez à gagner nous n'aurons
Que mieux nous n'ayons à manger.
Du pain en avons à grand peine
Au matin peu et au soir moins,
que jà de l'œuvre de nos mains
N'aura chacune pour son vivre
que quatre deniers de la livre.
Et de ce nous ne pouvons pas
Assez avoir viande et drap (nourriture et linge)
Car qui gagne la semaine
Vingt sols n'est mie fors en peine.
[…] Et nous sommes ici en pauvreté
Si riche est celui pour qui nous nous épuisons
Des nuits grande partie veillons.
Et tous les jours pour gagner,
Il nous menace de rouer nos membres
Quand nous nous reposons.

Condamnation des déviances de l'Église
par Joachim de Flore (1130-1202)[483]

« Si je craignais les hommes plus que Dieu, dit-il, je devrais omettre de commenter ce fragment du saint Évangile ; car, en disant la vérité, je paraîtrai importun à ceux qui la trahissent ; mais la charité du Christ me presse, en même temps que l'exemple donné par lui me contraint à parler. D'ailleurs, les bons ne peuvent se scandaliser, car il

[483] Extrait du « Traité sur les quatre évangiles », cité d'après *Études Sur Joachim De Flore et ses doctrines* par Paul Fournier, librairie Alphonse Picard & fils, libraire des archives nationales et de la société de l'école des chartes, Paris 1909, pp. 8-9.

n'est pas question d'eux ; malheureusement, grâce aux progrès du péché, si nombreuse est la multitude des méchants que le reproche adressé à quelques-uns paraît s'appliquer à tous. Sans doute, ceux qui sont animés du zèle de l'Esprit divin aiment à se retirer dans le secret de leur cœur, poussés qu'ils y sont par la vertu d'humilité qui leur est familière ; mais, quand ils voient mépriser Dieu et les dons de son Esprit, profaner les sanctuaires du Christ et violer les droits du Très-Haut, ils s'élancent d'un bond vers les régions où l'esprit est libre ; ils se présentent au grand jour comme les champions de la justice. Il le faut bien, puisque ceux à qui incombe le devoir de la proclamer et de la défendre, non seulement se taisent, mais ne craignent pas de la violer. [...] C'est que l'Église de Dieu est devenue une maison de commerce ; on n'y cherche plus le bien des âmes, mais tout y est discussion sur l'importance des revenus qu'on en peut tirer. [...] Les prêtres et les clercs sont vendus de leur plein gré ; ceux qui élisent comme ceux qui sont élus participent au même crime. [...] Les hommes, en grand nombre, se précipitent vers la cléricature ; or, tout cet empressement tient à ce qu'ils sont avides d'avantages corporels. [...] Il est à craindre que Dieu, dans sa justice, ne chasse tous ces trafiquants et n'entreprenne lui-même de purifier les fils de Lévi, qui sont engraissés de la substance du Crucifié.

Prédestination et libre arbitre selon Joachim de Flore[484]

Pour s'exprimer sur ce débat qui affleure au XIIe siècle à partir des textes de saint Paul, l'auteur adopte ici un style dialogué.

Entendre la grâce comme ce par quoi Dieu permet à l'homme de choisir le bien contre le mal serait peut-être conforme à l'économie courante de la relation entre l'homme et Dieu mais limiterait singulièrement le libre arbitre. Il faut donc comprendre que la grâce, qui d'une manière ou d'une autre se mérite, relève d'un choix qui est le fait du libre arbitre. Tout ceci peut être confronté à ce qu'en dit saint Augustin (voir supra).

-Benoît : Qu'en aurait-il été si Dieu avait créé l'homme sans libre arbitre ?

-Joachim : L'âme sans le libre arbitre aurait été comme un corps privé de la vue.

---

[484] Extrait d'après D'Elia F. : *Gioacchino da Fiore, un maestro della civiltà europea, antologia di testi gioachimiti tradotti e commentati,* Rubbetino ed., 1991, pp. 65-66. Texte traduit de l'italien par l'auteur.

-Benoît : Aurait-il pu se faire que le libre arbitre eût toujours été orienté vers le bien et jamais vers le mal comme si les yeux pouvaient ne jamais se fermer, mais restaient toujours ouverts ?

-Joachim : Si ceci se produisait : devrais-je renoncer à faire l'éloge du juste, alors qu'il est dit : « Pourquoi ne faudrait-il pas louer celui-ci ? Il a accompli tant de prodiges pendant sa vie, il pouvait transgresser et il n'a pas transgressé. Il pouvait faire le mal et il ne l'a pas fait. En fait, si quelqu'un ne fait pas le mal parce qu'il n'a pas le pouvoir de le faire, et s'il parvient à la connaissance de Dieu que, s'il pouvait accomplir de mauvaises actions et plus s'il en avait le pouvoir, il préférerait les ténèbres à la lumière, il ne serait sans doute pas plus un homme accompli devant Dieu que le serait pour nous celui qui ne tuerait pas, seulement parce qu'il n'a pas d'épée, mais le ferait s'il avait les moyens de le faire ? Ainsi Dieu aurait pu faire en sorte que le premier homme n'eût pas été sensible à la tentation, il aurait pu faire en sorte qu'il y ait en lui la vertu d'y résister, comme il aurait protégé quelqu'un dans une guerre contre un adversaire, en lui fournissant les armes nécessaires, ou en le mettant en lieu sûr pour qu'on ne puisse lui nuire. Mais dans une telle situation tout le mérite en reviendrait au protecteur et non au protégé. De même en serait-il de celui qui ne s'enivrerait pas parce qu'il ignore l'existence du vin, qui ne commettrait pas l'adultère parce qu'il serait immunisé contre tout désir de luxure. Dieu aurait pu faire que Judas ne fût pas avide des deniers pour lesquels il a trahi Christ. Dieu aurait pu faire que l'Antichrist ne soit pas ce qu'il est.

-Benoît : Dans ces conditions, il semble bien que l'homme aurait pu se garder du mal sans la grâce.

Une pédagogie rationnelle au service de la théologie[485]
Thomas d'Aquin (1225-1274)
Dieu existe-t-il ?

1 Il semble que Dieu n'existe pas. Car si de deux contraires l'un était infini, l'autre serait totalement détruit. Or, par le nom de Dieu on entend un bien infini. Par conséquent, si Dieu existe, le mal ne doit pas exister. Mais comme il y a du mal dans le monde, s'en suit donc que Dieu n'existe pas.

[485] *Patrimoine Littéraire Européen...*, op.cité, pp. 263-64.

2 Ce qui peut être fait par quelques principes ne doit pas être l'œuvre d'un plus grand nombre. Or il semble que tout ce que nous voyons dans le monde pourrait être produit par d'autres principes dans l'hypothèse où Dieu n'existerait pas.

La démonstration se poursuit ainsi :

[...] Les choses naturelles seraient ramenées à un principe unique qui est la nature, et celles qui résultent de notre liberté seraient ramenées également à un principe unique qui est la raison ou la volonté humaine. Il n'est donc pas nécessaire d'admettre l'existence de Dieu. Mais c'est le contraire. L'Écriture fait dire à Dieu (*Exode* III, 14) « *Je suis celui qui suis* ».

La rigueur pédagogique du raisonnement s'impose ainsi :

CONCLUSION : Il est nécessaire que dans la nature il y ait un premier moteur, une première cause efficiente, un être nécessaire qui ne vienne pas d'un autre, un être infiniment bon, excellent, étant par son intelligence le premier gouverneur et la fin dernière de toutes choses, enfin une tête qui soit Dieu.

Admonestations adressées au pape Jean XXII par Guillaume d'Ockham (1285-1347)[486]

à propos de la maîtrise de la langue nécessaire à la pertinence du jugement pour laquelle il faut étudier la « *sermocinalis scientia* »[487]

À l'école ! à l'école ! Ne cessait-il de lui crier. Vous voulez faire de la théologie ? Et vous ignorez la grammaire ! Vous voulez raisonner ? Et vous n'avez pas appris la logique ! Vous donnez aux mots les sens les plus fantaisistes. On ne peut pas discuter avec un ignorant de votre espèce. Vous n'avez même pas fréquenté les bancs de la Faculté des Arts et vous voulez en remontrer aux plus grands docteurs.

[486] Lagarde G. (de) : *La naissance de l'esprit laïque au déclin du Moyen Âge*, op. cité, vol. V, « L'individualisme ockhamiste », librairie Droz, Paris, 1946, p.45.

[487] On peut donner comme équivalent de cette expression les termes de « science du langage ».

La fausse donation de Constantin[488]

Ce pamphlet a été rédigé par l'humaniste Lorenzo Valla (1407-1457) pour démontrer que le document connu sous le nom de *Donatio Constantini* établi au nom de l'empereur Constantin (306-337) en faveur du pape Sylvestre 1er (270-335) à l'origine des États Pontificaux, est l'œuvre d'un faussaire. L'agressivité du ton et le déploiement de l'éblouissante érudition de l'auteur permettent de comprendre que son intention est aussi, et peut-être surtout, de stigmatiser le détournement de la vocation du pape vers des objectifs politiques et temporels au détriment de sa mission spirituelle dans le droit fil des conflits qui ont ponctué les temps médiévaux depuis le XIIe siècle[489]. Il témoigne également d'une liberté d'expression utilisant tous les ressorts de la polémique devant lesquels la démocratie n'a jamais reculé.

Ô pontifes romains, modèles de tous les crimes pour les autres pontifes ! Ô mauvais scribes et pharisiens, qui êtes assis sur la chaire de Moïse[490] et qui faites l'œuvre de Datân et d'Abirâm ![491], de la vocation du pape vous faut-il vêtements, fastes, équipages de chevaux ? La vie d'un César sied-elle au vicaire du Christ ? [...] Est-ce que Sylvestre a porté ces vêtements ? S'est-il déplacé en cet équipage ? A-t-il vécu et régné chez lui au milieu de cette foule de serviteurs ? Misérables, ils ne comprennent pas que Sylvestre devait se revêtir des habits d'Aaron, qui fut le grand prêtre de Dieu, de préférence à ceux d'un prince païen.

La pensée politique de Machiavel (1469-1527)[492]

En dépit de ses sinuosités qui tiennent à la complexité du contexte politique dans lequel il évoluait, il est possible de dégager les lignes de force de la pensée politique de Machiavel. Elles s'articulent autour de deux principes majeurs : la recherche de l'équilibre des pouvoirs et l'amour de la liberté dans le respect de l'intérêt général.

On en trouve une expression sans équivoque, tirée de sa grande familiarité avec l'histoire antique dans un de ses principaux ouvrages : *Les discours sur la première décade de Tite-live*, qui n'en laisse pas moins transparaitre un jugement sans illusion sur la condition humaine quand il déclare : *« Les hommes sont méchants et disposés à faire usage de leur perversité, toutes les fois qu'ils en ont la libre occasion »* (discours p. 123).

---

[488] Valla L. : *La donation de Constantin*, texte traduit et commenté par J.B. Giard, Paris, Les Belles-Lettres, 1993, p. 67.

[489] Voir Pacaut M. : *La théocratie, L'Église et le pouvoir au Moyen Âge*, Paris, Aubier, 1957.

[490] Référence à Matthieu 23-2.

[491] Révoltés contre Moïse, *Nombres*, 16-1.

[492] Machiavel, Le Prince et autres textes, U.G.E., 1018, Paris, 1962, PP. 128 et 168

L'équilibre des pouvoirs

Après avoir évoqué la chute des Tarquins (509 av. J.C.) qui mettait fin à la monarchie à Rome, et les troubles qui s'ensuivirent entre les plébéiens et le Sénat, l'auteur ajoute :

« On institua les tribuns pour la sécurité du peuple. L'autorité de ces nouveaux magistrats fut entourée de tant d'honneurs… qu'ils purent tenir sans cesse la balance entre le peuple et le sénat, et mettre un frein aux prétentions insolentes des nobles » (p.123).

Il exprime ainsi son approbation pour la création d'une instance visant à équilibrer les pouvoirs entre le peuple et les élites.

Éloge de la liberté et de l'intérêt général

« On sent aisément d'où vient chez les peuples l'amour de la liberté, parce que l'expérience nous prouve que les cités n'ont accru leur puissance et leurs richesses que pendant qu'elles ont vécu libres….

Ce n'est pas l'intérêt particulier mais celui de tous qui fait la grandeur des États. Il est évident que l'intérêt commun n'est respecté que dans les Républiques : tout ce qui peut tourner à l'avantage de tous s'exécute sans obstacle…

…Le contraire arrive sous un prince, car, le plus souvent, ce qu'il fait dans son intérêt est nuisible à l'État » (p.168).

Le dogme de l'égalité selon Paracelse (Philippus von Hohenheim) (1493-1541)

Affichant résolument son ancrage dans la tradition biblique, vétéro et néo testamentaire, Paracelse ne s'en pose pas moins comme un thuriféraire inconditionnel de l'égalitarisme plus que de l'égalité.

Pour nous avoir fait tous égaux, aucun n'étant plus que l'autre, l'un étant comme l'autre, nous devons louer Dieu. C'est comme si David disait : toi, paysan, loue Dieu parce qu'il t'aime autant que l'empereur ; toi, l'empereur, loue Dieu parce qu'il t'aime autant que le paysan. Ainsi louez tous Dieu, vous qui vivez dans une bergerie pour ce que l'un ne doit pas être plus que l'autre. Et comme le bélier qui est un mouton à la tête du troupeau et conduit les autres, ainsi est l'empereur. […]

Donc chacun reste l'égal de l'autre et on ne trouvera pas parmi nous, de pouvoir temporel et spirituel (*keine Adler noch Schülsel*) ou d'autres charges semblables. C'est pourquoi nous louons le nom de Dieu. Car il est si bon qu'il l'a voulu ainsi et qu'il a fait en sorte qu'aucun homme ne soit méprisé ou asservi à d'autres. [...] Là où il n'en ira pas ainsi, il n'y aura pas de vérité. Là aussi Dieu ne sera pas présent[493].

Critique du pouvoir dont le peuple est la source[494]

La Boétie (1530-1563)

La critique pamphlétaire développée dans cet ouvrage, qui s'explique sans doute par les outrances du contexte dans lequel il a été conçu, atteint ici un niveau qui témoigne d'un attachement passionnel à la liberté.

Il y a trois sortes de tyrans : les uns ont le royaume par élection du peuple, les autres par la force des armes, les autres par succession de leur race.[...] Celui à qui le peuple a donné l'État devrait être, ce me semble, plus supportable, et le serait, comme je crois, n'était que dès lors qu'il se voit élevé par-dessus les autres, flatté par je ne sais quoi qu'on appelle la grandeur, il délibère de n'en bouger point ; communément celui-là fait état de rendre à ses enfants la puissance que le peuple lui a laissée. [...] Ne voyant autres moyens pour assurer la nouvelle tyrannie que d'étreindre si fort la servitude et étranger[495] tant leurs sujets de la liberté, qu'encore que la mémoire en soit fraîche, ils la leur puissent faire perdre.

Ainsi pour en dire la vérité, je vois bien qu'il y a entre eux quelque différence, mais de choix, je n'y en voie point ; et étant les moyens de venir aux règnes divers, toujours la façon de régner est quasi semblable.

---

[493] D'après Fussier J.P : *Les idées éthiques, sociales et politiques de Paracelse (1493-1541) et leur fondement*, APU Strasbourg, 1986, p. 41.

[494] La Boétie : *Discours de la servitude volontaire*, présentation par Simone Goyard-Fabre, Garnier- Flammarion, Paris 2015, p.14.

[495] On dirait plutôt aujourd'hui « écarter, éloigner ».

La liberté selon Rousseau (1712-1778)

Préserver la liberté individuelle [496]

En proposant la recherche d'un équilibre entre la défense de l'intérêt collectif et le respect de l'individu dans l'exercice de sa liberté, ce texte peut être considéré comme répondant aux principes de la doctrine chrétienne et aux idéaux de la démocratie.

Cette difficulté ramenée à mon sujet peut s'énoncer en ces termes : « Trouver une forme d'association qui défende et protège de toute la force commune la personne et les biens de chaque associé, et par laquelle chacun, s'unissant à tous, n'obéisse pourtant qu'à lui-même, et reste aussi libre qu'auparavant. » Tel est le problème fondamental dont le Contrat social donne la solution.

Liberté naturelle et la liberté civile

La distinction établie entre la liberté naturelle et la liberté civile s'appuie sur le principe de la volonté générale qui protège l'individu au prix de contraintes dont il admet la nécessité. Elle définit l'équilibre entre l'individu et la collectivité.

Ce que l'homme perd par le contrat social, c'est sa liberté naturelle et un droit illimité à tout ce qui le tente et qu'il peut atteindre ; ce qu'il gagne, c'est la liberté civile et la propriété de tout ce qu'il possède. Pour ne pas se tromper dans ces compensations, il faut bien distinguer la liberté naturelle qui n'a pour bornes que les forces de l'individu, de la liberté civile qui est limitée par la volonté générale[497].

Le choix du régime représentatif (J.-J. Rousseau)

Dans la dédicace qu'il rédige à l'intention de la République de Genève en tête de son *Discours sur les origines de l'inégalité*, Rousseau exprime sans équivoque son adhésion à un régime de représentation parlementaire indirect, témoignant ainsi de sa réticence à l'égard de la démocratie directe, conforme en cela aux principes calvinistes hostiles à toute dérive vers la démagogie.

---

[496] Jean-Jacques Rousseau : *Du contrat social*, présentation H. Guillemin, 10/18, Paris 1963, p. 61.

[497] Jean-Jacques Rousseau : *Du contrat social*, présentation H. Guillemin, 10/18, Paris 1963, pp.65-66.

J'aurois choisi celle où les particuliers, se contentant de donner la sanction aux loix, et de décider en corps et sur le rapport des chefs les plus importantes affaires publiques, établiroient des tribunaux respectés, en distingueroient avec soin les divers departemens ; éliroient d'année en année les plus capables et les plus intègres de leurs concitoyens pour administrer la justice et gouverner l'État ; et où, la Vertu des magistrats portant ainsi témoignage de la sagesse du peuple, les uns et les autres s'honoreraient mutuellement[498].

Définition de la souveraineté du peuple selon Diderot (1713-1784)

Il n'y a point de vrai souverain que la Nation ; il ne peut y avoir de vrai législateur que le peuple ; il est rare qu'un peuple se soumette sincèrement à des lois qu'on lui impose, il les aimera, il les respectera, il y obéira, il les défendra comme son propre ouvrage, s'il en est lui-même l'auteur. Ce ne sont plus les volontés arbitraires d'un seul, ce sont celles d'un nombre d'hommes qui ont consulté entre eux sur leur bonheur et leur sécurité, elles sont vaines, si elles ne commandent pas également à tous, elles sont vaines s'il y a un seul membre dans la société qui puisse les enfreindre impunément. Le premier point d'un code doit donc m'instruire des précautions que l'on a prises pour assurer aux loix leur autorité.

La première ligne d'un code bien fait doit lier le souverain ; il doit commencer ainsi : « Nous Peuple et nous Souverain de ce Peuple, jurons conjointement ces loix par lesquelles nous serons également jugés »[499].

---

[498] J.J Rousseau : *Discours sur l'origine et les fondements de l'inégalité*, présentation B. de Jouvenel, coll. Idées, Gallimard, Paris, 1965, p.22. Il n'est pas indifférent de noter que Rousseau a cité en exergue à cet ouvrage une phrase tirée d'Aristote (*Politique* I, 2) : *Non in depravatis sed in his quae bene secundum naturam se habent, considerandum est quid sit naturale* (Ce n'est pas chez les dépravés mais chez ceux qui se comportent bien selon la nature qu'il faut considérer ce qui est naturel).

[499] Extrait tiré de l'article premier du chapitre premier des recommandations adressées par Diderot à l'impératrice Catherine de Russie d'après : *Observations sur l'instruction de S.M.I. aux députés pour la confection des lois (1774), Œuvre inédite publiée avec une introduction par* Paul Ledieu, Paris, Librairie des sciences économiques et sociales, Marcel Rivière (éd), 1921, p. 9. On peut seulement supposer que les deux formules accompagnant ce texte soient de Diderot. L'éditeur ne le précise pas. Ce sont les suivantes, mises en exergue du texte : *« Seigneur mon*

Définition de la démocratie selon Montesquieu (1689-1755)

La démocratie ne peut fonctionner que sous les modalités du régime représentatif dans le prolongement du recours à la *sanior* pars préconisé par saint Benoît, outre l'exigence de probité et de mise à distance des extrêmes qui lui incombent

Comme la plupart des citoyens qui ont assez de suffisance pour élire, n'en ont pas assez pour être élus ; de même le peuple qui a assez de capacité pour se faire rendre compte de la gestion des autres, n'est pas propre à gérer par lui-même[500].

Lorsque, dans la république, le peuple, en corps, a la souveraine puissance, c'est une *démocratie*.[…]

Le peuple dans la démocratie, est, à certains égards, le monarque, à certains autres, il est le sujet.

Il ne peut être monarque que par ses suffrages qui sont ses volontés. La volonté du souverain est le souverain lui-même. Les lois qui établissent le droit de suffrage sont donc fondamentales dans ce gouvernement. […]

Il est essentiel de fixer le nombre des citoyens qui doivent former les assemblées; sans cela, on pourrait ignorer si le peuple a parlé, ou seulement une partie du peuple[501]. […]

Il ne faut pas beaucoup de probité pour qu'un gouvernement monarchique ou un gouvernement despotique se maintienne ou se soutienne. La force des lois dans l'un, le bras du prince toujours levé dans l'autre règlent ou contiennent tout. Mais, dans un État populaire, il faut un ressort de plus, qui est la VERTU[502]. […]

Dieu, sois attentif à ma voix et accorde-moi l'intelligence pour juger ton peuple selon ta sainte Loi et en toute vérité ». « La religion chrétienne nous enseigne de nous faire les uns aux autres tout le bien que nous pouvons ».

La réponse de l'impératrice à l'ouvrage de Diderot donne un éclairage particulier à la différence entre le débat d'idée et l'exercice du pouvoir : *« Monsieur Diderot, j'ai entendu avec le plus grand plaisir tout ce que votre brillant esprit vous a inspiré ; mais, avec tous vos grands principes que je comprends très bien, on ferait de bons livres et de mauvaises besognes. Vous oubliez dans tous vos plans de réforme, la différence de nos deux positions : vous ne travaillez que sur le papier, qui souffre tout ; il est tout uni, simple et n'oppose d'obstacle, ni à votre imagination, ni à votre plume : tandis que moi, pauvre impératrice, je travaille sur la peau humaine qui est bien autrement irritable et chatouilleuse »*, même référence p.8.

[500] *De l'esprit des lois*, dans Œuvres complètes de Montesquieu, éd. Gallimard La Pléiade, Paris, 1951, L. II, chap. 2, p. 241.

[501] *De l'esprit des lois*, cité supra, L. II, chap. 2, p. 239-240.

[502] *De l'esprit des lois*, cité supra, L. III, chap. 3, p. 251.

La démocratie a donc deux excès à éviter : l'esprit d'inégalité qui la mène à l'aristocratie, … et l'esprit d'égalité extrême qui la conduit au despotisme[503].

Appel à l'union contre l'oppression[504]

Lamennais (1782-1854)

Le style métaphorique inspiré de l'Évangile est bien représenté dans cette strophe de l'œuvre la plus célèbre de Lamennais, *Paroles d'un croyant* (1834). Son succès dut beaucoup à l'esthétique tourmentée qui enthousiasmait la génération romantique qui avait participé à la bataille *d'Hernani* (1830). Mais cet engouement avait aussi des visées politiques qui transparaissent assez nettement ici.

Lorsqu'un arbre est seul, il est battu des vents et dépouillé de ses feuilles ; et ses branches, au lieu de s'élever, s'abaissent comme si elles cherchaient la terre.

Lorsqu'une plante est seule, ne trouvant point d'abri contre l'ardeur du soleil, elle languit, et se dessèche, et meurt.

Lorsque l'homme est seul, le vent de la puissance le courbe vers la terre, et l'ardeur de la convoitise des grands de ce monde absorbe la sève qui le nourrit.

Ne soyez donc point comme la plante et comme l'arbre qui sont seuls : mais unissez-vous les uns aux autres, et appuyez-vous, et abritez-vous mutuellement.

Tandis que vous serez désunis, et que chacun ne songera qu'à soi, vous n'avez rien à espérer que souffrance, et malheur, et oppression.

LA DÉMOCRATIE À L'ÉPREUVE

Même parmi ceux qui en ont perçu les bienfaits et les avancées qu'elle offre au débat politique, la démocratie a suscité bien des critiques et des mises en garde. Certains mettent en lumière sa vulnérabilité et ce qu'elle requiert en fait de discernement, d'autres mettent en garde contre la passion de l'égalité, et parmi eux, ceux qui, sans s'y reconnaître, en comprennent les mérites.

---

[503] *De l'esprit des lois*, cité supra L. VIII, chap.2, p. 351.

[504] Lamennais F. R. (de) : *Paroles d'un croyant, 1833*- Genève, 1834, Strophe VII.

Vulnérabilité de la démocratie

Stuart Mill (1806-1873)

Selon l'auteur, la démocratie, qu'il assimile au gouvernement représentatif et au régime parlementaire, est vulnérable sur plusieurs points qui dépendent pour une grande part des exigences qu'implique le suffrage tant par ses modalités que par le niveau de capacité des électeurs. C'est une façon de faire apparaitre que le droit de vote ne suffit pas à définir la démocratie. Celle-ci repose non seulement sur la conscience morale mais aussi sur la capacité d'adaptation et d'innovation. Le scepticisme, voire la méfiance à l'égard de ceux qui briguent le pouvoir au nom d'objectifs désintéressés sont constamment sous-jacents dans le propos de cet observateur critique des milieux politiques de son temps.

Quant à cet autre défaut négatif, que l'on peut trouver dans un gouvernement, à savoir le fait de ne pas exercer suffisamment les facultés individuelles, intellectuelles, morales et actives du peuple, on l'a exposé en général, en mettant en avant les méfaits distinctifs du despotisme[505].

[...] Qu'un gouvernement ne dispose pas d'un pouvoir suffisant pour préserver l'ordre et favoriser le progrès du peuple tient davantage à un état social généralement sauvage et grossier qu'à une quelconque forme particulière d'union politique[506]. [...]

La maladie dont souffrent les gouvernements bureaucratiques et dont ils meurent habituellement c'est la routine. Ils périssent par l'immuabilité de leurs maximes et plus encore du fait de cette loi universelle qui veut que tout ce qui devient routine perde son principe vital, et faute d'une pensée toujours en mouvement continue d'opérer machinalement[507]. [...]

La justice exige, même quand le suffrage n'en dépend point, que les moyens en vue des apprentissages élémentaires, soient accessibles à tous. [...] S'il en allait vraiment ainsi, on ne songerait pas davantage à donner le droit de vote à un homme qui ne sait pas lire que de l'accorder à un enfant qui ne sait pas parler. [...] L'enseignement universel doit précéder le droit de vote universel[508].

---

505 *Considérations sur le gouvernement représentatif*, Ed. Gallimard, Paris, 2009, p.103.

506 *Considérations...*, cité supra, p. 102.

507 *Considérations...*, cité supra, p. 107.

508 *Considérations...*, cité supra, p. 152.

On peut bien tabler sur une certaine dose de conscience et d'esprit public désintéressé. [...] Mais il serait ridicule de l'espérer suffisante pour protéger de tout sophisme [...] dont l'objet serait de donner [...] l'apparence d'une exigence de justice et de bien général[509].

Les dangers de la démocratie
Alexis de Tocqueville (1805-1859)

Je regarde comme impie et détestable cette maxime, qu'en matière de gouvernement la majorité d'un peuple a le droit de tout faire, et pourtant, je place dans les volontés de la majorité l'origine de tous les pouvoirs[510]. [...]

Il ne faut pas se dissimuler que les institutions démocratiques développent à un très haut degré le sentiment de l'envie dans le cœur humain. Ce n'est point tant parce qu'elles offrent à chacun des moyens de s'égaler aux autres, mais parce que ces moyens défaillent sans cesse à ceux qui les emploient. Les institutions démocratiques réveillent et flattent la passion de l'égalité sans pouvoir jamais la satisfaire entièrement. [...]

La chance de réussir l'émeut, l'incertitude du succès l'irrite; il s'agite, il se lasse, il s'aigrit. Tout ce qui le dépasse par quelque endroit lui paraît alors un obstacle à ses désirs, et il n'y a pas de supériorité si légitime dont la vue ne fatigue ses yeux[511].

Il faut reconnaître que l'égalité qui introduit de grands biens dans le monde, suggère cependant aux hommes [...] des instincts fort dangereux ; elle tend à les isoler les uns des autres pour porter chacun d'eux à ne s'occuper que de lui seul. [...] Le plus grand avantage des religions est d'inspirer des instincts tout contraires[512].

---

509 *Considérations...*, cité supra, p.117.
510 *De la démocratie en Amérique*, GF Flammarion, T.1, Paris, 1981, p. 348.
511 *De la démocratie en Amérique*, cité supra, T.I, p.285.
512 *De la démocratie en Amérique*, cité supra, T.2, p. 31.

Sur l'égalité
François-René de Chateaubriand (1768-1848)

Je crains que la liberté ne soit pas un fruit du sol de la France ; hors quelques esprits élevés qui la comprennent, le reste s'en soucie peu. L'égalité, notre passion naturelle, est magnifique dans les grands cœurs, mais pour les âmes étroites, c'est tout simplement de l'envie ; et dans la foule, des meurtres et des désordres ; et puis l'égalité, comme le cheval de la fable, se laisse brider et seller pour se défaire de son ennemi : toujours l'égalité s'est perdue dans le despotisme[513].

Du plébiscite
Léon Gambetta (1838-1882)

Je crois que le plébiscite est une sanction désormais nécessaire, dans les sociétés qui reposent sur le droit démocratique, pour donner au pouvoir, qu'il soit issu de la révolution ou d'une acceptation solennelle, la sanction que les anciennes monarchies trouvaient dans le droit divin, mais pour qu'il y ait un plébiscite, il faut qu'il y ait eu débat, il faut qu'il y ait eu controverse, il faut qu'il y ait eu discussion[514].

Socialisme et charité
Charles Péguy (1873-1914)

Notre socialisme n'a jamais été ni un socialisme parlementaire ni un socialisme de paroisse riche. Notre christianisme ne sera jamais ni un christianisme parlementaire ni un christianisme de paroisse riche. Nous avions reçu dès lors une telle vocation de pauvreté, de la misère même. […] Mais les forces politiques de l'Église ont toujours été contre la mystique chrétienne. […]

Toutes les difficultés de l'Église […] viennent de ce que […] malgré quelques prétendues œuvres ouvrières […] et quelques prétendus ouvriers catholiques, l'atelier lui est fermé, et de ce qu'elle

[513] D'après J.P Clément : « Chateaubriand, écrivain prophète de la démocratie », dans *Revue des deux mondes*, juillet-août 2015, p. 64.
[514] D'après Bouthoul G. : *L'art de la politique*, éd. Seghers, Paris, 1969, p. 473.

est fermée à l'atelier, de ce qu'elle est devenue dans le monde moderne [...] presqu'uniquement la religion des riches et ainsi qu'elle n'est plus socialement [...] la communion des fidèles. [...] Ce n'est point du tout le raisonnement qui manque. C'est la charité[515].

S'abstenir est une façon de voter
Nietzsche (1884-1900)

Le peuple ne s'est pas donné à lui-même le suffrage universel ; partout où celui-ci est en vigueur aujourd'hui, il l'a reçu et accepté provisoirement. De toute façon, il a le droit d'en faire la restitution s'il ne donne pas satisfaction à ses espoirs. Cela semble être maintenant partout le cas : si à une occasion quelconque où l'on en fait usage, à peine deux tiers des électeurs, et souvent pas même la majorité ne se présente aux urnes, on peut dire que c'est là un vote contre tout le système dans son ensemble[516].

La part d'un héritage
Georges Bernanos (1888-1948)

Les engagements de Bernanos, pétri d'humanisme chrétien attaché à la monarchie, porteraient à le situer parmi ceux pour qui 1789 constitue une rupture dans l'évolution politique de la France. Il apparaît pourtant que pour celui-ci, de part et d'autre de cette date se retrouve le même attachement à la liberté[517].

L'histoire des institutions, des lois, des mœurs de l'ancienne France, que l'on appelle par ailleurs, très injustement, la « Vieille France » [...] se trouve, presque intacte dans la France actuelle. La sensibilité française, en 1789, était déjà formée depuis longtemps, et cent cinquante ans d'apparente réaction contre le passé ne suffisent pas à modifier profondément nos réactions morales, notre conception particulière du devoir, de l'amour, de l'honneur. De sorte que le

---

515 Extrait de « Notre jeunesse », dans *La République, notre royaume de France*, d'après Bouthoul G. : *L'art de la politique*, cité supra, p. 597.
516 Extrait de *Le voyageur et son ombre* d'après Bouthoul G. : *L'art de la politique*, cité supra, p. 478-79.
517 Voir Julliard J. *: L'argent, Dieu et le Diable. Face au monde moderne avec Péguy, Bernanos, Claudel,* Flammarion, Paris, 2008, pp. 50-51.

rythme profond de notre vie intérieure n'est en rien différent de celui d'un contemporain de Louis XVI[518].

Relativiser le suffrage universel
Paul Valéry (1871-1945)

Consulter véritablement une nation, ce n'est pas la faire voter. Le vote, dans le cas le plus favorable, n'exprime que l'état de ses impressions *à un instant donné* et sous des conditions également instantanées. Il faudrait consulter une nation en laissant se faire comme de soi-même [...], des mesures que l'on se bornerait enfin à consacrer. Une nation peut ne pas savoir ce qu'elle veut et tendre pourtant à former ce dont elle a besoin. La volonté nationale est un mythe qui prend corps et forme par l'artifice des mots et des partis[519].

Christianisme et Communisme

Nicolas Berdiaev (1874-1948)

La critique sévère du communisme dont il impute sinon la genèse du moins la mise en œuvre à Lénine de qui il brosse un portrait sans complaisance[520], n'est cependant pas dépourvue de nuances. S'il applique à la doctrine communiste la rigueur dogmatique qui est en général critiquée dans le fait religieux, renversant ainsi le rapport classique entre matérialisme et spiritualité, il sait en retrouver la pertinence sur des critères culturels voire anthropologiques en se référant à ce qu'il considère comme les caractéristiques profondes du peuple russe. La conclusion de son grand ouvrage intitulé « Les sources et le sens du communisme russe » permet de le mesurer.

J'ai voulu montrer dans ce livre que le communisme russe est plus traditionaliste qu'on a coutume de le penser, qu'il est une transformation et une déformation de la vieille idée messianique russe.

---

518 Extrait de « Nous autres Français », Gallimard, Paris, 1939, d'après Bouthoul G. : *L'art de la politique*, cité supra, p. 502.

519 Extrait des *Cahiers* d'après Bouthoul G. : *L'art de la politique*, cité supra p. 621.

520 Berdiaev N. : *Les Sources et le sens du communisme russe* (1936), trad. Alexis Nerville, Gallimard, Paris, 1951. Trad. Lucienne Cain, Gallimard, coll. « Idées », Paris, 1963, pp 321-325.

[…] Ce caractère traditionaliste s'inscrit dans le communisme à la fois en traits positifs et en traits négatifs. D'une part la recherche de Dieu et d'une vérité entière, l'aptitude au sacrifice, l'absence d'esprit bourgeois, de l'autre le despotisme, l'absolutisme d'État, une conscience de plus en plus faible des droits de l'homme, enfin le danger d'un collectivisme impersonnel. […] Le communisme, s'il venait à se réaliser en d'autres pays […] n'y serait pas nécessairement une religion. L'ensemble des problèmes qu'il pose peut, par contre, éveiller la conscience chrétienne et amener le développement d'une sorte de christianisme social. […] Ce serait enfin le signal d'une évasion hors de cet esclavage où la conscience chrétienne se trouve encore plongée. Le monde est en proie au danger […] de la déshumanisation de l'homme. […] Lorsque le christianisme fit son apparition […], il venait défendre l'homme contre la démonolâtrie[521].

Christianisme et monde profane

Jacques Maritain (1882-1973)

La poussée démocratique a surgi dans l'histoire humaine comme une manifestation temporelle de l'inspiration évangélique. Ce n'est pas sur le christianisme comme credo religieux […] que la question porte ici, c'est sur le christianisme comme ferment de la vie sociale et politique […] porteur de l'espoir temporel des hommes […] comme énergie historique en travail dans le monde. […] Dans les profondeurs de la conscience profane […] et parfois même en prenant des formes hérétiques ou même des formes de révoltes où il paraît se nier lui-même[522].

[521] Ibidem p. 371-72.
[522] *Christianisme et démocratie*, Paul Hartmann éd., Paris, 1945, p. 35.

L'universel et le singulier

Albert Camus (1913-1960)

Dans cet extrait du chapitre les *Déicides* où il expose la dialectique du maître et de l'esclave selon Hegel, l'auteur introduit la figure du Christ comme élément de médiation dans le rapport de force qu'impliquent la détention et l'exercice du pouvoir. On y retrouve le fil conducteur de la doctrine chrétienne qui, comme le processus démocratique, attache le plus de prix à la personne dans son individualité irréductible, toutes choses liées au dogme de l'Incarnation, spécificité majeure du christianisme.

...La résolution de ce nouveau déchirement entre le dieu universel et la personne sera fournie par le Christ qui réconcilie en lui l'universel et le singulier. Mais le Christ fait partie en un sens du monde sensible. On a pu le voir, il a vécu et il est mort. Il n'est donc qu'une étape sur le chemin de l'universel ; lui aussi doit être nié dialectiquement. Il faut seulement le reconnaître comme homme-dieu pour obtenir une synthèse supérieure[523].

La théologie de la libération

vue par le cardinal Ratzinger en 1984[524]

Cette mise en garde[525] ne doit en aucune façon être interprétée comme un désaveu de tous ceux qui veulent répondre généreusement et dans un authentique esprit évangélique à l'option préférentielle pour les pauvres. Elle ne saurait nullement servir de prétexte à ceux qui se retranchent dans une attitude de neutralité et d'indifférence devant les problèmes tragiques et pressants de la misère et de l'injustice. Elle est, au contraire, dictée par la certitude que les graves dérives idéologiques qu'elle signale aboutissent inéluctablement à trahir la cause des pauvres. [...] Plus que jamais l'Église entend condamner les abus, les

---

[523] Camus A. : *L'homme révolté*, éd. Gallimard, Paris, 1951, p. 178.

[524] Extrait d'un article du Père Michel Riquet : « Théologie de la libération et crise du sacerdoce » dans *Revue des Deux Mondes*, oct. 1984, p. 97-105, précisément p. 98.

[525] Allusion à un propos introductif visant un ouvrage sur la crise du sacerdoce.

injustices et les atteintes à la liberté, où que ce soit et quels qu'en soient les auteurs, et lutter par les moyens qui lui sont propres, pour la défense et la promotion des droits de l'homme, spécialement dans la personne des pauvres.

TABLE DES MATIÈRES

Religion
aux éditions L'Harmattan

Dernières parutions

ENFANCE EN CASAMANCE, MISSIONS EN GUYANE ET DANS LE VEXIN
Le cheminement d'une vocation
Tendeng Prosper Plongo
Préface de Mgr Emmanuel Lafont, Évêque de Cayenne
L'auteur nous dévoile son itinéraire depuis son enfance et nous raconte, avec des mots simples, sa vocation, son ordination et les différentes missions qui l'ont conduit de la Casamance à la France en passant par la Guyane. Il aborde les élans chaleureux des Églises d'Afrique et de Guyane, ainsi que ceux un peu plus frais venant de France. Il fait part au lecteur, avec humour, de ses réflexions à propos des diverses situations auxquelles il a été confronté, et livre aussi ses remarques sévères à propos de l'accueil réservé parfois aux « prêtres venant d'ailleurs ».
(19.00 euros, 180 p.)
ISBN : 978-2-343-11927-4, ISBN EBOOK : 978-2-14-003489-3

JE SUIS MUSULMAN : À QUOI SERT MA RAISON ?
Diallo Amadou Hamidou
La religion musulmane serait - elle en crise ? Nous assistons à un double procès de diabolisation. L'Occident, qui présente l'islam sous sa forme guerrière, fanatique, djihadiste, terroriste, fondamentaliste, intégriste ou salafiste, n'en développe pas moins une conception aussi erronée que celle des islamistes. L'Islam est entre les mains de fanatiques qui prennent en otage le message rationnel dont il est porteur. Libérer aujourd'hui l'islam, c'est demander de laisser s'exprimer la raison sans craindre qu'elle ne remette en question les principes de la croyance.
(17.50 euros, 168 p.)
ISBN : 978-2-343-11619-8, ISBN EBOOK : 978-2-14-003387-2

LA CONFIGURATION DU PRÊTRE AU CHRIST, BON PASTEUR L'exemple du curé d'Ars
Sanou Jean-Baptiste
Les saints et les personnes de grande stature morale sont en général les meilleurs témoins de leur temps et de la culture qui les a façonnés, en même temps qu'ils incarnent des valeurs universelles, dont le rayonnement transcende le temps et l'espace. Saint Jean-Marie Vianney, qui fut curé pendant 40 ans d'Ars, en France, fait partie de cette catégorie de personnes. Ce livre montre en quoi sa vie et son ministère peuvent être aujourd'hui une source d'inspiration pour tous.
(Coll. Afrique théologique & spirituelle, 18.00 euros, 168 p.)
ISBN : 978-2-343-11751-5, ISBN EBOOK : 978-2-14-003429-9

CHRONIQUES TALMUDIQUES AU FÉMININ
Elkouby Janine - Préface de Victor Malka
Le monde du Talmud, ce monument de la littérature juive, est, à une écrasante majorité, un monde d'hommes, celui des rabbins et des sages. Dans cet ouvrage, l'auteur choisit d'engager le dialogue avec des femmes issues d'un lointain passé. À partir des textes talmudiques, qu'elle

traduit au début de chaque chapitre, elle tente de reconstituer le monde de ces femmes, les idées et les mœurs qui avaient cours à leur époque.
(Coll. Religions et Spiritualité, série Judaïsme, 18.00 euros, 170 p.)
ISBN : 978-2-343-11990-8, ISBN EBOOK : 978-2-14-003546-3

PROTESTANTISM, KNOWLEDGE AND THE WORLD OF SCIENCE
Anglais / Allemand
Edited by György Kurucz
This volume contains a collection of papers aimed at revealing and investigating the various aspects of Protestantism throughout the centuries. Although several generations of theologians, historians, linguists, or even literary historians have sought to elucidate the complexity of Protestant ethos and its influence on social, spiritual, intelectual and economic processes in Europe.
(Des articles en anglais et en allemand)
(Harmattan Hongrie, 15.00 euros, 264 p.)
ISBN : 978-2-343-11864-2, ISBN EBOOK : 978-2-14-003579-1

UNE BRÈVE HISTOIRE DE DIEU
Essai
Tabet Ibrahim
Cet ouvrage a pour thème l'invention et l'évolution de l'idée de Dieu. Une brève histoire qui a commencé à s'écrire il y a seulement dix millénaires. Il décrit le passage de l'humanité de l'animisme au polythéisme puis, pour les « religions du Livre », au monothéisme et la différence entre leur Dieu personnel et le concept d'Absolu impersonnel élaboré par l'hindouisme. Ainsi, l'auteur aborde ici aussi bien la philosophie grecque, le zoroastrisme, le bouddhisme, que les sagesses chinoises ou l'islam, toujours dans le but de comprendre le rapport de l'Homme à l'idée de Dieu.
(37.00 euros, 360 p.)
ISBN : 978-2-343-10779-0, ISBN EBOOK : 978-2-14-003263-9

L'ÉGLISE CATHOLIQUE ET LA SEXUALITÉ
Le message de l'Église en matière de morale sexuelle
(fin XXe-début XXIe siècle), un problème d'ecclésiologie
Regards sur la France et le Liban
Germanos Germanos
La résistance qui existe dans le monde à l'égard du message officiel de l'Église catholique sur la sexualité et l'affectivité humaine ne touche pas que les chrétiens. Cependant et au cours de ces dernières années, le pape François a apporté à cette problématique un souffle nouveau de sérénité. C'est dans cet esprit que ce livre propose une relecture du message universaliste adressé par l'Église à chaque individu et à chaque couple dans son intimité singulière.
(50.00 euros, 548 p.)
ISBN : 978-2-343-09987-3, ISBN EBOOK : 978-2-14-003151-9

LES PRÊTRES AFRICAINS CITOYENS EUROPÉENS
L'Église catholique d'Europe à l'heure du multiculturalisme sacerdotal
Questions
Nkulu Kabamba Olivier
Naturalisés belges, français, allemands, italiens, britanniques, suisses, portugais, espagnols, autrichiens... certains prêtres africains *fidei donum* ont acquis la nationalité des pays européens dans lesquels ils exercent, et sont donc devenus des citoyens européens. Dès lors, au sujet de ceux-ci, doit-on continuer à parler de «prêtres étrangers» ou de «prêtres immigrés» ? Peut-on désormais les appeler «prêtres européens d'origine africaine» sans soulever d'objections ? Ce livre pose des questions pertinentes à propos du multiculturalisme sacerdotal que vit désormais « l'Église catholique d'Europe ».
(15.50 euros, 142 p.)
ISBN : 978-2-343-11604-4, ISBN EBOOK : 978-2-14-003205-9

LE TOURNANT FÉMININ ET FÉMINISTE DE LA THÉOLOGIE AFRICAINE POSTCOLONIALE

Kibungu Bwanamuloko Dieudonné

Ce travail est motivé par les témoignages de nombreuses femmes violées et détruites dans leur être profond par les bandits armés qui terrorisent les populations civiles de la partie orientale de la République démocratique du Congo depuis bientôt vingt ans. Que peuvent faire l'Église catholique, la communauté et la société dans ces situations atroces et récurrentes ? Il s'agit ici d'un tournant féminin et féministe de la théologie africaine postcoloniale. Il est question de discerner la place et le traitement des femmes dans la société et l'Église congolaise en particulier, dans le monde en général.

(Coll. Afrique théologique & spirituelle, 19.00 euros, 180 p.)

ISBN : 978-2-343-11509-2, ISBN EBOOK : 978-2-14-003296-7

VALEUR DU BAPTÊME CHEZ LES PÈRES APOSTOLIQUES

Cas du pasteur d'Hermas

Agnigori Hippolyte - Préface du père Jean Sinsin Bayo

Selon le pasteur d'Hermas, la condition *sine qua non* pour participer à ce double événement décisif du salut est celle de recevoir le baptême. Dans l'attente de salut, que le pasteur d'Hermas, dans son langage symbolique, désigne sous l'image de la tour en construction, l'Homme doit être impérativement marqué de ce sceau et entrer dans la tour avant le terme de sa réalisation. Ce message du pasteur est clair et incisif : l'importance capitale du baptême pour avoir part à la vie éternelle.

(Harmattan Côte d'Ivoire, 12.00 euros, 94 p.)

ISBN : 978-2-343-11525-2, ISBN EBOOK : 978-2-14-003244-8

L'ÊTRE INACHEVÉ

Réflexions sur l'éducation dans les séminaires catholiques béninois

Djeguede V. Francis C.

Cet ouvrage pose la problématique de la crise de l'humain dans la manière de former dans les séminaires béninois. La crise du sacerdoce qui se décline à l'aune des scandales et des compromissions de l'Église n'est rien d'autre que le symptôme d'une situation plus profonde : une formation inadéquate dans les séminaires. Ce livre s'insère dans le contexte actuel et le dépasse en décrivant de l'intérieur les causes socioculturelles, structurelles de cette crise et propose une solution, un modèle d'apprentissage adapté au contexte béninois.

(Coll. Églises d'Afrique, 16.50 euros, 152 p.)

ISBN : 978-2-343-11366-1, ISBN EBOOK : 978-2-14-003196-0

LE PARFUM DE LA LUMIÈRE

Une anthologie de la sagesse bouddhiste

Paraskevopoulos John - Traduit de l'anglais par Ghislain Chetan

Voici un aperçu du fonds inépuisable de connaissance spirituelle que recèlent les innombrables Écritures et textes que compte la tradition bouddhiste. De telles anthologies existent, celle-ci vise un but particulier. Elle entend répondre aux besoins intellectuels et affectifs en s'attardant sur les passages pourvus d'une qualité poétique ou évocatrice (c'est-à-dire la beauté, tant sous le rapport du contenu que de la forme). Ces enseignements, qui s'étendent sur plus de deux mille ans, constituent ainsi un merveilleux dépôt de sagesse dont ce livre propose de rendre compte.

(Coll. Théôria, 20.50 euros, 210 p.)

ISBN : 978-2-343-11674-7, ISBN EBOOK : 978-2-14-003268-4

LA VOIE DE LA SAGESSE CHINOISE

Moioli Michèle

Cet ouvrage revient aux sources de la Voie de la sagesse chinoise, qui regroupent trois enseignements : confucianisme, taoïsme et bouddhisme. Mêlant philosophie et religion, ces trois doctrines se retrouvent dans les chefs-d'œuvre de la littérature classique ainsi que dans les contes et légendes, les maximes et les proverbes. L'auteur nous montre ainsi que « la » Voie de la sagesse chinoise n'est pas une mais multiple. Elle est comme un fleuve aux nombreuses

ramifications car chacun à sa manière s'efforce de saisir la liberté et le bonheur, aspirations universelles des hommes.
(20.00 euros, 194 p.)
ISBN : 978-2-343-11698-3, ISBN EBOOK : 978-2-14-003289-9

À L'ORIGINE DE LA VIOLENCE MONOTHÉISTE LE DIEU JALOUX
L'introduction du vrai et du faux dans le domaine des dieux
Castel Jean-Pierre
Avant l'émergence du monothéisme, aucune religion n'avait ordonné de détruire les dieux d'autrui pour imposer le sien, ni exhorté à convertir ou exterminer les adeptes d'autres religions. Judaïsme, christianisme et islam se veulent certes des religions de paix et d'amour, mais leurs textes sacrés contiennent en leur cœur une injonction paradoxale « Aime ton prochain, mais lapide l'idolâtre ». Torah, Bible, Coran pourraient-ils ne plus être tenus pour des livres sacrés et n'être plus considérés que comme des témoignages humains, comme des invitations au questionnement ?
(28.00 euros, 270 p.)
ISBN : 978-2-343-10650-2, ISBN EBOOK : 978-2-14-002875-5

LA VIOLENCE MONOTHÉISTE : MYTHE OU RÉALITÉ ?
Castel Jean-Pierre
Cet essai est le dernier ouvrage d'une trilogie sur la violence monothéiste. Le premier intitulé «Guerres de religion et police de la pensée» : une invention monothéiste ? visait à présenter les faits. Le second, intitulé «À l'origine de la violence monothéiste, le dieu jaloux» partait à la recherche des mobiles et suggérait une voie de solution. Ce dernier essai vise à recenser et discuter les différents éléments du débat.
(25.50 euros, 240 p.)
ISBN : 978-2-343-10736-3, ISBN EBOOK : 978-2-14-002876-2

ISLAM INTÉGRATION INSERTION
Propositions pour la France
Khoutoul Mohamed
L'islam est la religion assimilée aujourd'hui à tous les maux de la société : immigration, intégration, barbarie de l'islamisme radical, banlieues... De quoi est-il exactement question ? La méconnaissance du sens véritable de l'islam et de la laïcité entraîne des confrontations et des suspicions. C'est dans une volonté d'apaisement que l'auteur nous livre ici avec lucidité une vision du message de l'islam de transcendance, de paix et de fraternité, convaincu qu'il est possible de vivre et de faire ensemble dans la société française.
(10.00 euros, 58 p.)
ISBN : 978-2-343-11249-7, ISBN EBOOK : 978-2-14-002858-8

LES COMMUNAUTÉS NOUVELLES ET LEUR INSERTION DANS L'ÉGLISE
Malubungi Ntumba Jonas
Les communautés nouvelles et leur insertion dans l'Église est une réflexion qui vise à faire connaître ces communautés au grand public. Elle se penche sur certains risques qu'elles représentent, souligne leurs apports dans la maturation de l'Église et aborde les problèmes soulevés par leur apparition avant de proposer des pistes de solution aux questionnements relatifs à la juridiction des prêtres, à la gestion des consacrés à la coexistence des états de vie différents et à la place de leurs fondateurs dans l'Église, etc.
(Coll. Afrique théologique & spirituelle, 19.50 euros, 188 p.)
ISBN : 978-2-343-10801-8, ISBN EBOOK : 978-2-14-002863-2

L'HARMATTAN ITALIA
Via Degli Artisti 15; 10124 Torino
harmattan.italia@gmail.com

L'HARMATTAN HONGRIE
Könyvesbolt ; Kossuth L. u. 14-16
1053 Budapest

L'HARMATTAN KINSHASA
185, avenue Nyangwe
Commune de Lingwala
Kinshasa, R.D. Congo
(00243) 998697603 ou (00243) 999229662

L'HARMATTAN CONGO
67, av. E. P. Lumumba
Bât. – Congo Pharmacie (Bib. Nat.)
BP2874 Brazzaville
harmattan.congo@yahoo.fr

L'HARMATTAN GUINÉE
Almamya Rue KA 028, en face
du restaurant Le Cèdre
OKB agency BP 3470 Conakry
(00224) 657 20 85 08 / 664 28 91 96
harmattanguinee@yahoo.fr

L'HARMATTAN MALI
Rue 73, Porte 536, Niamakoro,
Cité Unicef, Bamako
Tél. 00 (223) 20205724 / +(223) 76378082
poudiougopaul@yahoo.fr
pp.harmattan@gmail.com

L'HARMATTAN CAMEROUN
TSINGA/FECAFOOT
BP 11486 Yaoundé
699198028/675441949
harmattancam@yahoo.com

L'HARMATTAN CÔTE D'IVOIRE
Résidence Karl / cité des arts
Abidjan-Cocody 03 BP 1588 Abidjan 03
(00225) 05 77 87 31
etien_nda@yahoo.fr

L'HARMATTAN BURKINA
Penou Achille Some
Ouagadougou
(+226) 70 26 88 27

L'HARMATTAN SÉNÉGAL
10 VDN en face Mermoz, après le pont de Fann
BP 45034 Dakar Fann
33 825 98 58 / 33 860 9858
senharmattan@gmail.com / senlibraire@gmail.com
www.harmattansenegal.com

www.ingramcontent.com/pod-product-compliance
Lightning Source LLC
LaVergne TN
LVHW010928061026
849535LV00007B/2286
* 9 7 8 2 3 4 3 1 2 6 0 8 1 *